普通高等教育"十三五"规划教材
高等院校经济管理类专业"互联网+"创新规划教材

基础会计

（第4版）

刘爱香 ◎ 主编

内容简介

本书系统地论述了会计学的知识体系，编写过程中结合会计学专业人才培养的特点，从培养学生实际操作技能的角度出发，从会计实务的角度阐述理论、解释问题。全书共分10章，内容包括总论、会计的基本概念、会计科目与复式记账法、借贷记账法的具体运用、会计凭证、会计账簿、财产清查、账务处理程序、财务报告、会计工作的组织与管理。

本书可以作为会计学及相关专业本科的教学用书，也可以作为会计实务工作者或者自学会计学人员的参考用书。

图书在版编目(CIP)数据

基础会计/刘爱香主编. —4 版. —北京： 北京大学出版社，2019.9
高等院校经济管理类专业"互联网+"创新规划教材
ISBN 978-7-301-30664-2

Ⅰ.①基… Ⅱ.①刘… Ⅲ.①会计学—高等学校—教材 Ⅳ.①F230

中国版本图书馆 CIP 数据核字(2019)第 176675 号

书　　　名	基础会计 (第 4 版)
	JICHU KUAIJI (DI-SI BAN)
著作责任者	刘爱香　主编
策 划 编 辑	罗丽丽
责 任 编 辑	罗丽丽
数 字 编 辑	贾新越
标 准 书 号	ISBN 978-7-301-30664-2
出 版 发 行	北京大学出版社
地　　　址	北京市海淀区成府路 205 号　100871
网　　　址	http://www.pup.cn　新浪微博：@北京大学出版社
电 子 信 箱	pup_6@163.com
电　　　话	邮购部 010-62752015　发行部 010-62750672　编辑部 010-62750667
印 刷 者	北京富生印刷厂
经 销 者	新华书店
	787 毫米×1092 毫米　16 开本　18.25 印张　438 千字
	2007 年 8 月第 1 版　2011 年 1 月第 2 版　2015 年 9 月第 3 版
	2019 年 9 月第 4 版　2020 年 7 月第 2 次印刷
定　　　价	45.00 元

未经许可，不得以任何方式复制或抄袭本书之部分或全部内容。
版权所有，侵权必究
举报电话：010-62752024　电子信箱：fd@pup.pku.edu.cn
图书如有印装质量问题，请与出版部联系，电话：010-62756370

第4版前言 PREFACE

企业会计准则是一个动态体系，随着社会经济的不断创新发展和业务延伸，会计准则也在不断地更新。中华人民共和国财政部（以下简称财政部）先后多次修订和增补了《企业会计准则》。2018年是我国会计准则体系发生重大变革的一年，财政部继2017年修订7项具体会计准则之后，2018年又陆续颁布了具体准则的应用指南。在《企业会计准则》不断修订与完善的同时，国家也在不断地调整、完善我国的税收政策，对增值税、所得税等相关政策进行了重大的调整。企业会计准则和国家税收政策的系列变化对企业经济业务会计处理产生了重大影响。

为了适应企业会计准则和国家税收政策的变化以及应用型人才培养的要求，我们以第3版教材的框架及主要内容为基础，结合最新的企业会计准则及增值税、所得税等相关政策变化，对全书内容进行了全面梳理，修改、完善了部分内容，更新了部分内容，全面反映了企业会计准则中增值税及所得税的最新变化，以便更好地满足广大师生课程学习的需要。主要修改内容具体如下。

（1）用最新的企业会计实践案例替换前版书每章章首的导入案例。

（2）在每章补充思维导图，便于总览本章逻辑结构和学习要点。

（3）删除前版书中略为陈旧的知识链接，并以二维码形式嵌入百余条视频、图文类拓展资源，包括关键术语、拓展知识、实操指导、行业新闻等。

（4）对前版书单独配套的习题教材进行优选和补充，将其置于本书各章章后，并提供详细的答案解析。

（5）对前版书中涉及制造行业增值税业务处理的全部例题，按照2019年4月开始执行的增值税税率进行了修改。

（6）对前版书中有关会计准则、财务报表等内容，根据2018年修订的企业会计准则进行了更新。

（7）对前版书中有关会计档案部分的内容，根据2016年修订的《会计档案管理办法》进行了更新。

（8）删除前版书中会计人员的任职要求，新增会计人员职称评价标准。

本书修订后主要有以下特点。

1. 法规最新

本书编写紧跟时代发展变化的步伐与时俱进，内容全面采用了2018年修订后的企业会计准则、增值税及所得税等税收政策。

2. 技术最新

世界正在变化，教育也必须改变，需要用新教育形式、教学手段来培养当今和未来社会所需要的人才。本书适应教育教学创新的要求，将现代信息技术与教学内容深度融合，采用在书中嵌入二维码的"互联网＋"技术方式加入丰富的视频、图文来拓展书中内容，将线上线下学习融为一体。

3. 理实一体

应用型人才的培养注重学生能力的培养与提升，本书适应应用型人才培养的需要，注重理论与实践相结合。本书坚持理实一体的原则，除了丰富的例题之外，在"会计凭证""会计账簿""会计报告"章节以二维码形式插入了大量的电子证、账、表和相关操作视频。

4. 习题丰富

会计学习中的习题必不可少。本书各章课后测试部分，提供了单选、多选、判断、计算、填表、综合应用等多种类型的习题总计 700 余道，并以二维码形式提供答案及解析，为巩固课堂教学提供了保障。

本书由上海建桥学院刘爱香担任主编。参加编写和修订的还有上海建桥学院刘姝、石启辉、黄怡婕、梁海燕、钱倩、徐洁。

会计领域的实践日新月异，本书提供的例题操作等很难涵盖会计一线的所有业务需求，只能起到启发、引导的作用。书中不足之处，敬请广大读者批评指正。

编　者
2019 年 3 月

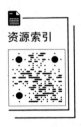

目 录
CONTENTS

第1章　总论 ……………………………… 1
 1.1　会计的产生与发展 ………………… 3
  1.1.1　会计的产生 ………………… 3
  1.1.2　会计的发展 ………………… 3
 1.2　会计的含义与特点 ………………… 5
  1.2.1　会计的含义 ………………… 5
  1.2.2　会计的特点 ………………… 5
 1.3　会计信息使用者 …………………… 6
 1.4　会计的基本职能 …………………… 8
  1.4.1　会计核算 …………………… 8
  1.4.2　会计监督 …………………… 8
  1.4.3　会计核算与会计监督的关系 … 9
 1.5　会计方法及会计核算方法 ………… 9
  1.5.1　会计方法 …………………… 9
  1.5.2　会计核算方法 ……………… 9
 本章小结 ……………………………… 11
 课后测试 ……………………………… 12

第2章　会计的基本概念 ………………… 15
 2.1　会计基本假设及会计基础 ………… 17
  2.1.1　会计基本假设 ……………… 17
  2.1.2　会计基础 …………………… 18
 2.2　会计目标 …………………………… 19
  2.2.1　会计基本目标 ……………… 19
  2.2.2　会计具体目标 ……………… 20
 2.3　会计信息的质量要求 ……………… 20
  2.3.1　可靠性 ……………………… 21
  2.3.2　相关性 ……………………… 21
  2.3.3　可理解性 …………………… 21
  2.3.4　可比性 ……………………… 21
  2.3.5　实质重于形式 ……………… 21
  2.3.6　重要性 ……………………… 22
  2.3.7　谨慎性 ……………………… 22
  2.3.8　及时性 ……………………… 22
 2.4　会计要素 …………………………… 22

  2.4.1　会计要素的种类 …………… 23
  2.4.2　会计要素的计量 …………… 29
 2.5　会计等式 …………………………… 31
  2.5.1　静态会计等式 ……………… 31
  2.5.2　动态会计等式 ……………… 32
  2.5.3　扩展的会计等式 …………… 32
  2.5.4　经济业务与会计等式 ……… 33
 本章小结 ……………………………… 37
 课后测试 ……………………………… 37

第3章　会计科目与复式记账法 ………… 47
 3.1　会计科目 …………………………… 49
  3.1.1　会计科目的概念 …………… 49
  3.1.2　设置会计科目的原则 ……… 49
  3.1.3　会计科目的分类 …………… 50
  3.1.4　企业会计科目表 …………… 52
 3.2　会计账户 …………………………… 56
  3.2.1　账户的概念 ………………… 56
  3.2.2　账户的基本结构 …………… 56
  3.2.3　账户的设置 ………………… 57
 3.3　复式记账 …………………………… 61
  3.3.1　复式记账法概述 …………… 61
  3.3.2　借贷记账法 ………………… 62
 本章小结 ……………………………… 67
 课后测试 ……………………………… 67

第4章　借贷记账法的具体运用 ………… 74
 4.1　制造企业主要经济业务概述 ……… 76
 4.2　资金筹集核算 ……………………… 77
  4.2.1　自有资金业务的核算 ……… 77
  4.2.2　借入资金业务的核算 ……… 79
 4.3　供应过程核算 ……………………… 82
  4.3.1　固定资产购进业务的核算 … 82
  4.3.2　材料购进业务的核算 ……… 85
 4.4　生产过程核算 ……………………… 90

4.4.1 生产业务的主要内容 …………… 90
4.4.2 生产业务核算应设置的账户 … 91
4.4.3 生产业务核算的会计处理 …… 92
4.5 收入和利润核算 …………………… 99
4.5.1 收入业务核算的主要内容 …… 99
4.5.2 收入的确认 ………………… 100
4.5.3 收入业务核算应设置的账户 … 100
4.5.4 收入业务核算的会计处理 … 102
4.5.5 利润的核算 ………………… 104
4.6 资金退出核算 …………………… 109
4.6.1 资金退出企业概述 ………… 109
4.6.2 资金退出企业核算应设置的账户及其运用 ……………………… 109
本章小结 ………………………………… 110
课后测试 ………………………………… 110

第5章 会计凭证 ……………………… 120

5.1 会计凭证概述 …………………… 122
5.1.1 会计凭证的概念和作用 …… 122
5.1.2 会计凭证的种类 …………… 123
5.2 原始凭证 ………………………… 123
5.2.1 原始凭证的概念及种类 …… 123
5.2.2 原始凭证的基本内容 ……… 126
5.2.3 原始凭证的填制要求 ……… 127
5.2.4 原始凭证的审核 …………… 131
5.2.5 原始凭证错误的更正 ……… 131
5.3 记账凭证 ………………………… 132
5.3.1 记账凭证的概念及分类 …… 132
5.3.2 记账凭证的基本内容 ……… 133
5.3.3 记账凭证的填制要求 ……… 134
5.3.4 记账凭证的填制方法 ……… 135
5.3.5 记账凭证的审核 …………… 139
5.4 会计凭证的传递和保管 ………… 139
5.4.1 会计凭证的传递 …………… 139
5.4.2 会计凭证的保管 …………… 140
本章小结 ………………………………… 141
课后测试 ………………………………… 141

第6章 会计账簿 ……………………… 149

6.1 会计账簿概述 …………………… 151
6.1.1 会计账簿的意义 …………… 151
6.1.2 会计账簿的种类 …………… 152
6.2 会计账簿的设置和登记 ………… 155
6.2.1 会计账簿的基本内容 ……… 155
6.2.2 会计账簿的启用规则 ……… 156
6.2.3 会计账簿登记的一般规则 … 156
6.3 日记账 …………………………… 157
6.3.1 普通日记账 ………………… 157
6.3.2 特种日记账 ………………… 158
6.4 分类账 …………………………… 160
6.4.1 总分类账 …………………… 160
6.4.2 明细分类账 ………………… 161
6.5 对账、结账与错账更正法 ……… 163
6.5.1 对账 ………………………… 163
6.5.2 结账 ………………………… 164
6.5.3 错账更正法 ………………… 166
6.6 会计账簿的更换与保管 ………… 168
6.6.1 账簿的更换 ………………… 168
6.6.2 账簿的保管 ………………… 169
本章小结 ………………………………… 170
课后测试 ………………………………… 171

第7章 财产清查 ……………………… 181

7.1 财产清查概述 …………………… 183
7.1.1 财产清查的概念 …………… 183
7.1.2 财产清查的意义 …………… 183
7.1.3 财产清查的种类 …………… 184
7.1.4 财产清查前的准备工作 …… 185
7.2 财产清查的内容和方法 ………… 185
7.2.1 实物资产的清查方法 ……… 185
7.2.2 货币资金的清查方法 ……… 187
7.2.3 债权债务的清查方法 ……… 189
7.3 财产清查结果的处理 …………… 190
7.3.1 财产清查结果的处理原则与程序 ……………………………… 190
7.3.2 "待处理财产损溢"账户设置 … 191
7.3.3 财产清查结果的账务处理 … 191
本章小结 ………………………………… 193
课后测试 ………………………………… 194

第8章 账务处理程序 ………………… 201
8.1 账务处理程序概述 …………… 203
8.1.1 账务处理程序的意义 …… 203
8.1.2 账务处理程序设计的基本要求 ……………………… 203
8.1.3 账务处理程序的种类及一般步骤 ……………………… 204
8.2 记账凭证账务处理程序 ……… 204
8.2.1 记账凭证账务处理程序的特点 … 204
8.2.2 记账凭证账务处理程序的步骤 … 204
8.2.3 记账凭证账务处理程序的优缺点及适用范围 ……………………… 205
8.3 汇总记账凭证账务处理程序 … 205
8.3.1 汇总记账凭证账务处理程序的特点 ……………………… 205
8.3.2 汇总记账凭证账务处理程序的步骤 ……………………… 206
8.3.3 汇总记账凭证账务处理程序的优缺点及适用范围 ………… 207
8.4 科目汇总表账务处理程序 …… 208
8.4.1 科目汇总表账务处理程序的特点和编制方法 ………… 208
8.4.2 科目汇总表账务处理程序的步骤 ……………………… 209
8.4.3 科目汇总表账务处理程序的优缺点及适用范围 ………… 211
8.5 账务处理程序运用举例 ……… 211
8.5.1 记账凭证账务处理程序运用举例 ……………………… 211
8.5.2 汇总记账凭证账务处理程序运用举例 ………………… 217
本章小结 ……………………………… 218
课后测试 ……………………………… 218

第9章 财务报告 …………………… 225
9.1 财务报告概述 ………………… 227
9.1.1 财务报告的定义及分类 … 227
9.1.2 财务报表列报的基本要求 … 227
9.2 资产负债表 …………………… 229
9.2.1 资产负债表的内容及结构 … 229
9.2.2 资产负债表项目列报分类 … 231
9.2.3 资产负债表的填列方法 … 232
9.2.4 资产负债表编制举例 …… 233
9.3 利润表 ………………………… 236
9.3.1 利润表的内容及结构 …… 236
9.3.2 利润表的填列方法 ……… 238
9.4 现金流量表 …………………… 240
9.4.1 现金流量表的内容及结构 … 240
9.4.2 现金流量表的填列方法 … 242
9.5 所有者权益变动表 …………… 243
9.5.1 所有者权益变动表的内容及结构 ……………………… 243
9.5.2 所有者权益变动表的填列方法 ……………………… 245
9.6 会计报表附注 ………………… 246
9.6.1 会计报表附注概述 ……… 246
9.6.2 会计报表附注披露的内容 … 247
9.7 财务报告的报送和审批 ……… 247
9.7.1 财务报告的报送 ………… 247
9.7.2 财务报告的审批 ………… 248
本章小结 ……………………………… 249
课后测试 ……………………………… 249

第10章 会计工作的组织与管理 …… 261
10.1 会计工作概述 ………………… 263
10.1.1 组织会计工作的意义 …… 263
10.1.2 组织会计工作应遵循的原则 … 263
10.2 会计法规体系 ………………… 264
10.2.1 我国会计法规体系的构成 … 264
10.2.2 会计法律 ………………… 265
10.2.3 会计行政法规 …………… 265
10.2.4 会计规章制度 …………… 266
10.3 会计机构和会计人员 ………… 268
10.3.1 会计机构 ………………… 268
10.3.2 会计人员 ………………… 271
10.4 会计职业道德规范 …………… 273
10.4.1 职业道德的概念和主要内容 … 273
10.4.2 会计职业道德 …………… 273
10.4.3 会计职业道德与会计法律制度的关系 ……………………… 275

10.5 会计档案 ·············· 275
　10.5.1 会计档案的概念和内容 ········ 275
　10.5.2 会计档案的归档、保管及
　　　　 销毁 ·············· 276

本章小结 ··················· 279
课后测试 ··················· 280

参考文献 ················· 284

第 1 章

总　　论

本章引言

会计是人们日常生活中经常遇到的一个名词，也是各行各业都离不开的一个职业。那么到底什么是会计？会计有什么作用？会计核算有哪些方法呢？本章将从会计的产生开始，系统地阐述会计的产生与发展，介绍会计的概念、职能、会计信息使用者以及会计的基本方法。

学习目标

- 了解会计的产生和发展
- 掌握会计的定义和特点
- 明确会计信息的使用者
- 理解会计的职能
- 熟悉会计核算方法体系

导入案例

某公司是由浙江省针棉织品进出口公司独家发起，采取定向募集方式设立的，主要从事进出口贸易，是全国外贸百强企业之一。该公司2019年4月15日会计资料显示：2018年总资产为28.09亿元，每股净资产2.033 5元，净资产收益率9.09%，主营业务收入51.96亿元，净利润9 344.33万元，每股收益0.18元，股东权益10.28亿元。2018年度利润分配预案：每10股派1元（含税）。老王作为一名新股民，对该公司十分看好，决定大量买入该公司股票。

请问，作为一名投资者应该关注哪些会计信息？怎样阅读这些数据资料呢？

关键术语

思维导图

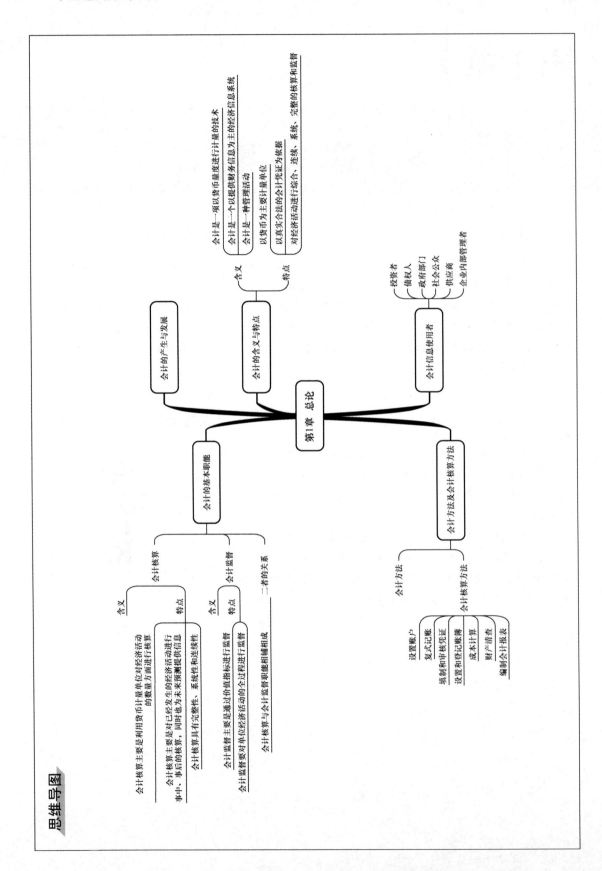

1.1 会计的产生与发展

1.1.1 会计的产生

会计是社会和经济管理发展到一定阶段而产生的,并随着经济关系和经济管理活动的日趋复杂而得以不断发展和进步。

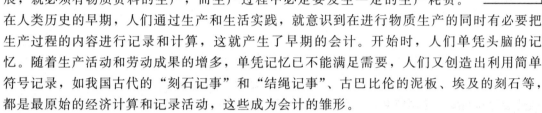
会计的前世今生

会计起源于社会生产实践即物质资料的生产。人类要生存,社会要发展,就必须有物质资料的生产,而生产过程中必定要发生一定的生产耗费。在人类历史的早期,人们通过生产和生活实践,就意识到在进行物质生产的同时有必要把生产过程的内容进行记录和计算,这就产生了早期的会计。开始时,人们单凭头脑的记忆。随着生产活动和劳动成果的增多,单凭记忆已不能满足需要,人们又创造出利用简单符号记录,如我国古代的"刻石记事"和"结绳记事"、古巴比伦的泥板、埃及的刻石等,都是最原始的经济计算和记录活动,这些成为会计的雏形。

在相当长的历史期间,会计始终属于生产职能的一部分。人们在生产活动之中,附带抽出一部分时间对生产的耗费、成果和分配进行记录和计算。原始社会末期,生产力有了发展,剩余产品出现了,劳动过程中需要计量和记录的内容多起来。但生产者忙于生产,无暇兼顾会计工作。随着社会生产力的提高和生产规模的扩大,会计从生产职能中分离出来,成为特殊的、专门委托当事人的独立的职能。马克思在对印度古代历史的研究中发现,原始社会末期在印度的共同体里农业领域已经有了记账员,主要是为了记录共同体内共同劳动的过程和结果,这说明当时会计已成为一项独立的活动,标志着会计的诞生。

1.1.2 会计的发展

古代会计经历了漫长的发展过程。在我国,远在奴隶社会的西周时期就设立了专司朝廷钱粮收支的官吏——"司会",进行"月计岁会",把每月零星计算称为"计",把年终总合计算称为"会";在封建社会的宋朝初期出现了"四柱清册",包括反映钱粮的"旧管""新收""开除""实在",分别相当于现代会计的"期初结存""本期收入""本期支出""期末结存";在明朝

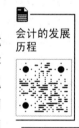
会计的发展历程

时期,随着商品经济的发展,开始用货币计量各种收入和支出;在清朝时期又出现了龙门账,将账目划分为进、缴、存、核,年终通过进与缴对比,存与核对比,确定盈亏,称为"合龙门"。

在西方,会计的发展也经历了几次变革,从原始计量记录时代进展到单式簿记运用时代,随着资本主义经济的产生,又演进到复式簿记运用时代。早在十二、十三世纪,意大利的热那亚、威尼斯等城市专做贷金业的经纪人所用的银行账簿记录就采用借贷复式记账法记账,称为"威尼斯簿记法"。1494年意大利数学家卢卡·帕乔利出版了《算术、几何、比与比例概要》一书,其中包括著名的"簿记论",比较系统地介绍了"威尼斯簿记法",并结合数学原理从理论上加以概括,被公认为复式簿记最早形成文字的记载,也是会计发展史上的一个重要里程碑,标志着近代会计的形成。随后,借贷复式记账法便相继传至世界各国,并在实践中不断发展和完善,直至今日仍为世界绝大多数国家所采用。

会计的发展阶段

从英国工业革命完成到第二次世界大战前，随着自由资本主义向垄断资本主义的过渡，社会化大生产和劳动分工、专业化的不断发展，导致企业组织的大联合，资本趋向集中，已超过独资或合资的范围，股份公司代替了原来独资、合伙等组织形式。股份公司的出现，使得企业经营权和所有权发生了分离。公司的股东一般不直接参与或控制企业的生产经营活动，而是推选董事会作为代表，由董事会聘请经理人员来管理企业。这样，企业的经营者就有责任向股东、债权人、证券交易机构、政府管理机构、潜在投资人等提供真实、准确的财务报告，反映公司经营状况，公开说明自身的经济实力。为了使外界阅读者能够看懂财务报表，报表的编制原则、所应用的会计术语和会计方法就必须是社会通行的、为一般人所接受的，传统会计中那种各行其是的做法已无法适应需要了。为此，会计界逐渐形成了一套有关财务报表的规范和准则，称为"公认会计原则"。此外，要使报表阅读者能够信任企业的财务报表，则要求由与公司管理当局没有利益关系的第三方来验证企业的财务报表是否确实遵循了公认会计原则。为了适应这种需要，1854年在英国爱丁堡首创了执业会计师制度，这样使会计工作从只服务于某一会计主体，扩展到可以为所有的会计主体和所有的报表阅读者服务。"公认会计原则"和"执业会计师制度"是现代会计的最基本的特征，奠定了现代会计理论的基础。随后，世界上许多国家都制定了本国的会计准则，规范了本国的会计行为。但从20世纪以来，跨国公司和国际资本市场迅速发展，各国的会计准则有统一协调的必要。1973年6月，由美国、澳大利亚、加拿大、法国等国的会计职业团体发起并组成了会计准则的国际组织——国际会计准则委员会，形成了会计国际化的大趋势。

从会计产生到19世纪中期，在漫长的岁月里，对会计的基本要求仍然是记账、算账，反映和控制过去与现在的财务收支事项，以及为企业管理当局提供信息。长期以来，人们往往把会计单纯地看作是一种经济管理的工具。20世纪前后，各主要资本主义国家的经济迅速发展，生产规模随着市场的开拓不断扩大，卖方市场向买方市场转化，企业面临竞争，经营稍有考虑不周，就有被淘汰的危险。在这种情况下，为了提高经济效益，加强对经济活动过程的控制，企业管理层对会计提出了更高的要求，不仅要求会计事后记账、算账，更重要的是进行事前的预测、决策，以实现对经营过程的全面控制。与此相适应，现代化的管理方法和技术渗透到会计领域，传统的会计分化为财务会计和管理会计，丰富、发展了会计的内容、职能和技术方法，把会计理论和会计方法推进到一个崭新的阶段。

20世纪50年代后，由于信息论、控制论、系统论、行为科学和电子计算机等引入会计领域，使会计控制成为会计工作的重要内容。会计控制主要通过建立健全自己的信息系统，完成计量、记录和分类编报经济信息的任务，并以法律制度为准绳对经济信息进行审核、分析和评价，提出修改决策方案的意见及改进工作的具体措施。要适应这一需要又必须实现计量、记录、分类及编报的电算化和预测、分析、决策的电控化。随着现代社会经济的发展，传统财务会计已逐渐暴露出它的不足。于是，现代会计就在传统财务会计的基础上，通过变革而逐步形成了。

19世纪中叶，"西式会计"随着资本主义经济的扩张而传入我国，改革了以单式记账为主的中式簿记，成为我国近代会计史上的第一次变革。新中国建立后又全面照搬苏联的会计模式，建立了适应高度计划经济体制的会计制度，成为我国近代会计史上的第二次变革。1978年后我国实行改革开放政策，现代会计的新的理论与方法也被引进和利用。

1981 年我国建立了"注册会计师制度",1985 年颁布《中华人民共和国会计法》,我国会计工作从此进入法治阶段。为了适应我国社会主义市场经济发展的需要,1993 年 7 月 1 日我国又实施了《企业会计准则》,突破了原有的会计核算模式,建立了接近国际惯例而又具有我国特色的新的会计管理体系,开始了我国近代会计史上的第三次变革,从此我国会计进入了一个崭新的发展时期。进入 21 世纪,我国对《企业会计准则》做了进一步的改革与完善,财政部于 2006 年 2 月颁布了新的《企业会计准则》,并于 2007 年 1 月 1 日在上市公司率先实行,并逐步扩大实施范围,随后又于 2014 年、2016 年、2017 年、2018 年修订和增补了《企业会计准则》,形成了较为完善的会计核算体系。

中外会计发展的历史表明,会计是随着人类社会生产力的发展和经济管理的需要而产生、发展并不断完善的。经济越发展,会计越重要。

1.2 会计的含义与特点

1.2.1 会计的含义

在现代经济生活中,会计是人们日常生活中经常遇到的一个名词,也是各行各业都离不开的一个职业。从会计的产生和发展过程可以看出,会计的产生和发展离不开生产的发展,生产越发展,会计越重要,会计正是在为社会经济发展服务中不断完善,并成为独立的学科。作为一门正在发展的学科,人们对会计的含义有一些不同的认识。

(1) 会计是一项以货币量度进行计量的技术。会计离不开计量,总是以货币数量来表述经济过程。会计是用货币量度来计量经济过程中占用的财产物资,记录财产物资的增减变化;用货币量度来计量经济过程的劳动耗费和劳动成果,评价经济上的得失。

(2) 会计是一个以提供财务信息为主的经济信息系统。会计是以货币计量对一个会计主体的经济活动过程的数据进行记录、加工、整理,揭示该会计主体的财务状况与经营成果,以供与该会计主体有关的人员了解和管理之用。

(3) 会计是一种管理活动。会计虽然主要用货币量度对一个会计主体的经济活动过程所占用的财产物资、发生的劳动耗费和劳动成果进行全面、系统、连续的计量、记录,并进行分析和检查,提供财务信息。但计量、记录、分析、检查以及提供财务信息并不是会计的最终目的,而是会计所用的手段。会计的目的是通过这些手段和提供的财务信息从一个特定的侧面管好一个企业的生产和经营,或是管好一个事业、机关、团体的业务,以最少的耗费取得最大的经济效益。因此,从会计所能发挥的作用和要求达到的目的看,其是企业经济管理活动的重要组成部分。

会计的基本关系

根据以上分析,可以将会计定义为:会计是以货币作为主要计量单位,运用一系列专门方法,核算与监督一个单位经济活动的一种经济管理工作。

1.2.2 会计的特点

1. 以货币为主要计量单位

货币是特殊的商品,具有价值尺度的功能。在商品经济条件下,任何经济活动都同时表现为价值的运动,会计只有采用货币计量,才能对经济活动的各个方面进行综合的核算与监督,以取得反映经济活动情况的全面的会计信息资料。在会计核算中,也经常运用实物计量和劳动计量,但因实物计量缺乏综合反映的功能,而劳动量度虽然具有综合性,不过由于商品货币经济的存在,价值规律依然发生作用,劳动耗费还无法广泛利用劳动量度进行计量。因此,在会计核算中,实物计量和劳动计量仅作为货币计量的辅助记录,这也是会计核算区别于统计核算和业务核算的特征。

2. 以真实合法的会计凭证为依据

会计所收集的经济信息必须真实可靠,这样通过信息处理后形成的财务信息才能客观地反映经济活动。因此,会计所采集的经济信息是有根有据的,要取得或填制凭证,依据会计准则和定额、预算对凭证的合法性和合理性进行严格审核无误后,才能据以编制记账凭证,登记账簿,进行加工处理,这一特征也是其他经济管理活动所不具备的。

3. 对经济活动进行综合、连续、系统、完整的核算和监督

综合性表现在由于主要以货币计量,所以能够提供总括反映各项经济活动情况的价值指标;连续性表现在对各种经济活动能按其发生的时间先后顺序不间断地进行记录;系统性表现在对各项经济活动既要进行相互联系的记录,又要进行必要的、科学的分类,只有这样才能取得管理所需要的各种不同的信息资料;完整性表现在对各项经济活动的来龙去脉都必须进行全面记录、计量,不能有所遗漏。会计利用货币计量,既能反映各项经济活动的经济内容,又能自始至终地反映每一项经济活动在各个阶段的变化过程和结果,构成了一个完整的会计核算网络,这是区别于统计核算和业务核算的又一特征。

1.3 会计信息使用者

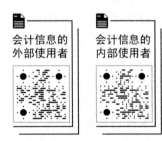

在市场经济条件下,企业处于错综复杂的经济关系之中,根据会计信息进行有关经济决策的组织或个人,就是会计信息的使用者。

按照信息使用者与企业的关系,可分为企业内部使用者和企业外部使用者。内部使用者是指企业内部的经营管理人员;外部使用者包括投资者、债权人、政府部门、中介机构、供应商、顾客等。不同的信息使用者,需求信息的种类和内容不同,下面仅从投资者、债权人、政府部门、社会公众、供应商、企业内部管理者的角度来谈对会计信息的需求。

1. 投资者

企业的投资者包括现在的投资者和潜在的投资者。投资者一旦将资本投入到企业,他就与企业经营成败有着最直接的利益关系。企业经营成功,投资者就会分得利润;企业经营亏损,投资者就收不到利润;企业经营失败,最终破产、倒闭,投资者投入的资本就难以收回。在所有权和经营权相分离的情况下,投资者不直接参与企业的经营管理,企业的投资者为了保护自身的利益,他们需要通过会计和其他信息了解企业的情况,以便做出相应决策。投资者需要了解全面的财务信息,包括投入的资本是否安全、完整,能否保值;企业盈利能力如何,资产增值多少;企业现在的资金运转情况怎样,能否及时、稳定地分

配利润。根据这些会计信息,投资者决定是否追加投资、转让或收回投资。对于潜在的投资者,则根据上述信息做出是否对企业投资的决策。

2. 债权人

企业的债权人包括为企业提供信贷资本和其他资金的金融机构、债券购买者等。债权人将资本借给企业,与企业之间就存在直接的经济利益关系。债权人出于自身债权安全的考虑,主要关注以下会计信息:企业是否有充裕的财力,能否及时偿还债务;企业有无支付利息的能力;如果企业的货币资金不足以支付到期债务,企业其他资产的变现能力如何;影响企业资产变现的因素有哪些,以及这些因素的作用方式和作用程度等。根据这些会计信息,债权人对企业的偿债能力和债权投资风险做出判断,决定是否向企业提供更多的贷款或是否收回贷款。

3. 政府部门

政府及其有关部门需要会计信息来监管企业的经济活动、制定税收政策、进行税收征管和国民经济统计等。在社会主义市场经济条件下,政府仍需要通过一定的宏观调控和管理措施对国民经济运行情况进行调节,需要通过对企业会计归集整理的会计信息进行汇总分析,了解和掌握国民经济整体运行情况,以对国民经济运行情况做出准确判断,以制定实施正确、合理、有效的调控和管理措施,避免对国民经济实施不当的调控,促进国民经济健康协调有序发展。例如,税收是国家财政收入的主要来源,国家在制定税法、进行税收征管时,一般都要以会计信息为依据,在会计信息的基础上进行必要的调整。

4. 社会公众

随着我国资本市场的日益壮大和发展,越来越多的社会公众成为上市公司的投资者,上市公司的相关会计信息越来越受到公众的关注和使用。社会公众需要相关企业发展前景、盈利能力、经营状况等方面的信息。

5. 供应商

除极少数企业外,绝大多数企业所从事的生产或经营活动都只是"社会再生产总链条"上的一环。一般而言,它的前一环是原材料供应商,后一环是成品销售商。对原材料供应商来说,如果他常年供应材料的客户因经营不善突然停产,或因其他原因而短期内不再采购他所生产的材料,且这个客户所采购材料的比重相对较大,那么,这种突然中止采购的行为极有可能导致其生产活动的瘫痪,进而有可能将其推向破产的境地。同时,企业往往有很多的原材料、产成品或可供销售的商品采取赊销方式,如果客户商业信用不好,就可能会给企业带来风险和损失。因此,供应商需要通过会计信息了解客户的有关经营稳定性、商业信用状况以及支付能力,以评价经营风险,进行商业决策。

6. 企业内部管理者

企业内部经营管理的好坏,直接影响到企业的经济效益,影响到企业在市场上的竞争力,甚至可以说关系到企业的前途和命运。会计首先是企业内部的重要信息系统,会计提供准确可靠的信息,有助于决策者进行合理的决策,有助于强化内部管理。如企业融资战略、技术创新、市场营销等在内的发展战略的研究和制定,企业加强财务、成本、资金、人才、质量等各方面的管理工作，信用风险的防范和化解等，都要以会计信息为依据。可以说，企业的每一项决策都离不开会计信息。

1.4 会计的基本职能

会计职能是指会计在经济管理中所具有的功能或能够发挥的作用，是会计的固有功能。尽管会计的职能随着社会的发展而发展，但会计的基本职能是进行会计核算和会计监督。

1.4.1 会计核算

《中华人民共和国会计法》（以下简称《会计法》）第九条规定："各单位必须根据实际发生的经济业务事项进行会计核算，填制会计凭证，登记会计账簿，编制财务会计报告。"

会计核算职能是指以货币为主要计量单位，通过确认、计量、记录、报告等环节，对特定主体的经济活动进行记账、算账、报账，为各有关方面提供会计信息的功能。会计核算职能是会计最基本的职能，具有以下三个特点。

（1）会计核算主要是利用货币计量单位对经济活动的数量方面进行核算。由于经济活动的复杂性，人们不可能简单地将不同类型的经济业务事项加以计量、汇总，只有以货币作为主要计量单位，并通过一定的程序进行加工处理生成以价值表现的会计数据才能反映经济活动的全过程及其结果。虽然会计从数量上反映经济活动，可以采用劳动量度、实物量度和货币量度作为计量单位，但会计核算是以货币作为主要计量单位，能够综合反映种类繁多的经济活动的过程和结果。

（2）会计核算主要是对已经发生的经济活动进行事中、事后的核算，同时也为未来预测提供信息。会计核算通过记录、计算、分析提供会计信息，反映经济单位的历史情况和现时情况，同时，还要分析经济活动、预测经济前景，为经营决策提供经济信息，满足会计信息使用者的需要。

（3）会计核算具有完整性、系统性和连续性。会计核算的全面性又称完整性，是指对作为会计对象的经济活动进行完整记录、计算和报告，不能有任何遗漏；会计核算的系统性是指要运用科学的方法对繁多的经济活动进行归类和综合处理，以形成完整的会计指标体系；会计核算的连续性是指会计记录、计量和报告应当连续进行，从时间上或空间上应是连续不断的。

1.4.2 会计监督

《会计法》第二十七条规定："各单位应当建立、健全本单位内部会计监督制度。"

会计监督职能是指会计人员在进行会计核算时，对特定主体的经济活动的真实性、合法性和合理性进行审查，以促使经济活动按规定的要求运行，达到预期的效果。会计监督具有以下两个特点。

（1）会计监督主要是通过价值指标进行监督。会计核算利用货币计量形成价值指标来综合反映经济活动的过程及结果，会计监督主要是依据这些价值指标全面、及时、有效地控制单位的经济活动。

(2) 会计监督要对单位经济活动的全过程进行监督。会计工作是一项程序性很强的经济工作，任何单位进行会计工作都应遵循国家颁布的有关会计法规。会计准则就是进行会计工作的基本规范，也是评价会计工作的准绳。为了有条不紊地进行会计工作，各单位必须依据会计准则和经济活动的特点制定出本单位的内部会计制度，在会计确认、计量、记录和报告时都必须严格遵循会计准则，严格执行会计制度，从而保证各项经济活动的合规性、合法性。对已经发生或已经完成的经济业务进行合规性、合法性检查是会计监督的基本内容，也是会计的事后监督。此外，会计监督还体现在经济业务发生过程之中，以及尚未发生之前，即会计的事中监督和事前监督。例如，对会计的原始凭证、记账凭证进行审核就是事后监督；在预算执行过程中进行分析和控制就是事中监督；对于预算、计划的审定就是事前监督。

1.4.3 会计核算与会计监督的关系

会计核算与会计监督职能相辅相成。会计核算是会计监督的基础，没有会计核算所提供的信息，会计监督就失去了依据；而会计监督又是会计核算的质量保证，如果没有会计监督就难以保证会计核算所提供信息的真实性和完整性。

随着社会经济的发展以及大量的科学管理方法和电子技术引入会计领域，会计的职能在不断地发生变化，派生出许多新的职能。例如，利用相关数据分析、预测经济前景；参与制定企业经营决策；利用作业成本法等责任会计手段，控制企业经营活动的全过程；利用会计核算资料对经济活动的结果进行评价。

1.5 会计方法及会计核算方法

1.5.1 会计方法

会计作为核算和监督经济活动的一项管理活动，需要运用各种业务技术方法。会计方法是指用来核算和监督会计内容，完成会计任务的手段。会计方法包括会计核算方法、会计分析方法、会计预测方法、会计决策方法和会计检查方法等。其中会计核算是会计的最基本环节，会计分析、会计预测、会计决策都是在会计核算基础上，利用会计核算提供的资料进行的，它们是会计核算方法的继续和发展。本课程主要介绍会计核算方法，其他会计方法将在后续的财务管理、管理会计、审计等课程中介绍。

1.5.2 会计核算方法

会计核算方法是指将经济信息加工成会计信息的方法，即进行会计确认、计量、记录、计算、分类汇总和对外报告，以提供全面、连续、系统、综合的会计信息的业务技术方法。会计核算方法主要包括设置账户、复式记账、填制和审核凭证、设置和登记账簿、成本计算、财产清查和编制会计报表等。

1. 设置账户

设置账户是为了科学、系统地对会计对象的具体内容进行分门别类的核算和监督而采用的一种会计专门方法。会计对象的具体内容复杂繁多，如果不进行分类记录，势必影响会计信息的有用性。因此，会计记录需要设置账户。利用账户，分类地反映各项经济业务，有利于提供管理需要的会计信息。账户是对会计对象的具体内容所做的分类，可以反映会计对象各个具体内容的增减变化情况及其结果。

2. 复式记账

复式记账是为了科学、全面地反映每一项经济业务的来龙去脉而采用的一种会计专门方法。复式记账法是相对于单式记账法而言的，它要求对任何一项经济业务都要以相等的金额在两个或两个以上的账户中相互联系地进行登记，从而可以完整地反映经济业务的全貌，了解经济业务的来龙去脉，并可通过账户的平衡关系，检查账簿记录正确与否。

3. 填制和审核凭证

填制和审核凭证是为了保证会计记录真实、可靠，检查经济业务是否合理合法而采用的一种会计专门方法。它既是会计核算的一种方法，也是会计检查的一种方法。会计离不开记账，记账必须有根据，会计凭证就是证明经济业务已经完成，并且是可明确经济责任的书面证明，是记账的依据。对于发生的任何一笔经济业务，都必须先填制凭证，填制的会计凭证都需经过会计部门和有关部门审核，以检查经济业务的合理性和合法性。只有经过审核无误的会计凭证才能作为记账的依据。填制和审核凭证是保证会计核算质量的重要手段，也是实行会计监督的重要方面。

4. 设置和登记账簿

账簿是反映经济业务的载体。登记账簿就是为了连续、完整、科学地记录和反映经济业务而采用的一种会计专门方法。登记账簿要以会计凭证为依据，利用账户和复式记账的方法，将发生的经济业务分门别类而又相互联系地在账簿中加以全面反映，以便提供完整而又系统的会计信息。账簿记录是编制会计报表的主要依据。

5. 成本计算

成本计算是为了加强对企业生产经营过程中各项费用、成本的分析与控制，正确地计量资产和计算盈亏而采用的一种会计专门方法。成本计算是对企业生产经营过程中发生的各种费用，按照一定的成本计算对象，采用一定的计算方法，进行分配归集，以确定各成本计算对象的总成本和单位成本。通过成本计算可以对企业资产进行正确计价，并确定盈亏；同时，也可以考核企业成本水平的变化情况，分析成本升降原因，以便寻求降低成本、提高经济效益的途径。

6. 财产清查

财产清查是为了保证账簿记录和会计报表所提供的会计信息的客观性而采用的一种会计专门方法。由于种种原因，财产物资的账面记录往往与实际结存情况不尽一致，这就需要定期或不定期地盘点实物、核对账目，进行财产清查。在财产清查中如发现实物与账面记录不符，应进一步查明原因，并及时调整账面记录，以保证账实相符。同时，通过财产清查可以明确经济责任，挖掘财产物资的潜力，加强对财产物资的管理，加速资金周转，以保证会计报表所提供的会计信息的真实性。

7. 编制会计报表

编制会计报表是为了总括地反映一个特定单位的财务状况和经营成果，提供财务信息而采用的一种会计专门方法。会计报表是以账簿记录为依据，经加工整理而产生的一套完整的指标体系。会计报表是会计核算的最终成果，可以为会计信息使用者提供全面反映经济活动所需要的有用信息，实现会计的目标。

会计核算的各种方法相互联系，密切配合，共同构成了一个完整的会计核算方法体系，缺一不可。这种相互联系表现为：为了对会计对象进行核算和监督，在会计工作开始之前，必须把作为会计对象的会计要素进行科学具体的分类，设置会计科目，并依据会计科目设置账户，同时，应当选择在账户上相互联系的、反映经济活动来龙去脉的复式记账方法。在会计工作开始后，首先应填制或取得原始凭证，并运用会计科目和账户以及复式记账方法填制记账凭证；然后根据记账凭证或记账凭证汇总表等登记账簿，并在有关成本计算类账户上进行成本计算；在每个会计期末，应对财产物资及资金进行清查盘点，以保证账实相符和会计信息的准确性，在账实相符、账账相符的基础上编制会计报表，向有关方面提供会计信息。以上方法的具体内容将在本书以后章节中详细介绍。会计核算方法体系如图1.1所示。

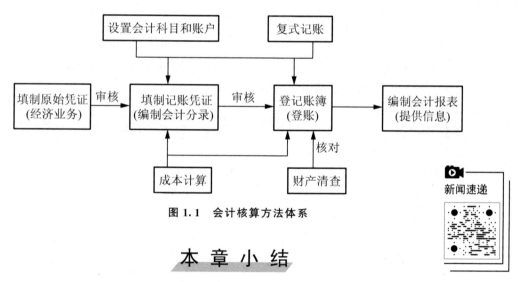

图1.1 会计核算方法体系

本 章 小 结

本章主要介绍了会计的产生与发展、会计的含义、会计信息使用者、会计的职能以及会计核算的方法等内容。

会计是适应社会生产的发展和经济管理的需要而产生和发展起来的，从会计的产生到会计形成一个较为完整的体系，经历了漫长的过程。经济越发展，会计就越显得重要。

会计是以货币为主要计量单位，通过一系列专门方法，对企业、行政事业单位的经济活动进行综合、连续、系统、完整的核算和监督，并在此基础上对经济活动进行分析、考核和检查，以提高经济效益的一项管理活动。

会计职能是指会计在经济管理中所具有的功能或能够发挥的作用，是会计的固有功能。核算与监督构成了会计的基本职能，随着会计的发展，预测、决策、控制、分析也成为会计的重要职能。

会计方法是指用来核算和监督会计内容，实现会计目标的手段。会计方法包括会计核算方法、会计分析方法、会计预测方法、会计决策方法和会计检查方法等。其中会计核算是会计的最基本环节，会计分析、会计预测、会计决策都是在会计核算的基础上，利用会计核算所提供的资料进行的，它们是会计核算方法的继续和发展。会计核算方法主要包括设置账户、复式记账、填制和审核凭证、设置和登记账簿、成本计算、财产清查和编制会计报表等。

课后测试

一、单项选择题

1. 会计所使用的主要计量尺度是（　　）。
   A. 实物量度　　　　　　　　　　　B. 劳动量度
   C. 货币量度　　　　　　　　　　　D. 实物量度和货币量度

2. 下列各项中，会计的基本职能包括（　　）。
   A. 核算和分析　　　　　　　　　　B. 计算和监督
   C. 核算和监督　　　　　　　　　　D. 记录和考核

3. 下列业务不属于会计核算范围的事项是（　　）。
   A. 用银行存款购买材料　　　　　　B. 生产产品领用材料
   C. 企业自制材料入库　　　　　　　D. 与外企签订购料合同

4. 标志着近代会计最终形成的著作是（　　）。
   A. 威尼斯簿记法　　　　　　　　　B. 簿记论
   C. 四柱清册　　　　　　　　　　　D. 算术、几何、比与比例概要

5. 以下表述不属于会计核算基本特点的是（　　）。
   A. 利用货币计量单位对经济活动的数量方面进行核算
   B. 具有完整性、连续性和系统性
   C. 对已经发生的经济活动进行事中、事后的核算
   D. 以真实合法的会计凭证为依据

6. 会计的最基本环节是（　　）。
   A. 会计分析　　　　　　　　　　　B. 会计预测
   C. 会计决策　　　　　　　　　　　D. 会计核算

7. 会计监督的范围是（　　）监督。
   A. 合法性　　　　　　　　　　　　B. 合理性
   C. 真实性　　　　　　　　　　　　D. 合理性、合法性、真实性

8. 企业会计工作的最终结果是（　　）。
   A. 原始凭证　　　　　　　　　　　B. 会计报表
   C. 记账凭证　　　　　　　　　　　D. 会计账簿

9. （　　）西式会计传入我国，这是我国会计史上的第一次变革。
   A. 20世纪初　　　　　　　　　　　B. 新中国成立初期
   C. 改革开放　　　　　　　　　　　D. 19世纪中叶

10. 会计适应（   ）而产生。
    A. 管理者的要求
    B. 生产关系的发展
    C. 生产力的发展
    D. 社会生产的发展和经济管理的需要
11. 会计监督主要是通过（   ）来进行的。
    A. 实物指标
    B. 劳动指标
    C. 数量指标
    D. 价值指标
12. 下列关于会计的目标中，说法不正确的是（   ）。
    A. 会计目标是要求会计工作完成的任务或达到的标准
    B. 会计目标是向财务报告使用者提供会计信息
    C. 会计目标反映企业管理层受托责任的履行情况
    D. 会计目标是提高企业经济效益

二、多项选择题

1. 对会计含义的几种不同的表述是（   ）。
   A. 提供财务信息为主的经济信息系统
   B. 会计是一种管理活动
   C. 会计是以提供内部信息为主的信息系统
   D. 以货币量度进行的计量技术
2. 以下属于企业会计信息使用者的是（   ）。
   A. 债权人
   B. 政府及其有关部门
   C. 社会公众
   D. 供应商
3. 以下项目中不属于会计核算方法的是（   ）。
   A. 会计分析
   B. 会计预测
   C. 复式记账
   D. 填制和审核凭证
4. 以下项目中属于会计核算方法的是（   ）。
   A. 成本计算
   B. 设置和登记账簿
   C. 编制会计报表
   D. 财产清查
5. 以下项目中属于会计方法的是（   ）。
   A. 会计分析
   B. 会计预测
   C. 会计监督
   D. 会计核算
6. 会计的计量尺度有（   ）。
   A. 实物量度
   B. 货币量度
   C. 工作强度
   D. 劳动量度
7. 以下项目中属于会计特点的是（   ）。
   A. 以真实、合法的会计凭证为依据
   B. 以货币为主要计量单位
   C. 对经济活动进行连续、系统、完整的核算和监督
   D. 对经济活动进行决策
8. 下列各项中，关于会计职能的表述正确的有（   ）。
   A. 会计核算职能是会计的首要职能

B. 会计监督是会计核算的基础
C. 会计拓展职能只包括预测经济前景
D. 会计监督是会计核算的保证

三、判断题

1. 会计信息使用者中的投资者还包括潜在的投资者。（ ）
2. 会计监督是对经济活动发生后实施的监督。（ ）
3. 核算和监督是会计的基本职能。（ ）
4. 会计方法与会计核算的方法是同一概念。（ ）
5. 会计分析方法是会计核算方法的继续和发展。（ ）
6. 单式记账是会计核算的专门方法之一。（ ）
7. 财产清查不是会计核算的方法。（ ）
8. 各种会计核算专门方法是独立使用的、互不相关的。（ ）
9. 通过成本计算，可以对企业的资产进行正确的计价并确定盈亏。（ ）
10. 我国在奴隶社会的东周就设立了专司朝廷钱粮的官吏——"司会"。（ ）

【第1章】课后测试答案解析

第 2 章

会计的基本概念

本章引言

会计核算需要确定一定的假设条件与基础，在一定前提条件下进行的会计核算具有一定的目标，即为会计信息使用者提供可靠的信息，方便信息使用者做出正确的经济决策。会计信息主要是通过会计要素反映会计主体的财务状况、经营成果、现金流量等相关内容。会计各要素之间的关系是通过不同的会计等式反映出来的。

导入案例

某上市公司有如下会计行为：将应于202×年4月30日之前披露的年度财务报告推迟至202×年5月8日；因企业的本年盈利状况不佳，将应当开始计提折旧的某项资产推迟至下年度计提；为改变企业业绩，将原来采用的存货发出计价方法由加权平均法改为先进先出法；为确保会计信息的准确性，对于延期付款方式购买的资产按未来应付款项入账；企业的一台车辆肇事，本单位负全责，但与受害人就赔偿金额尚未达成一致意见，企业认为金额尚未确定，不需要进行会计核算。

请问，该上市公司的上述行为符合或违反了哪些会计核算的信息质量要求？

学习目标

- 理解会计假设
- 明确会计目标
- 熟悉会计信息质量要求
- 掌握会计要素
- 掌握会计等式

关键术语

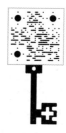

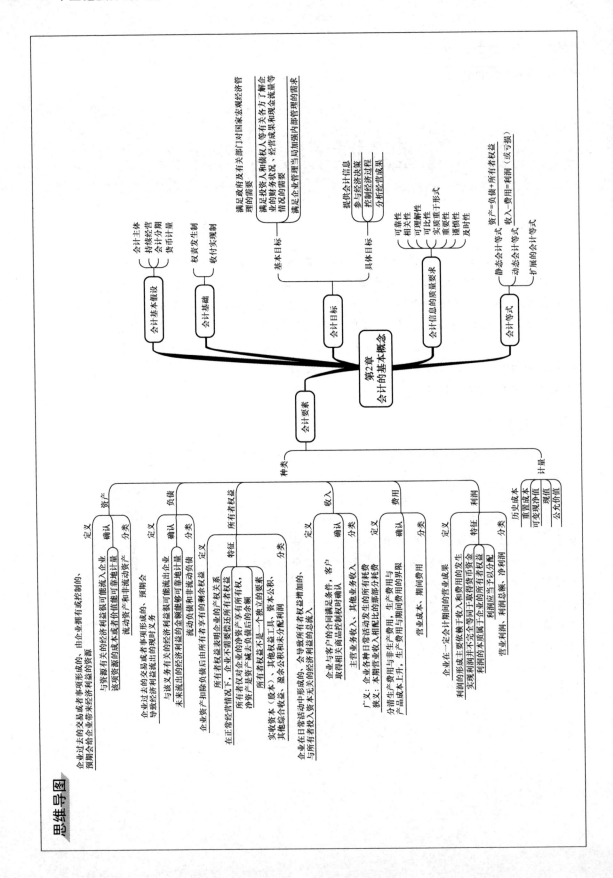

2.1 会计基本假设及会计基础

2.1.1 会计基本假设

会计基本假设是会计确认、计量和报告的前提，是对会计核算所处的时间、空间环境及计量尺度等所做的合理设定，是全部会计工作的基础。会计核算对象的确定、会计方法的选择、会计数据的收集都要以一系列的前提为依据。关于会计核算基本前提的具体内容，人们迄今尚未取得共识，按照我国《企业会计准则——基本准则》的规定，会计基本假设包括会计主体、持续经营、会计分期和货币计量。

会计核算前提条件

1. 会计主体

会计主体是指会计核算和监督的特定单位或组织，是会计确认、计量和报告的空间范围。一般来讲，符合以下条件的就可确定为会计主体：①独立核算的经济实体；②需要独立反映经营成果；③编制独立的会计报表。

会计主体假设的提出，为会计工作明确了空间范围和界限，解决了会计为谁核算的问题，为准确地提供会计信息奠定了基础。会计的各种要素都是与特定的经济实体相联系的概念范畴，一切会计核算工作都是站在特定会计主体立场上进行的。如果没有一个明确的主体范围，资产和负债就难以确定，收入和费用就无法衡量，各种会计核算方法也无法应用。"会计主体"概念的提出，就要求在会计核算时，必须明确本主体的经济业务。会计核算的对象只限于自身的财务活动，不包括主体所有者、经营者本人及其他经济实体的财务活动。这样，有利于正确反映一个经济实体的财务状况和经营成果。

2. 持续经营

持续经营是指在可预见的将来，会计主体会按当前的规定和状态持续经营下去，不会面临破产清算。

企业会计确认、计量和报告应当以企业持续经营为前提，不考虑破产、清算的因素。只有这样企业拥有的各项资产才可以在正常的生产经营过程中耗用、出售或转换，承担的债务也可以在正常的生产经营过程中清偿。

持续经营只是一个假定，任何企业在经营中都存在破产、清算等不能持续经营的风险。

3. 会计分期

会计分期就是将特定主体持续不断的生产经营活动人为地划分为一个个连续的、间隔相同的期间，是对会计工作时间的具体划分。

企业的经营活动，一般来讲，自开业以后在时间上是持续不断的，但会计为了确定损益和编制财务会计报告，定期为使用者提供信息，就必须将持续不断的经营过程人为地划分成若干相等的期间。会计期间划分的长短会影响损益的确定，一般来说，会计期间划分得越短，反映经济活动的会计信息质量就越不可靠。当然，会计期间的划分也不能太长，否则会影响会计信息使用者及时使用会计信息的需要的满足程度。因此，必须合理地划分会计期间。

会计分期为会计核算确定了时间范围。会计期间分为年度和中期。我国会计实行的是按公历时间划分会计期间，即自每年1月1日起至该年12月31日止为一个会计年度。会计中期是指短于一个完整的会计年度的报告期间，包括半年度、季度和月度等。会计中期也按公历起止日期确定。

会计期间的划分，为会计进行分期核算、及时提供会计信息和应收、应付、递延、待摊等会计处理方法提供了前提。有了会计期间这个前提，才有可能比较和分析企业在各会计期间的财务状况、经营成果和现金流量。

4. 货币计量

货币计量是指会计主体在财务确认、计量和报告时以货币计量，反映会计主体的生产经营活动。

在货币计量假设下，单位的会计核算应当以人民币作为记账本位币。《会计法》第十二条规定："会计核算以人民币为记账本位币。业务收支以人民币以外的货币为主的单位，可以选定一种货币作为记账本位币，但是编报的财务会计报告应当折算为人民币。"

会计采用货币作为计量单位，便于在量上进行汇总、比较，能够全面地反映会计主体的生产经营和业务收支等情况，实现会计的目的。

2.1.2 会计基础

会计基础，是指会计事项的记账基础，是会计主体确认收入和费用的标准。会计基础主要有权责发生制和收付实现制两种。

权责发生制基础要求，凡是当期已实现的收入和已经发生的或应当负担的费用，无论款项是否收付，都应当作为当期的收入和费用，计入利润表；凡是不属于当期的收入和费用，即使款项已在当期收付，也不应当作为当期的收入和费用。

在实务中，企业交易或事项的发生时间与相关货币收支时间有时并不完全一致。例如，款项已经收到，但销售并未实现；或者款项已经支付，但并不是因为本期生产经营活动而发生的等。

收付实现制是与权责发生制相对应的一种会计基础，其是以收到支付的现金及其时点作为确认收入和费用等的依据。为了更加真实、公允地反映特定会计期间的财务状况和经营成果，《企业会计准则——基本准则》第九条规定："企业应当以权责发生制为基础进行会计确认、计量和报告。"我国行政单位的会计核算采用收付实现制，事业单位部分经济业务或事项的核算采用权责发生制，除此之外的业务核算采用收付实现制。

权责发生制与收付实现制的区别见表2-1。

表2-1　　　　　　　　权责发生制与收付实现制的区别

计量基础	内　含	举　例
权责发生制	权责发生制也称应计制或应收应付制，其从时间上规定会计确认的基础，核心是根据权利和责任的实际发生时间来确认企业的收入和费用。在权责发生制下，收入归属期是创造收入的会计期间；费用归属期是费用所服务的会计期间	（1）对于企业本期已向客户发货而尚未收到货款的交易，应作为本期的收入，不应作为收到货款期间的收入。 （2）对于本期已经发生的费用，虽然本期没有支付款项，但仍然作为本期的费用处理，而不能作为支付款项期间的费用处理

续表

计量基础	内 含	举 例
收付实现制	收付实现制也称现金制或现收现付制，是以款项的实际收付为标准来确认本期收入和费用的一种方法	（1）对于企业本期已向客户发货而尚未收到货款的交易，不应作为本期的收入，应作为收到货款期间的收入。 （2）对于本期已经发生的费用，如果本期没有支付款项，则不能作为本期的费用处理，而应作为支付款项期间的费用处理

2.2 会计目标

会计目标是指会计核算和监督所要达到的目的。由于会计总是处于一定的社会经济环境中，会计目标无疑受到社会经济环境的制约。在不同的社会经济环境下，特别是不同的社会制度和经济体制，会对会计提出各异的目标。在现代市场经济条件下，会计目标可以概括为：提供真实、可靠的会计信息给会计信息使用者，以满足各方的决策需求。因而，从本质上来讲，会计目标所要解决的问题是向谁提供会计信息和提供什么样的会计信息。

《企业会计准则——基本准则》第四条规定："企业应当编制财务会计报告（又称财务报告，下同）。财务会计报告的目标是向财务会计报告使用者提供与企业财务状况、经营成果和现金流量等有关的会计信息，反映企业管理层受托责任履行情况，有助于财务会计报告使用者做出经济决策。财务会计报告使用者包括投资者、债权人、政府及其有关部门和社会公众等。"

根据《企业会计准则》的相关规定，可以将会计目标分为会计基本目标和会计具体目标两部分。

2.2.1 会计基本目标

1. 满足政府及有关部门对国家宏观经济管理的需要

企业作为国民经济的组成部分，其生产经营状况的好坏和经济效益的高低，直接影响整个国民经济。国家的宏观经济管理和调控，需要对企业及各单位的会计信息进行汇总和分析。这是因为，宏观经济决策所需要的大部分信息来源于会计信息。因此，会计应把为国家宏观经济管理和调控提供会计信息作为会计目标。

2. 满足投资人和债权人等有关各方了解企业的财务状况、经营成果和现金流量情况的需要

在市场经济条件下，企业作为独立经营、自负盈亏、自我发展的经济实体，处于错综复杂的经济关系中，要与政府有关部门、投资者、债权人、职工和社会公众发生密切的联系。企业应向投资者提供企业资产的保管、使用情况和使用效益；应向债权人提供企业的运行情况、偿债能力和投资风险；应向政府所属的财政、税收、审计等部门提供所需要的

利润分配、税金交纳等方面的会计信息；上市公司还应向潜在的投资者和债权人提供会计信息。

3. 满足企业管理当局加强内部管理的需要

会计作为一种经济管理活动，会计信息是企业内部管理所需信息的重要来源。全面、连续、系统、综合的会计信息，有助于决策者进行合理的经营决策；有助于经营者分析考核企业经营管理方面的成败得失，总结经验，发现问题，提出改进措施；同时也有助于预测企业经营前景，更好地规划未来。

2.2.2 会计具体目标

1. 提供会计信息

提供会计信息包括按照会计核算的要求，根据企业所采用的账务处理程序填制和审核原始凭证；编制记账凭证；登记日记账、明细账和总账；核对账证、账账和账实；编制会计报告。提供会计信息的目的是连续、系统、综合、及时地为国家、社会有关各方和企业内部提供完整的会计信息。

2. 参与经济决策

对初级会计信息资料和其他相关资料进行加工处理，并通过严密的定量、定性分析，会计信息数据就可以成为会计人员直接做出决策或参与企业高层决策的可靠数字依据。

3. 控制经济过程

根据会计信息，按照管理的目标和要求，通过组织、指挥、协调企业的经济活动，对企业的经营全过程进行必要的干预，使其按照预定的轨道有序地进行。其控制内容包括：①编制预算和计划，确定企业财务目标；②组织计划的执行；③在计划执行过程中随时利用会计信息同计划和财务目标相比较，进行评价；④及时反馈并采取措施调整脱离计划的偏差，以实现预定的财务目标。

4. 分析经营成果

根据会计信息所提供的信息，结合计划、统计和其他资料，对会计主体的经济活动的结果、财务状况及其预算执行情况进行比较、分析、评价，总结经验，巩固成绩，找出存在的问题，挖掘潜力，改进工作的过程，提出措施，以便进一步提高经济效益。

2.3 会计信息的质量要求

会计信息是会计系统的产品，只有符合特定要求的会计信息才能满足会计信息使用者的要求。会计信息质量要求是对会计主体财务报告中所提供的会计信息的基本要求，是使财务报告中所提供的会计信息对投资者等会计信息使用者作决策有用所应具备的基本特征。根据我国《企业会计准则——基本准则》的规定，会计信息质量要求包括可靠性、相关性、可理解性、可比性、实质重于形式、重要性、谨慎性和及时性八个方面。

2.3.1 可靠性

可靠性原则指企业应当以实际发生的交易或者事项为依据进行会计确认、计量和报告,如实反映符合确认和计量要求的各项会计要素及其他相关信息,保证会计信息真实可靠、内容完整。

可靠性是对会计信息质量的基本要求。会计工作提供信息的目的是满足会计信息使用者的决策需要。因此,应该做到内容真实、数字准确、资料可靠,不能随意遗漏或者删减应该予以披露的信息。

2.3.2 相关性

相关性原则指企业提供的会计信息应当与财务会计报告使用者的经济决策需要相关,有助于财务会计报告使用者对企业过去、现在或者未来的情况做出评价或者预测。

会计信息是否有用,是否具有价值,关键是看其与使用者的决策需要是否相关,是否有助于决策或者提高决策水平。相关性要求企业在确认、计量和报告会计信息的过程中,充分考虑会计信息使用者的决策模式和信息需要,会计信息应当能够有助于信息使用者评价企业过去的决策、证实或修正过去的有关预测,有助于使用者预测企业未来的财务状况、经营成果和现金流量。

2.3.3 可理解性

可理解性原则指企业提供的会计信息应当清晰明了,便于财务会计报告使用者理解和使用。

企业编制会计报表、提供会计信息的目的在于供使用者使用,而会计信息清晰明了、内含明确、便于理解,才能提高其有用性。因此,在会计核算中,会计记录应当准确、清晰,填制凭证、登记账簿必须做到依据合法,账户对应关系清楚,文字摘要完整;在编制会计报表时,应当内容完整,项目勾稽关系清楚、数字准确。

2.3.4 可比性

可比性原则指企业提供的会计信息应当相互可比,具体包括以下两层含义。

(1) 同一企业不同时期可比或者是纵向可比,即同一企业在不同时期发生的相同或者相似的交易或事项,应当采用一致的会计政策,不得随意变更,必须变更的,应当在附注中说明。这样便于会计信息使用者了解企业财务状况、经营成果和现金流量的变化趋势,比较企业在不同时期的会计信息,全面、客观地评价过去,预测未来,从而做出决策。

(2) 不同企业相同会计期间可比或者是横向可比,即不同企业发生的相同或相似的交易或事项,应当采用规定的会计政策,确保会计信息口径一致、相互可比。这样,便于会计信息使用者分析、评价不同企业的财务状况、经营成果和现金流量。

2.3.5 实质重于形式

实质重于形式原则指企业应当按照交易或者事项的经济实质进行会计确认、计量和报告,不应仅以交易或者事项的法律形式为依据。例如,以融资租赁方式租入的资产,虽然从法律形式来看承租企业并不拥有其所有权，但由于租赁合同中规定的租赁期相当长，接近于该资产的使用寿命；租赁期结束时承租企业有优先购买该资产的选择权；在租赁期内承租企业有权支配资产并从中受益。从其经济实质来看，企业能够控制其创造的未来经济利益，所以，会计核算上将以融资租赁方式租入的资产视为承租企业的资产。如果企业的会计核算仅仅按照交易或者事项的法律形式或人为形式进行，而其法律形式或人为形式又未能反映其经济实质和经济现实，那么，会计核算的结果不仅不会有利于会计信息使用者决策，反而会误导会计信息使用者决策。

2.3.6 重要性

重要性原则指企业提供的会计信息应当反映与企业财务状况、经营成果和现金流量等有关的所有重要交易或者事项。

重要性要求企业在会计核算过程中对交易或者事项应当区别其重要程度，采用不同的核算方式。对资产、负债、损益等有较大影响，并进而影响财务会计报告使用者据以做出合理判断。对于重要会计事项，必须按照规定的会计方法和程序进行处理，并在财务会计报告中予以充分、准确地披露；对于次要的会计事项，在不影响会计信息真实性和不至于误导财务会计报告使用者做出正确判断的前提下，可适当简化处理。评价具体项目的重要性很大程度上取决于会计人员的职业判断。一般来说，应当从质和量两个方面综合进行分析。从性质来说，当某一事项的数量达到一定规模时就可能对决策产生影响。

2.3.7 谨慎性

谨慎性原则指企业对交易或者事项进行会计确认、计量和报告应当保持应有的谨慎，不应高估资产或者收益，低估负债或者费用。

在市场经济条件下，企业生产经营活动面临许许多多的风险和不确定性。企业在面临不确定性因素的情况下做出职业判断时，应保持应有的谨慎，充分估计各种风险和损失，既不高估资产或收益，也不低估负债或费用，对可能发生的费用和损失做出合理估计，但不得计提秘密准备。这样有利于增强会计信息的可靠性。

2.3.8 及时性

及时性原则要求企业对于已经发生的交易或者事项，应当及时进行确认、计量和报告，不得提前或者延后。

会计信息的价值在于帮助使用者做出经济决策，具有时效性。即使是可靠的、相关的会计信息，如不及时提供就失去了时效性，对于信息使用者的效用就会大大降低。因此，及时性是会计信息相关性和可靠性的制约因素，在会计确认、计量和报告中及时收集、处理、传递会计信息，有利于保证会计信息的相关性和可靠性。

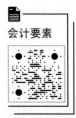

会计要素

2.4 会计要素

会计要素是对会计对象进行的基本分类，是会计对象的具体化。会计对象是指社会再生产过程中能够用货币表现的经济活动，也称资金运动或价值运动。资金运动具有显著运动状态和相对静止状态，由资金投入、资金周转和资金退出三部分构成。为了便于核算和分门别类地为信息使用者提供有用的经济信息，有必要对会计对象进行分类。至于划分哪些类别，要受很多因素的制约，目前世界各国都不完全相同。

根据《企业会计准则——基本准则》的规定，我国企业会计要素有六项，即资产、负债、所有者权益、收入、费用、利润。其中资产、负债、所有者权益是静态的会计要素，构成资产负债表的基本框架，反映企业在某一特定时日的财务状况；收入、费用、利润是动态的会计要素，构成利润表的基本框架，反映企业在一定时期内的财务成果。因而这六大会计要素又被称为会计报表要素。

2.4.1 会计要素的种类

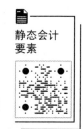

静态会计要素

1. 资产

（1）资产的定义与特征。

资产是指企业过去的交易或者事项形成的、由企业拥有或控制的、预期会给企业带来经济利益的资源。资产具有如下特征。

① 资产是由过去的交易或者事项所形成的。在这里，"交易"是指本会计主体与外部主体之间所发生的价值交换行为，如企业销货未收的款项、赊购的存货等；"事项"是指本会计主体内部所发生的价值转移行为，如制造企业生产车间领用材料、产品完工入库等。未来的、尚未发生的交易或者事项可能形成的资产不能确认为企业的资产，如企业签订合同订购的设备就不能确认为企业的资产。资产的成因是资产存在和计价的基础。

② 资产是由企业拥有或控制的。强调权属是会计主体假设的必然要求。在这里，"拥有"是指所有权，即指某项资产的法定所有权属于本会计主体，本会计主体在法律规定的范围内对该项资产具有占有、使用、收益及处置的权力；"控制"是一个会计概念，是指虽然本会计主体在法律形式上并不拥有资产的所有权，但该项资产上的收益和风险已经由本会计主体所承担，本会计主体对该项资产具有占有、收益和使用的权力，但不具有处置的权力。如当一个企业以融资租赁方式（如合同规定每月支付 2 000 元租金，共 60 个月，款项付清时汽车的所有权转归租入方）租入一辆汽车时，从法律意义上讲企业可能不拥有这辆汽车，因为只有在最后一期款项付清时汽车的所有权才能让渡给购买者，但是如果企业有责任为汽车进行保养和购买保险，那么就可以认为该汽车完全由该企业所控制并且是企业的一项资产。但占有和临时控制并不足以使一个项目成为资产，如按年租入的办公场所和在较短时期内租入的设备等。

③ 资产是预期会给企业带来经济利益的资源。资产的本质是一种经济资源，并且该资源预期会给企业带来经济利益，这是与耗费的根本区别。就是说，资产作为一种经济资源，能够独立或与其他资源结合在一起，通过有效使用，在未来时期内，为企业带来经济利益。如果一项经济资源不能为企业带来经济利益，就不应当确认为企业的资产。如一辆汽车，如果它能够为企业所用，就认为是企业的资产；如果该辆汽车已报废，就不应再作为资产，而应作为费用处理。

（2）资产的确认。

某项资源被确认为资产，该项资源首先应当符合资产的定义，其次还应当同时满足以下两个确认条件。

① 与资源有关的经济利益很可能流入企业。

② 该项资源的成本或者价值能可靠地计量。

之所以提出资产确认的条件，一方面是因为"能够带来经济利益"是资产的一个本质特征，而由于经济环境的复杂多变，给予资源有关的经济利益能否流入企业以及能够流入多少带有一定的不确定性。这就要求企业对资产的确认应当与经济利益流入企业的不确定性程度结合起来进行判断，如果与资源有关的经济利益很可能流入企业，则应当将其作为资产予以确认。另一方面是因为可计量性是所有会计要素确认的重要前提，企业取得的资产通常会发生一定的实际成本，而且应当可靠地计量。

（3）资产的分类。

资产是六大会计要素的核心要素，更是企业存在的基础。大多数企业的资产范围都很广，形态各异，可以具有实物形态，如房屋、机器设备、商品等，也可以不具有实物形态，如以债权形态出现的各种应收和预付款项，以特殊权利形态出现的专利权、商标权等无形资产。

企业的资产按其流动性可分为流动资产和非流动资产两大类。

① 流动资产。流动资产是指预计在一年或者超过一年的一个营业周期或一个会计年度内变现、出售或耗用的资产、现金及现金等价物，主要包括货币资金、交易性金融资产、应收及预付款项和存货等。

a. 货币资金是指以货币形态存放于企业、银行或其他金融机构的款项，包括库存现金、银行存款和其他货币资金。货币资金是最具流动性的资产。

b. 交易性金融资产是指企业为了近期出售而持有的金融资产，包括企业以赚取差价为目的从二级市场购入的股票、债券或基金等。

c. 应收及预付款项（也称结算债权）是指企业在日常生产经营过程中发生的各种债权，主要包括应收账款、应收票据、其他应收款和预付账款等。

d. 存货是指企业在日常生产经营过程中持有以备出售，或者仍然处在生产过程，或者在生产或提供劳务过程中将消耗的材料或物料等，主要包括各类材料、商品、在产品、半成品、产成品等。

② 非流动资产。非流动资产是指流动资产以外的资产，主要包括长期股权投资、固定资产、无形资产、投资性房地产和长期待摊费用等。

a. 长期股权投资是指企业为了实现控制其他企业，维护集团整体利益等目的，通过企业合并或者其他方式取得其他单位股权并准备长期持有的投资。如企业以控股合并方式取得其他单位的普通股股票等。

b. 固定资产是指企业为生产商品、提供劳务、出租或经营管理而持有的使用寿命超过一个会计年度的有形资产。固定资产是企业的主要劳动资料，使用期限长，能够连续参与若干生产经营过程，并在长期的使用过程中保持原有的实物形态基本不变。其价值随着生产经营活动的进行逐渐地、部分的磨损，通过折旧的形式转移到成本、费用中去，并逐步从销售收入中得到补偿；而流动资产只能一次性参加企业生产经营活动，并在使用中改变原有的实物形态，其价值一次性转移到产品成本、费用中去，并从销售收入中得到补偿。

c. 无形资产是企业拥有或控制的，没有实物形态的、可辨认的非货币性资产，包括专利权、非专利技术、商标权、著作权、土地使用权等。

d. 投资性房地产是指企业为赚取租金或资本增值，或两者兼有而持有的房地产。如企业拥有并已出租的建筑物和土地使用权等。

e. 长期待摊费用是指企业已经发生但应由本期和以后各期负担的，分摊期在1年以上（不含1年）的各项费用，包括以经营租赁方式租入的固定资产发生的改良支出等。

2. 负债

（1）负债的定义与特征。

负债是指企业过去的交易或事项形成的、预期会导致经济利益流出的现时义务。现时义务是指企业在现行条件下已承担的义务。未来发生的交易或事项形成的义务，不属于现时义务，不应当确认为负债。负债应具有如下特征。

① 负债义务是作为过去的交易或事项的结果而存在的，是企业实实在在承担的偿还义务。潜在的义务、预期在将来要发生的交易或事项可能产生的债务不能确认为负债。如企业职工从5月15日工作到5月31日，则在5月31日还没有支付给该职工的工资就形成了企业的负债，但该职工6月份才能获得的工资就不构成企业5月份的负债。

② 清偿负债会导致经济利益流出企业。清偿负债可以用现金资产，也可以用商品（产品）或其他资产，还可以通过提供劳务进行清偿，或通过举借新债偿还旧债，但无论以何种方式偿还债务，最终都会导致经济利益流出企业。

③ 负债的清偿一定要有确切的金额。清偿债务会导致经济利益的流出，且未来经济利益的流出能够可靠地计量，如资产的减少量是多少，应提供的劳务量是多少等。

（2）负债的确认。

某项义务确认为负债，该义务首先应当符合负债的定义，其次还应当同时满足下列两个条件。

① 与该义务有关的经济利益很可能流出企业。

② 未来流出的经济利益的金额能够可靠地计量。

之所以提出负债确认的条件，一方面是因为"预期会导致经济利益流出"是负债的一个本质特征，而企业履行义务所需流出的经济利益具有一定的不确定性，尤其是与推定义务相关的经济利益通常需要信赖于较多的估计。这就要求企业确认负债时，应当考虑经济利益流出的不确定性程度，如果与现时义务有关的经济利益很可能流出企业则应当确认为负债。另一方面则是负债的确认应当符合可计量的要求。

（3）负债的分类。

企业的负债按其流动性可分为流动负债和非流动负债两大类。

① 流动负债。流动负债是指预计在一个正常营业周期中清偿或者自资产负债表日起1年（含1年）内到期应予以清偿的债务，以及企业无权自主地将清偿推迟至资产负债表日后1年以上的债务。流动负债包括短期借款、应付票据、应付账款、预收账款、应付职工薪酬、应付股利、应交税费、其他应付款等。

a. 短期借款是指企业为维持正常的生产经营周转所需而向银行或其他金融机构借入的偿还期限在1年以下（含1年）的各种借款。

b. 应付票据是指企业采用商业汇票支付方式购买货物时应偿付给持票人的债务。

c. 应付账款是指企业因购买材料、商品或接受劳务等而发生的债务。

d. 预收账款是买卖双方根据协议的规定,由购买方预先支付一部分货款给供应方而产生的一种负债。

e. 应付职工薪酬是指企业为获得职工提供的服务而给予各种形式的报酬以及其他相关支出。职工薪酬包括:职工工资、奖金、津贴和补贴,职工福利费。

f. 应付股利是指企业分配给投资者的现金股利或者利润在未付之前所形成的一项负债。

g. 应交税费是指企业按照税法规定计算应交纳的各种税费,包括增值税、消费税、所得税、资源税、土地增值税、城市维护建设税、房产税、土地使用税、车船使用税、教育费附加等。

h. 其他应付款是指企业除应付账款、应付票据、预收账款、应付职工薪酬、应付股利、应交税费等经营活动以外的其他各项应付款、暂收的款项,如包装物租金、存入保证金等。

② 非流动负债。非流动负债是指流动负债以外的负债。非流动负债的偿还期通常在1年以上或超过1年的一个营业周期以上,包括长期借款、应付债券、长期应付款等。

a. 长期借款是指企业向银行或其他金融机构借入的,期限在1年以上的各种借款。

b. 应付债券是指企业为筹集长期资金而发行债券形成的债务。

c. 长期应付款主要包括应付补偿贸易引进设备款、应付融资租赁款等长期债务。

3. 所有者权益

(1) 所有者权益的定义与特征。

所有者权益是企业资产扣除负债后由所有者享有的剩余权益。公司的所有者权益又称为股东权益。所有者权益具有如下特征。

① 所有者权益表明企业的产权关系,即企业归谁所有。所有者对企业投资形成了企业资产的主要来源,从而为企业的生产经营提供了资金方面的保证。同时因为投资者拥有所有权,说明企业是归投资者所有的,由此派生出投资者参与或委托管理权以及利润的分配等相应的权益。所有者权益只是在整体上和抽象的意义上与企业资产保持数量关系,它与企业特定的具体资产并无直接关系,也不与企业特定的具体资产项目发生相对应的关系。

② 在正常经营情况下,企业不需要偿还所有者权益。所有者权益的增减变动受所有者增资或减资以及留存收益多少等的影响。

③ 所有者仅对企业的净资产享有所有权,净资产是资产减去负债后的余额。当企业清算时,企业在清偿全部债务后,剩余财产才能够用于偿还所有者。

④ 所有者权益不是一个独立的要素,其非独立性表现在所有者权益金额的确认、计量需要依赖于资产和负债。

(2) 所有者权益的分类。

所有者权益根据其核算的内容和要求,可分为实收资本(股本)、其他权益工具、资本公积、其他综合收益、盈余公积和未分配利润等部分。下面对实收资本、资本公积、盈余公积做出具体说明。

① 实收资本是投资者投入资本形成的法定资本价值，所有者向企业投入的资本，在一般情况下无须偿还，可以长期周转使用。实收资本的构成比例，即投资者的出资比例，通常是确定所有者在企业所有者权益中所占的份额和参与企业财务经营决策的基础，也是进行利润分配或股利分配的依据，同时还是企业清算时确定所有者对净资产的要求的依据。

② 资本公积是企业收取投资者超出其在企业注册资本（或股本）中所占份额的投资，以及直接计入所有者权益的利得或损失。资本公积包括资本溢价（或股本溢价）和其他资本公积。

③ 盈余公积是指企业按照规定从净利润中提取的各种积累资金。公司制企业的盈余公积分为法定盈余公积和任意盈余公积。两者的区别在于其各自计提的依据不同。前者以国家的法律或行政规章为依据提取，后者则由企业自行决定提取。

4. 收入

（1）收入的定义与特征。

收入是指企业在日常活动中形成的、会导致所有者权益增加的、与所有者投入资本无关的经济利益的总流入。收入具有如下特征。

① 收入是从企业日常活动中产生的，而不是从偶发的交易或事项中产生的。所谓日常活动是指企业正常的、经常的活动，如制造企业制造和销售产品、商品流通企业从事购销活动等。有些活动在企业不经常发生，但与日常活动有关，如制造企业销售原材料所取得的经济利益，也作为收入确认。有些偶然发生的交易或事项也能为企业带来经济利益，但不属于企业日常活动，其流入的经济利益是利得，就应作为营业外收入，而不能作为收入确认。如企业出售不使用的生产设备而取得的收益就不作为收入，而作为营业外收入。这是因为，生产设备是为使用而不是为出售而购入的，出售生产设备不是企业的经营目标，也不属于企业的日常活动。

② 收入可能表现为企业资产的增加，也可能表现为企业负债的减少，还可能表现为两者兼而有之。如企业销售产品取得银行存款，就表现为资产的增加；企业销售预收货款的商品，就表现为负债的减少；企业销售商品，部分抵债，部分收回款项，就表现为资产的增加和负债的减少。

③ 收入能导致企业所有者权益增加。由于收入能使企业资产增加或负债减少或两者兼而有之，所有者权益的数量是由资产减去负债的余额确定的，因此，收入最终会导致企业的所有者权益增加。

④ 收入只包括本企业经济利益的流入，不包括为第三方或客户代收的款项。如企业销售商品时代收的增值税，银行代客户收取的水电费等，不属于本企业的经济利益，因此，不能作为本企业的收入。

（2）收入确认的前提条件。

企业与客户之间的合同同时满足下列条件的，企业应当在客户取得相关商品控制权时确认收入：①合同各方已批准该合同并承诺将履行各自义务；②合同明确了合同各方与所转让的商品（或提供的服务，以下简称转让的商品）相关的权利和义务；③该合同有明确的与转让的商品相关的支付条款；④该合同具有商业实质，即履行该项合同将改变企业未来现金流量的风险、时间分布或金额；⑤企业向客户转让商品而有权取得的对价很可能收回。

（3）收入的分类。

企业取得的收入包括销售商品收入、提供劳务收入、利息收入、租金收入等，但通常，我们谈起收入时，并不包括利息收入，利息收入项目在我国的会计核算及利润表中是以财务费用核算的。这样，我们所说的收入实际上就是企业的营业收入。营业收入按照企业经营业务的主次关系，可以分为主营业务收入和其他业务收入。

① 主营业务收入。主营业务收入也称基本业务收入，是指企业的主要经营活动带来的收入。不同行业的主营业务收入所包括的内容各不相同，如制造企业的主营业务收入主要包括销售产成品、半成品和提供工业性劳务作业等的收入；商品流通企业的主营业务收入主要包括销售商品所取得的收入；旅游服务企业的主营业务收入主要包括门票收入、客房收入、餐饮收入等。

② 其他业务收入。其他业务收入是指企业非经常性的、兼营的业务所产生的收入。如工业企业销售原材料、出租包装物等取得的收入。

5. 费用

（1）费用的定义与确认。

费用有狭义和广义之分。广义的费用泛指企业各种日常活动发生的所有耗费；狭义的费用仅指本期营业收入相配比的那部分耗费。费用应按照权责发生制和配比原则确认，凡应属于本期发生的费用，无论其款项是否支付，均确认为本期费用；反之，不属于本期发生的费用，即使款项已由本期支付，也不确认为本期费用。

在确认费用时，首先应当分清生产费用与非生产费用的界限。生产费用是指与企业日常生产经营活动有关的费用。如生产产品所发生的原材料费用、人工费用等；非生产费用是指不属于生产费用的费用。其次，应当分清生产费用与产品成本上升的界限。生产费用与一定的期间相联系而与生产的产品无关；产品成本与一定品种和数量的产品相联系而不论发生在哪一期。最后，应当分清生产费用与期间费用的界限。生产费用应当计入产品成本；期间费用直接计入当期损益。

（2）费用的分类。

费用按照其功能可分为营业成本和期间费用两部分。

① 营业成本。营业成本是企业本期已实现销售的商品产品成本和已对外提供劳务的成本。商品产品成本和劳务成本是企业为生产商品或提供劳务等所发生的应计入商品产品成本或劳务成本的各项费用，包括直接材料、直接人工和制造费用等。企业为生产产品、提供劳务等发生的可归属于产品成本、劳务成本的费用，应当在确认产品销售收入、劳务收入等时，将已销售产品、已提供劳务的成本等计入当期损益。

② 期间费用。期间费用是指企业为组织和管理企业生产经营，筹集生产经营所需资金以及销售商品等而发生的各项费用。期间费用应在发生当期直接计入损益，并在利润表中分项目列示，包括管理费用、财务费用和销售费用。其中，管理费用是指企业行政管理

部门为组织和管理生产经营活动所发生的各项费用。财务费用是指企业为筹集资金而发生的各项费用。销售费用是指企业在销售商品、产品或提供劳务过程中所发生的各项费用。

6. 利润

(1) 利润的定义与特征。

利润是企业在一定会计期间的经营成果。利润包括收入减去费用后的净额，直接计入当期利润的利得或损失等。利润具有如下特征。

① 利润的形成主要依赖于收入和费用的发生，因而利润不属于一项独立的会计要素，但利润项目应当列入企业的利润报表。

② 由于企业会计的确认基础为权责发生制，所以实现利润并不完全等同于取得货币资金。

③ 利润的本质属于企业的所有者权益。

④ 利润应当予以分配，如为亏损则应当予以弥补。

(2) 利润的分类。

利润按其来源及确定程序，可以分为以下三类。

① 营业利润。营业利润是指企业在一定会计期间的营业收入减去营业成本、税金及附加、销售费用、管理费用、财务费用和资产减值损失，再加上公允价值变动收益和投资收益后的差额。

② 利润总额。利润总额是营业利润加上营业外收入，减去营业外支出的金额。其中，营业外收入是企业发生的应直接计入当期利润的利得，包括非流动资产处置利得、非货币性资产交换利得、债务重组利得、政府补助利得、盘盈利得、捐赠利得等；营业外支出是企业发生的应直接计入当期利润的损失，包括非流动资产处置损失、非货币性资产交换损失、债务重组损失、非常损失、公益性捐赠支出、盘亏损失等。

③ 净利润。净利润是指企业的最终财务成果。净利润等于利润总额减去所得税费用后的差额。

2.4.2 会计要素的计量

明确了会计要素的定义和特征，就解决了会计确认的问题，也就是解决了一项交易或事项能否入账的问题，或者说是解决了会计的定性问题。但是，要进一步对交易或事项进行会计处理，还必须解决定量问题，这就需要明确会计的计量属性，所以，会计计量是为了将符合确认条件的会计要素登记入账，并列报于财务报表而确定其金额的过程。企业应当按照规定的计量属性进行计量，确定相关金额。会计计量属性主要包括历史成本、重置成本、可变现净值、现值和公允价值。

1. 历史成本

历史成本又称实际成本，就是取得或制造某项财产物资时所实际支付的现金或现金等价物。在历史成本计量下，资产按照购置时支付的现金或现金等价物的金额，或者购置资产时所付出的对价的公允价值计量；负债按照因承担现时义务而实际收到的款项或资产的金额，或者承担现时义务的合同金额，或者按照日常活动中为偿还负债预期需要支付的现金或现金等价物的金额计量。

历史成本计量，要求对企业资产、负债和所有者权益等项目的计量，应当基于经济业务的实际交易成本，而不考虑随后市场价格变动的影响。例如，在企业外购固定资产的计量中，外购固定资产的成本包括购买价款、进口关税等相关税费，以及使固定资产达到预定可使用状态前发生的可归属于该项资产的包装费、运输费、装卸费、安装费等。假定某企业购买不需要安装的设备一台，价款 100 万元，增值税 13 万元，另支付运输费 0.3 万元（不考虑增值税因素），包装费 0.1 万元，款项以银行存款支付，则该固定资产按历史成本计价，其金额应为 100.4 万元。

2. 重置成本

重置成本又称现行成本，是指按照当前市场条件，重新取得同样一项资产所需支付的现金或者现金等价物的金额。在重置成本计量下，资产按照现在购买相同或者相似资产所需支付的现金或者现金等价物的金额计量；负债按照现在偿付该项债务所需支付的现金或者现金等价物的金额计量。

重置成本是现在时点的成本，它强调站在企业主体角度，以投入到某项资产上的价值作为重置资本。在实务中，重置成本多应用于盘盈固定资产的计量等。例如，企业在年末财产清查中，发现全新的未入账的设备一台，其同类固定资产的市场价格为 5 万元，则企业对这台设备应按重置成本计价为 5 万元。

3. 可变现净值

可变现净值是指在正常生产经营过程中，以预计售价减去进一步加工成本和预计销售费用以及相关税费后的净值。在可变现净值计量下，资产按照其正常对外销售所能收到的现金或者现金等价物的金额扣减该资产至完工时估计将要发生的成本、估计的销售费用以及相关税费后的金额计量。

可变现净值是在不考虑资金时间价值的情况下，计量资产在正常生产经营过程中可带来的预期净现金流入或流出。可变现净值通常应用于存货资产在减值情况下的后续计量。不同资产的可变现净值的确定方法有所不同。以库存商品为例，假设期末某企业 A 商品的账面价值为 200 万元，该批商品市场售价为 185 万元（不含增值税），估计销售 A 商品需要发生的销售费用等 10 万元（不含增值税），则 A 商品按可变现净值计价为 175（185－10）万元。

4. 现值

现值是指对未来现金流量以恰当的折现率进行折现后的价值。在现值计量下，资产按照预计从其持续使用和最终处置中所产生的未来净现金流入量的折现金额计量；负债按照预计期限内需要偿还的未来净现金流出量的折现金额计量。

在会计计量中使用现值的目的是尽可能地捕捉和反映各种不同类型的未来现金流量之间的经济差异。在不使用现值计量的情况下，很难看出今天的 100 元现金流量和十年后的 100 元现金流量之间的差别，若用现值计量就很容易区分出十年后的 100 元现金流量肯定小于今天的 100 元现金流量。所以，与未折现的现金流量相比，以未来预计现金流量的现值为基础的会计计量能够提供与决策相关的信息。现值计量通常用于非流动资产可收回金额和以摊余成本计量的金融资产价值的确定等。

5. 公允价值

公允价值是指市场参与者在计量日发生的有序交易中，出售一项资产所能收到或者转移一项负债所需要支付的价格。有序交易，是指在计量日前一段时期内相关资产或负债具有惯常市场活动的交易。

公允价值主要应用于交易性金融资产、交易性金融负债、采用公允价值模式计量的投资性房地产等的计量。例如，202×年10月8日，甲公司从二级市场购入A公司股票5万股作为交易性金融资产，202×年12月31日，该股票的收盘价为每股4元。该资产在202×年12月31日按公允价值计价，金额为20万元。

企业在对会计要素进行计量时，一般应当采用历史成本。采用重置成本、可变现净值、现值、公允价值计量的，应当保证所确定的会计要素金额能够持续取得并可靠计量。

2.5 会计等式

会计等式是指运用数学方程的原理来描述会计要素之间相互关系的一种表达式。它是设置账户、复式记账、试算平衡和编制会计报表的理论基础。

2.5.1 静态会计等式

任何企业要进行生产经营活动，都必须拥有一定数量和质量的能给企业带来经济利益的经济资源，如房屋、设备、现金等，这些经济资源在会计上称为"资产"。企业的这些资产不可能凭空形成，必有其提供者。企业最初资产的提供者不外乎两个方面：一是由企业债权人提供，即借入；二是由企业所有者提供，即投资人投入。债权人和所有者将其拥有的资金提供给企业使用，就应该相应地对企业的资产享有一种要求权，这种对资产的要求权在会计上称为"权益"。资产表明企业拥有什么经济资源和拥有多少经济资源，权益表明经济资源的来源渠道，即谁提供了这些经济资源。可见，资产与权益是同一事物的两个不同侧面，两者相互依存、不可分割，没有无资产的权益，也没有无权益的资产。因此，资产和权益两者在数量上必然相等，资产和权益这种在数量上的相等关系，用数学表达式可表示为：

$$资产＝权益$$

企业的资产主要来源于企业的债权人和所有者，所以，权益又分为债权人权益和所有者权益，在会计上称债权人权益为负债，这样，上述等式就可变换为：

$$资产＝债权人权益＋所有者权益$$
$$资产＝负债＋所有者权益$$

"资产＝负债＋所有者权益"是会计的基本等式，它反映了某一特定时期企业资产、负债和所有者权益三者的平衡关系，所以，我们称之为静态会计等式，它是编制资产负债表的基础。

在理解上述公式时应该注意，负债加所有者权益与资产的具体项目并无一一对应的直接关系，而是在整体上与企业资产保持数量上的关系，即是一种总量上的相等，不能机械地认为等式双方包括的每一个具体项目都存在等量关系。

例如，张先生、李先生、王先生三人经过市场调研后，于202×年10月1日注册了一家名为"星光食品有限责任公司"的企业。其中，张先生投入房屋一套，作价180 000

元,库存商品 20 000 元;李先生投入款项一笔 200 000 元,已存入该公司银行账户;王先生投入货车一辆,价值 120 000 元,另有专利权一项,价值 80 000 元。该公司除了接受上述投资以外,还向银行借入了偿还期限在 10 个月内的借款 40 000 元,偿还期限为 5 年的借款 160 000 元,借入的款项均已存入该公司银行账户。该公司的资产、负债和所有者权益之间的平衡关系见表 2-2。

从表 2-2 可以看出,该公司的资产总额(800 000 元)=负债总额(200 000 元)+所有者权益总额(600 000 元),而表中左方的资产具体项目和右方的负债及所有者权益具体项目并无直接的一一对应关系。

表 2-2　　　　　　　　　　　　　　资产负债表
202×年 10 月 1 日　　　　　　　　　　　　　　　　单位:元

资　　产	金　　额	负债和所有者权益	金　　额
流动资产:		负债:	
银行存款	400 000	短期借款	40 000
库存商品	20 000	长期借款	160 000
固定资产:		所有者权益:	
房屋	180 000	实收资本	600 000
货车	120 000		
无形资产:			
专利权	80 000		
合　　计	800 000	合　　计	800 000

2.5.2　动态会计等式

任何企业进行生产经营活动都是以盈利为目的的。企业要取得利润就应运用债权人和所有者提供的资产,经过生产经营而获得收入。企业为了取得收入必然要发生各种耗费,发生耗费的目的是取得收入,因而收入和费用是相关联的两个概念,将一定会计期间的收入和费用进行对比就可确定企业的盈亏。如果收入大于费用,则企业为盈利;如果收入小于费用,则企业为亏损,将收入与费用对比的结果关系用数学表达式可表示为:

$$收入-费用=利润(或亏损)$$

这一等式反映了收入、费用和利润三个要素之间的关系,是从某个会计期间考察企业的最终财务成果而形成的关系。它表明,企业某一期间的利润,是已实现的收入减去费用后的差额。因此,我们称之为动态会计等式,它是编制利润表的基础。

2.5.3　扩展的会计等式

随着企业生产经营活动的进行,在会计期间,不断地实现收入,发生费用。而从前述收入和费用的特征我们可知,凡是收入,都可能使资产增加或负债减少,最终会增加所有者权益;凡是费用,都可能使资产减少或负债增加,最终会减少所有者权益。对于因收入、费用而发生的所有者权益的增减变化,应先在收入、费用两大会计要素中进行记载,然后在特定的结账日,将收入与费用对比的结果,即利润(或亏损),最终转化为所有者权益。因此,将收入、费用引起资产、负债和所有者权益的变化过程的关系用数学表达式可表示为:

期初资产+本期收入导致增加的资产-本期费用导致减少的资产=期初负债+本期费用导致增加的负债-本期收入导致减少的负债+期初所有者权益+本期收入-本期费用

在所有者没有增加资本和减少资本的情况下,将上述增加、减少的资产与资产汇总,将增加、减少的负债与负债汇总,可将等式变换为:

期末资产=期末负债+期初所有者权益+本期收入-本期费用

或者:

期末资产+本期费用=期末负债+期初所有者权益+本期收入

到会计期末时,将收入和费用对比,确定利润后,可将等式变换为:

期末资产=期末负债+期初所有者权益+本期利润(减亏损)

待期末结账后,将一部分利润分给投资者,退出企业(减少利润的同时会相应增加企业的负债);另一部分形成企业的留存收益,归入所有者权益项目,则上述等式转换为:

期末资产=期末负债+期末所有者权益

即又恢复到期初的基本形式:

资产=负债+所有者权益

从上述分析可以看出,企业通过负债和所有者权益两个渠道取得资产,资产用于生产经营过程而逐渐转化为费用,收入扣除费用后为利润,利润通过利润分配转化为所有者权益。资产、负债、所有者权益、收入、费用和利润无论如何转化,最终都要回到资产、负债和所有者权益之间的平衡关系上来。因此,会计等式的最基本表达式是指"资产=负债+所有者权益"这一等式,它既是企业资金运动的起点,又是企业资金运动在一定期间后的终点。

2.5.4　经济业务与会计等式

经济业务,通常是指企业在进行生产经营活动过程中发生的,能引起会计要素发生增减变化的事项,也称会计事项或交易事项。企业在生产经营过程中,发生的经济业务是纷繁复杂、多种多样的,即有主体内部的经济业务,如生产领用材料、固定资产折旧、计提资产减值准备等;也有涉及主体外部的经济业务,如购买材料、销售产品、向银行借款、接受投资等。但无论经济业务多么复杂,引起会计要素发生怎样的变化,都不会破坏会计等式的数量平衡关系。下面通过示例来进行分析验证。

表2-2列示了星光食品有限责任公司202×年10月1日的资产、负债和所有者权益的状况,即资产总额(800 000元)=负债总额(200 000元)+所有者权益总额(600 000元),该公司10月份发生下列经济业务。

【例2-1】　公司从银行提取现金2 000元备用。

这项经济业务的发生,一方面使企业的银行存款减少了2 000元,另一方面使企业的现金增加了2 000元。银行存款和现金都是资产要素项目,两者此增彼减,增减金额相等,资产总额不变。由于该项经济业务的发生只涉及资产要素项目之间的转换,而不涉及负债和所有者权益要素项目,所以负债和的所有者权益总额不变,会计等式仍然保持平衡。

资产(800 000＋2 000－2 000)＝负债(200 000)＋所有者权益(600 000)

变动后的数额：800 000＝200 000＋600 000(元)

【例 2-2】 公司购买材料 50 000 元，货款暂欠。

这项经济业务的发生，一方面使企业的原材料增加了 50 000 元，另一方面使企业的应付账款增加了 50 000 元。原材料是资产要素项目，应付账款是负债要素项目，从而使会计等式两边同时增加了 50 000 元，会计等式仍然保持平衡。

资产(800 000＋50 000)＝负债(200 000＋50 000)＋所有者权益(600 000)

变动后的数额：850 000＝250 000＋600 000(元)

【例 2-3】 公司以银行存款 20 000 元偿还银行短期借款。

这项经济业务的发生，一方面使企业银行存款减少了 20 000 元，另一方面使企业银行短期借款减少了 20 000 元。银行存款是资产要素项目，短期借款是负债要素项目，从而使会计等式两边同时减少了 20 000 元，会计等式仍然保持平衡。

资产(850 000－20 000)＝负债(250 000－20 000)＋所有者权益(600 000)

变动后的数额：830 000＝230 000＋600 000(元)

【例 2-4】 公司接受某人捐赠新设备一台，价值 24 000 元。

这项经济业务的发生，一方面使企业的固定资产增加了 24 000 元，另一方面使企业的营业外收入增加了 24 000 元。固定资产是资产要素项目，营业外收入是所有者权益要素项目，从而使会计等式两边同时增加了 24 000 元，会计等式仍然保持平衡。

资产(830 000＋24 000)＝负债(230 000)＋所有者权益(600 000＋24 000)

变动后的数额：854 000＝230 000＋624 000(元)

【例 2-5】 公司签发并承兑无息商业汇票一张，面额为 50 000 元，以抵偿所欠购料款。

商业汇票是一种期票，指由出票人签发的，委托付款人在指定日期无条件支付确定金额给收款人或者持票人的票据。按其承兑人不同有商业承兑汇票和银行承兑汇票两种。

这项经济业务的发生，一方面使企业的应付账款减少了 50 000 元，另一方面使企业的应付票据增加了 50 000 元。应付账款和应付票据都是企业的负债要素项目，两者此增彼减，增减金额相等，负债总额不变。由于这项经济业务不涉及资产要素和所有者权益要素项目，资产总额和所有者权益总额不变，会计等式仍然保持平衡。

资产(854 000)＝负债(230 000＋50 000－50 000)＋所有者权益(624 000)

变动后的数额：854 000＝230 000＋624 000(元)

【例 2-6】 公司因经营状况不佳，决定缩减规模，经申请批准减资。公司以银行存款 18 000 元返还投资人李先生。

这项经济业务的发生，一方面使企业的银行存款减少了 18 000 元，另一方面使企业的实收资本减少了 18 000 元。银行存款是资产要素项目，实收资本是所有者权益要素项目，从而使会计等式两边同时减少了 18 000 元，会计等式仍然保持平衡。

资产(854 000－18 000)＝负债(230 000)＋所有者权益(624 000－18 000)

变动后的数额：836 000＝230 000＋606 000(元)

【例 2-7】 公司销售商品一批，售价 5 000 元，货款未收。

这项经济业务的发生，一方面使企业的应收账款增加了 5 000 元，另一方面使企业的主营业务收入增加了 5 000 元。应收账款是资产要素项目,主营业务收入是收入要素项目,而收入的增加最终会导致所有者权益的增加,所以该项经济业务的发生,使会计等式两边同时增加了 5 000 元,会计等式仍然保持平衡。

资产(836 000＋5 000)＝负债(230 000)＋所有者权益(606 000＋5 000)

变动后的数额:841 000＝230 000＋611 000(元)

【例 2-8】 公司以现金支付产品销售费 200 元。

这项经济业务发生,一方面使企业资产（库存现金）减少 200 元,另一方面使企业销售费用增加 200 元,而费用的增加将导致企业所有者权益的减少。因此,该项经济业务的发生导致会计等式两边的资产和所有者权益同时减少了 200 元。会计等式仍然保持平衡。

资产(841 000－200)＝负债(230 000)＋所有者权益(611 000－200)

变动后的数额:840 800＝ 230 000＋610 800(元)

【例 2-9】 公司计算出本月短期借款利息 60 元。

这项经济业务的发生,一方面使企业负债（应付利息）增加 60 元,另一方面使企业财务费用增加 60 元,而费用的增加将导致企业所有者权益的减少。因此,该项经济业务的发生导致会计等式右边的负债增加了 60 元、所有者权益减少了 60 元。会计等式仍然保持平衡。

资产(840 800)＝负债(230 000＋60)＋所有者权益(610 800－60)

变动后的数额:840 800＝ 230 060＋ 610 740(元)

将上述变化的过程汇总,见表 2-3。

表 2-3　　　　　　　　　　　　　资产负债表

202×年 10 月 31 日　　　　　　　　　　　　　　　单位:元

资　　产	金　　额	负债和所有者权益	金　　额
流动资产:		负债:	
库存现金	2 000－200＝1 800	短期借款	40 000－20 000＝20 000
银行存款	400 000－2 000－20 000 －18 000＝360 000	应付票据	50 000
		应付账款	50 000－50 000＝0
应收账款	5 000	应付利息	60
原材料	50 000	长期借款	160 000
库存商品	20 000	所有者权益:	
固定资产:		实收资本	600 000－18 000＝582 000
房屋	180 000	资本公积	24 000
货车	120 000	留存收益(收入－费用)	5 000－200－60＝4 740
设备	24 000		
无形资产:			
专利权	80 000		
合　　计	840 800	合　　计	840 800

通过上述举例,可以得出以下结论。

第一,无论经济业务多么复杂,从会计等式的左右两方来观察,都可归纳为以下四种类型。

（1）经济业务的发生，只引起等式左方要素各项目之间发生增减变化，即资产类要素内部项目此增彼减的变化，增减金额相等，会计等式保持平衡。

（2）经济业务的发生，只引起等式右方要素各项目之间发生增减变化，即负债类要素内部项目之间、所有者权益类要素内部项目之间或负债类要素项目和所有者权益类要素项目之间此增彼减的变化，增减金额相等，会计等式保持平衡。

（3）经济业务发生引起等式两方要素项目同时等额增加，即资产项目增加，负债或所有者权益项目同时也增加，增加金额相等，会计等式保持平衡。

（4）经济业务发生引起等式两方要素项目同时等额减少，即资产项目减少，负债或所有者权益项目也同时减少，减少金额相等，会计等式保持平衡。

上述四种类型如图2.1所示。

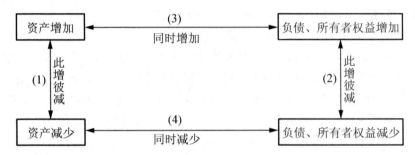

图 2.1 经济业务类型

将上述四种类型的业务再细分，又可表现为以下九种情况。

（1）资产项目此增彼减，增减金额相等，会计等式保持平衡。

（2）负债项目此增彼减，增减金额相等，会计等式保持平衡。

（3）所有者权益项目此增彼减，增减金额相等，会计等式保持平衡。

（4）负债项目增加，所有者权益项目减少，增减金额相等，会计等式保持平衡。

（5）所有者权益项目增加，负债项目减少，增减金额相等，会计等式保持平衡。

（6）资产增加，负债增加，增加金额相等，会计等式保持平衡。

（7）资产增加，所有者权益增加，增加金额相等，会计等式保持平衡。

（8）资产减少，负债减少，减少金额相等，会计等式保持平衡。

（9）资产减少，所有者权益减少，减少金额相等，会计等式保持平衡。

这九种情况如图2.2所示。

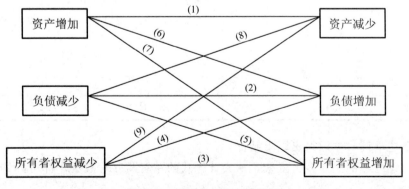

图 2.2 经济业务的九种情况

第二，无论发生什么样的经济业务，都不会影响会计等式的平衡关系、会计等式恒等。

第三，经济业务的发生，凡是只涉及会计等式一方要素项目发生增减变动的，不但不会影响双方总额的平衡关系，而且原来的总额也不会发生改变。

第四，经济业务的发生，凡是涉及会计等式两方要素发生变动的，会使双方总额发生增加或减少的变动，但变动后的双方总额仍然相等。

上述四项结论见表2-4。

表2-4　　　　　　　　　经济业务的四种类型与九种情况

经济业务		资产	＝	负债	＋	所有者权益	对会计等式的影响
类型1	情况1	＋－					总额不变，平衡关系不变
类型2	情况2			＋－			总额不变，平衡关系不变
	情况3					＋－	总额不变，平衡关系不变
	情况4			＋		－	总额不变，平衡关系不变
	情况5			－		＋	总额不变，平衡关系不变
类型3	情况6	＋		＋			总额增加，平衡关系不变
	情况7	＋				＋	总额增加，平衡关系不变
类型4	情况8	－		－			总额减少，平衡关系不变
	情况9	－				－	总额减少，平衡关系不变

会计等式的平衡关系，是贯穿于财务会计始终的一条红线，正确理解和运用这一平衡关系，对于掌握会计核算的基本方法有着相当重要的意义。

本 章 小 结

本章介绍了会计假设、会计目标、会计信息的质量要求、会计要素和会计等式五个方面的内容。

会计假设主要包括会计主体、持续经营、会计分期和货币计量四项。

会计目标指提供真实、可靠的会计信息给使用者（投资者、债权人、政府及有关部门、社会公众等），以满足各方的决策需求。

会计信息质量要求包括可靠性、相关性、可理解性、可比性、实质重于形式、重要性、谨慎性、及时性。

会计要素包括资产、负债、所有者权益、收入、费用、利润六大要素。

会计等式以"资产＝负债＋所有者权益"和"收入－费用＝利润"为基础。

会计等式把经济业务分为四种类型，具体为九种情况。

课 后 测 试

一、单项选择题

1. 甲公司确认办公楼租金60万元，用银行存款支付10万元，50万元未付。按照权责发生制和收付实现制分别确认费用（　　）。

　　A. 10 万元；60 万元　　　　　　　　B. 60 万元；0 万元
　　C. 60 万元；50 万元　　　　　　　　D. 60 万元；10 万元

2. 某企业对融资租入的固定资产视同自有固定资产进行管理并按月计提折旧，这种会计核算方法体现的是（　　）原则。

　　A. 重要性　　　　　　　　　　　　　B. 相关性
　　C. 实质重于形式　　　　　　　　　　D. 可理解性

3. 关于会计基本假设的表述不正确的是（　　）。

　　A. 会计主体假设界定了开展会计核算工作的空间范围
　　B. 固定资产采用历史成本计量是以会计分期为前提的
　　C. 由于会计分期，会计处理可以运用预收、预付、应收等方法
　　D. 货币计量是企业会计确认、计量和报告的基本手段

4. 企业在进行会计确认、计量和报告时，应当做到既不高估企业的资产或收益，也不低估负债或费用，在有足够证据时充分估计各种风险和损失。上述体现的是（　　）原则。

　　A. 相关性　　　　　　　　　　　　　B. 谨慎性
　　C. 重要性　　　　　　　　　　　　　D. 可靠性

5. 某企业本期购入一台设备，因暂时未投入使用，因此一直未登记入账，这违背了会计信息质量要求中的（　　）原则。

　　A. 及时性　　　　　　　　　　　　　B. 实质重于形式
　　C. 客观性　　　　　　　　　　　　　D. 重要性

6. 对期末存货采用成本与可变现净值孰低计价，体现的是会计信息质量要求中的（　　）原则。

　　A. 重要性　　　　　　　　　　　　　B. 谨慎性
　　C. 可靠性　　　　　　　　　　　　　D. 可比性

7. 资产按照预计从其使用和最终处置中所产生的未来净现金流入量的折现金额计量，其会计计量属性是（　　）。

　　A. 现值　　　　　　　　　　　　　　B. 可变现净值
　　C. 历史成本　　　　　　　　　　　　D. 公允价值

8. 下列各项中，不属于企业拥有或控制的经济资源是（　　）。

　　A. 预付甲公司的材料款　　　　　　　B. 经营租出的办公楼
　　C. 融资租入的大型设备　　　　　　　D. 临时租用的一辆汽车

9. 银行将短期借款 2 000 元转为对本公司的投资，则本公司的（　　）。

　　A. 负债减少，资产增加　　　　　　　B. 负债减少，所有者权益增加
　　C. 资产减少，所有者权益增加　　　　D. 所有者权益内部一增一减

10. 某企业 4 月初的资产总额为 150 000 元，负债总额为 50 000 元。4 月份发生两笔业务，取得收入共计 60 000 元，发生费用共计 40 000 元，则 4 月底该企业的所有者权益总额为（　　）元。

　　A. 120 000　　　　　　　　　　　　　B. 170 000

C. 160 000   D. 100 000

11. 对会计等式"资产＝负债＋所有者权益"的描述中，下列说法不正确的是（　　）。
   A. 在某一特定时点企业财务的基本状况
   B. 在某一特定时期企业财务的基本状况
   C. 资产、负债及所有者权益是构成资产负债表的三个基本要素
   D. 反映了资金运动三个静态要素之间的内在联系

12. 下列各项中不会引起企业资产总额发生变化的是（　　）。
   A. 购入原材料一批，款项尚未支付   B. 接受新投资者货币资金投资
   C. 销售商品一批，款项尚未收到   D. 从银行提取备用金

13. 企业以银行存款支付应付账款，会引起相关会计要素发生变化。下列表述正确的是（　　）。
   A. 一项资产增加，另一项资产减少   B. 一项资产减少，另一项负债增加
   C. 一项资产减少，另一项负债减少   D. 一项负债减少，另一项负债增加

14. 某公司资产总额为 80 000 元，负债总额为 750 000 元，以银行存款 40 000 元偿还短期借款，并以银行存款 25 000 元购买设备，则上述业务入账后该公司的资产总额为（　　）元。
   A. 30 000   B. 40 000
   C. 25 000   D. 15 000

15. 下列经济业务中，应当采用重置成本核算的是（　　）。
   A. 固定资产盘亏   B. 固定资产盘盈
   C. 库存现金盘盈   D. 存货盘亏

16. 某公司期初资产总额为 25 万元，所有者权益总额为 15 万元，本月从银行借款 3 万元，以银行存款购买原材料 5 万元。不考虑其他因素，则上述业务发生后，该公司负债总额为（　　）万元。
   A. 13   B. 15
   C. 18   D. 25

17. 企业取得或生产制造某项财产物资时所实际支付的现金或者现金等价物属于（　　）。
   A. 现值   B. 重置成本
   C. 历史成本   D. 可变现净值

18. 下列属于资产类的是（　　）。
   A. 预收账款   B. 应收账款
   C. 制造费用   D. 资本公积

19. 复式记账、试算平衡的基础是（　　）。
   A. 会计目标   B. 会计要素
   C. 会计职能   D. 会计等式

20. 资产是企业拥有或者控制的、能以货币计量的并能为企业提供未来经济利益的（　　）。
   A. 经济利益   B. 经济资源
   C. 经济效益   D. 经济支出

21. 把费用按一定的对象予以归集和分配，即对象化了的费用通常称为（　　）。

A. 间接费用 B. 销售费用
C. 制造费用 D. 成本

22. 负债是指企业所承担的能以货币计量，需以（ ）偿付的经济责任。
A. 资产或劳务 B. 资产
C. 货币资产 D. 劳务

23. 收入是企业在销售商品或者提供劳务等经济业务中实现的（ ）。
A. 经济利益的流入 B. 营业收入
C. 投资收入 D. 其他业务收入

24. 费用是企业在生产经营过程中发生的各项（ ）。
A. 成本 B. 经济利益的流出
C. 耗费 D. 损失

25. 应付账款属于会计要素中的（ ）。
A. 负债 B. 所有者权益
C. 费用 D. 资产

26. 下列项目中属于流动资产的是（ ）。
A. 应付利息 B. 长期借款
C. 资本公积 D. 应收账款

二、多项选择题

1. 下列单位的会计核算必须采用权责发生制的有（ ）。
A. 某国有服务企业 B. 某民营工业企业
C. 某房地产开发企业 D. 某事业单位

2. 下列各项中，关于会计信息质量要求的说法正确的有（ ）。
A. 计提存货跌价准备体现谨慎性
B. 融资租赁固定资产作为自有固定资产核算体现实质重于形式
C. 企业前后各项应用的会计政策一致体现可比性
D. 保证会计信息真实完、整体现可靠性

3. 下列各项经济事项中，体现谨慎性的有（ ）。
A. 固定资产加速折旧
B. 计提存货跌价准备
C. 或有应付金额符合或有事项确认负债条件的确认预计负债
D. 计提产品质量保证金

4. 企业以权责发生制为核算基础，下列各项不属于本期收入或费用的有（ ）。
A. 本期支付下期的房屋租金 B. 本期预收的货款
C. 本期支付上期的房屋租金 D. 本期售出商品但尚未收到货款

5. 下列各项中，符合谨慎性要求的有（ ）。
A. 设置各种减值准备 B. 固定资产采用加速折旧法
C. 对存货计提存货跌价准备 D. 对应收账款计提坏账准备

6. 会计主体是指会计确认、计量和报告的空间范围，下列各项中可以作为会计主体的有（ ）。

A. 合伙企业 B. 独立核算的分支机构
C. 非独立核算的分支机构 D. 独资公司

7. 下列各项中，属于负债特征的有（ ）。
A. 由过去交易或事项形成 B. 由企业拥有或者控制
C. 承担的潜在义务 D. 预期会导致经济利益流出企业

8. 下列经济业务中，不会引起资产和负债同时增加的有（ ）。
A. 以银行存款购买材料 B. 以银行存款对外投资
C. 以银行存款清偿所欠货款 D. 取得银行借款并存入银行

9. 下列各项中，关于费用发生时会引起相关会计要素变化正确的有（ ）。
A. 资产的增加 B. 资产的减少
C. 负债的增加 D. 所有者权益的减少

10. 下列各项中，关于会计恒等式的原理说法正确的有（ ）。
A. 债权人权益增加，所有者权益减少，资产不变
B. 资产有增有减，负债减少，所有者权益不变
C. 资产增加，负债减少，所有者权益不变
D. 资产不变，负债增加，所有者权益增加

11. 下列经济业务中，（ ）的发生不会使"资产＝负债＋所有者权益"这一会计等式左右双方的总额发生变动。
A. 用资本公积转增实收资本 B. 从银行提取现金
C. 赊购固定资产 D. 用银行存款归还短期借款

12. 下列各项中，关于费用的说法不正确的有（ ）。
A. 费用会导致资产的增加或负债的减少
B. 企业处置非流动资产发生的净损失应确认为企业的费用
C. 费用最终会导致所有者权益的减少
D. 企业向投资者分配利润发生的现金流出应确认为企业的费用

13. 某项经济业务的发生没有影响所有者权益，则可能导致（ ）。
A. 资产和负债同时增减 B. 资产和负债一增一减
C. 资产内部一增一减 D. 负债内部一增一减

14. 企业向银行借款1 000万元，此业务会导致（ ）。
A. 企业资产增加1 000万元 B. 企业负债增加1 000万元
C. 企业所有者权益总额不变 D. 企业利润减少1 000万元

15. 下列关于资产与负债联系和区别的表述正确的有（ ）。
A. 企业的资产和负债都是在过去的交易或者事项中所形成的
B. 资产与负债的区别之一是资产会带来经济利益的流入，而负债会导致经济利益的流出
C. 资产与负债的共同之处表现在"未来"交易或者事项中所形成的均不作为资产、负债核算的内容
D. 资产与负债都可以按流动性划分

16. 下列有关收入和利得的表述中，正确的有（ ）。
A. 收入源于日常活动，利得源于非日常活动

B. 收入会影响利润总额，利得也一定会影响利润总额
C. 收入和利得都会导致经济利益的流入
D. 收入会导致所有者权益的增加，利得不一定会导致所有者权益的增加

17. 某企业收到投资人投入的设备一台，该项业务会导致（　　）。
   A. 资产增加　　　　　　　　　　B. 负债增加
   C. 所有者权益增加　　　　　　　D. 收入增加

18. 下列经济活动中，会导致资产和负债同时减少的业务有（　　）。
   A. 以银行存款偿还应付账款　　　B. 向银行借款偿还应付账款
   C. 以银行存款发放现金股利　　　D. 以资本公积转增资本

19. 下列各项中，符合企业资产定义的有（　　）。
   A. 经营租出的设备　　　　　　　B. 经营租入的设备
   C. 准备购入的设备　　　　　　　D. 融资租入的设备

20. 下列各项中，符合会计要素收入定义的有（　　）。
   A. 工业企业销售原材料　　　　　B. 4S店销售小汽车
   C. 商贸企业销售计算机　　　　　D. 无法查明原因的现金溢余

21. 下列选项中属于资产的项目有（　　）。
   A. 应收账款　　　　　　　　　　B. 货币资金
   C. 短期借款　　　　　　　　　　D. 预付账款

22. 下列选项中属于流动资产的是（　　）。
   A. 预计负债　　　　　　　　　　B. 递延所得税资产
   C. 应收及预付款项　　　　　　　D. 货币资金

23. 下列选项中属于长期负债的有（　　）。
   A. 长期应付款　　　　　　　　　B. 长期借款
   C. 应交税费　　　　　　　　　　D. 应付债券

24. 下列各项中属于所有者权益的有（　　）。
   A. 盈余公积　　　　　　　　　　B. 未分配利润
   C. 实收资本　　　　　　　　　　D. 资本公积

25. 下列项目中属于非流动资产的是（　　）。
   A. 累计摊销　　　　　　　　　　B. 应付款项
   C. 无形资产　　　　　　　　　　D. 预付款项

26. 营业收入包括（　　）。
   A. 营业外收入　　　　　　　　　B. 接受捐赠
   C. 主营业务收入　　　　　　　　D. 其他业务收入

27. 下列各项属于静态会计要素的是（　　）。
   A. 资产　　　　　　　　　　　　B. 费用
   C. 负债　　　　　　　　　　　　D. 所有者权益

28. 反映企业财务状况的会计要素有（　　）。
   A. 资产　　　　　　　　　　　　B. 收入
   C. 负债　　　　　　　　　　　　D. 所有者权益

29. 反映企业经营成果的会计要素有（　　）。
A. 资产　　　　　　　　　　　　B. 收入
C. 费用　　　　　　　　　　　　D. 利润

30. 下列项目属于动态会计要素的有（　　）。
A. 收入　　　　　　　　　　　　B. 利润
C. 资产　　　　　　　　　　　　D. 费用

31. 下列属于资产类的有（　　）。
A. 累计折旧　　　　　　　　　　B. 融资租入固定资产
C. 预付账款　　　　　　　　　　D. 长期股权投资

32. 以下项目属于期间费用的有（　　）。
A. 销售费用　　　　　　　　　　B. 制造费用
C. 财务费用　　　　　　　　　　D. 管理费用

33. 下列关于资产的特征说法正确的有（　　）。
A. 必须为企业现在所拥有或控制
B. 必须能用货币计量其价值
C. 必须是有形的财产物资
D. 必须具有能为企业带来经济利益服务的潜力

34. 下列选项中属于非流动资产的是（　　）。
A. 递延所得税资产　　　　　　　B. 固定资产
C. 应付及预收款项　　　　　　　D. 货币资金

35. 利润是企业一定期间的经营成果，其构成包括（　　）。
A. 净利润　　　　　　　　　　　B. 投资净收益
C. 营业外收支净额　　　　　　　D. 营业利润

三、判断题

1. 企业为应对市场经济环境下生产经营活动面临的风险和不确定性，应高估负债和费用，低估资产和收益。（　　）

2. 甲公司存货发出计价采用月末一次加权平均法，因管理需要将其改为移动加权平均法，违背可比性原则。（　　）

3. 根据权责发生制，凡是不属于当期的收入和费用，即使款项在当期收付，也不作为当期的收入和费用。（　　）

4. 会计核算的可比性要求会计核算方法前后各期应当保持一致，不得随意变更。（　　）

5. 我国企业应采用收付实现制作为会计核算的基础。（　　）

6. 在会计核算中，以货币计量为主，以实物量度或者劳务量度为辅，对特定单位的经济活动进行计量。（　　）

7. 会计准则中的收入不仅包括主营业务收入和其他业务收入，还包括营业外收入。（　　）

8. 期间费用是指直接计入当期损益的各项费用，它与一定的会计期间相联系，而与生产哪一种产品无关。（　　）

9. "收入－费用＝利润"这一会计等式，是复式记账法的理论基础，也是编制资产负

债表的依据。（   ）

10. 在同一项经济业务中，资产和负债偶尔会发生一增一减的变化，但不会影响会计等式的恒等关系。（   ）

11. 已无转让价值的专利权，在未进行处理前仍是企业的资产。（   ）

12. 融资租入的固定资产，企业不具有所有权，所以不能确认为企业资产。（   ）

13. 在会计要素中，实收资本、资本公积和盈余公积均属于投资者投入企业的资本。（   ）

14. 在会计恒等式"资产＝负债＋所有者权益"中，负债与所有者权益可以统称为权益，但是负债与所有者权益的性质不同。（   ）

15. 作为企业资产，必然是企业拥有其所有权的，会导致经济利益流入企业的经济资源。（   ）

16. 所有者权益不需要偿还，除非发生减资、清算或分派现金股利。（   ）

17. 企业将短期借款展期，变更为长期借款，该项经济业务会引起会计等式左右两边会计要素发生一增一减的变化。（   ）

18. 企业拥有的一项经济资源，即使没有发生实际成本或者发生的实际成本很小，但如果公允价值能够可靠计量，也应认为符合资产能够可靠计量的确认条件。（   ）

19. 公允价值是指市场参与者在计量日发生的有序交易中，出售一项资产所能收到或转移一项负债所需支付的价格。（   ）

20. 应收账款、预收账款、其他应收款均为资产。（   ）

21. 制造费用是应该计入成本的间接费用。（   ）

四、计算分析题

1. ABC 企业 202×年 12 月 31 日的资产、负债、所有者权益的状况见表 2-5。

表 2-5　　ABC 企业 202×年 12 月 31 日的资产、负债、所有者权益的状况

单位：元

项　目	资　产	权　益	
		负　债	所有者权益
1. 库存现金	600		
2. 存放在银行的货币资金	95 000		
3. 生产车间厂房	280 000		
4. 各种机器设备	330 000		
5. 运输车辆	250 000		
6. 库存产品	75 000		
7. 车间正在加工的产品	86 500		
8. 库存材料	85 000		
9. 投资人投入的资本			800 000
10. 应付的购料款		142 000	
11. 尚未交纳的税金		6 570	
12. 向银行借入的短期借款		72 000	
13. 应收产品的销货款	115 000		
14. 采购员出差预借差旅费	2 000		
15. 商标权	250 000		
16. 发行的企业债券		317 000	

续表

项 目	资 产	权 益	
		负 债	所有者权益
17. 开办费支出		95 000	
18. 盈余公积结余			68 530
19. 法定财产重估增值			126 000
20. 未分配利润			132 000
合 计	1 664 100	537 570	1 126 530

要求：根据上述资料确定资产、负债及所有者权益项目，并分别计算资产、负债及所有者权益金额的合计数，验证资产和权益是否相等？

2. 某企业202×年12月发生下列经济业务。

(1) 销售产品70 000元，其中30 000元已收到并存入银行，其余40 000元尚未收到。
(2) 收到现金800元，系上月提供的劳务收入。
(3) 用现金支付本月的水电费900元。
(4) 本月应计劳务收入1 900元。
(5) 用银行存款预付下年度房租18 000元。
(6) 用银行存款支付上月借款利息500元。
(7) 预收销售货款26 000元，已通过银行收妥入账。
(8) 本月负担年初已支付的保险费500元。
(9) 上月预收货款的产品本月实现销售收入18 000元。
(10) 本月负担下月支付的修理费1 200元。

要求：① 按收付实现制原则计算12月份的收入、费用。
② 按权责发生制原则计算12月份的收入、费用。（不必编制会计分录）

3. 某公司发生如下经济业务。

(1) 用银行存款购买材料。
(2) 用银行存款支付前欠A单位的货款。
(3) 用资本公积转增资本。
(4) 向银行借款，款项暂存银行。
(5) 收到投资者投入的机器。
(6) 用银行存款归还借款。
(7) 企业以固定资产向外单位投资。
(8) 经批准，同意某投资人退还投资，以抵偿B单位欠款。
(9) 经批准，同意将欠某公司的款项转为投入资本。
(10) 向投资者分配利润，款项暂未付。
(11) 同意某投资人抽走资本，以银行存款支付。
(12) 用应付票据归还前欠某单位的货款。
(13) 购买材料，款未付。

根据以上经济业务的类型，将序号填入表2—6。

表 2-6 公司经济业务类型

类　　型	经济业务序号
① 一项资产增加，另一项资产减少	
② 一项负债增加，另一项负债减少	
③ 一项所有者权益增加，另一项所有者权益减少	
④ 一项资产增加，一项负债增加	
⑤ 一项资产增加，一项所有者权益增加	
⑥ 一项资产减少，一项负债减少	
⑦ 一项资产减少，一项所有者权益减少	
⑧ 一项负债减少，一项所有者权益增加	
⑨ 一项负债增加，一项所有者权益减少	

【第2章】课后测试答案解析

第 3 章

会计科目与复式记账法

本章引言

企业在生产经营过程中所发生的各项经济业务，必然会引起会计各要素之间的增减变动，为了全面、系统、综合、连续地核算和监督经济业务发生对各会计要素增减变动的影响情况，就必须通过设置会计科目、会计账户和复式记账等一系列会计核算的专门方法进行账务处理。本章将讲述设置会计科目的原则、账户分类的方法、账户的基本结构、借贷记账法、借贷记账法下账户的结构、借贷记账法的运用。

学习目标

- 熟悉会计科目的名称
- 了解会计科目的分类
- 掌握会计账户的结构
- 掌握复式记账的方法

导入案例

王先生投资 10 万元开设了一家公司，因公司业务较少，为了减少支出，他决定不请会计自己记账。20×7 年年末设立时没有发生业务，除了记录银行存款 10 万元之外，没有其他账簿记录。20×8 年支付各种办公费 28 000 元，取得收入 88 000 元，购置计算机等设备 20 000 元，房屋租金 15 000 元，支付工资 25 000 元，王先生只记录了银行存款日记账，企业的账面余额仍然是 10 万元。他认为没有赚钱所以没有报税、缴税。20×9 年 1 月 15 日税务局检查认为该公司账目混乱，有偷税嫌疑。

请问，王先生什么地方错了？该如何改进？

关键术语

思维导图

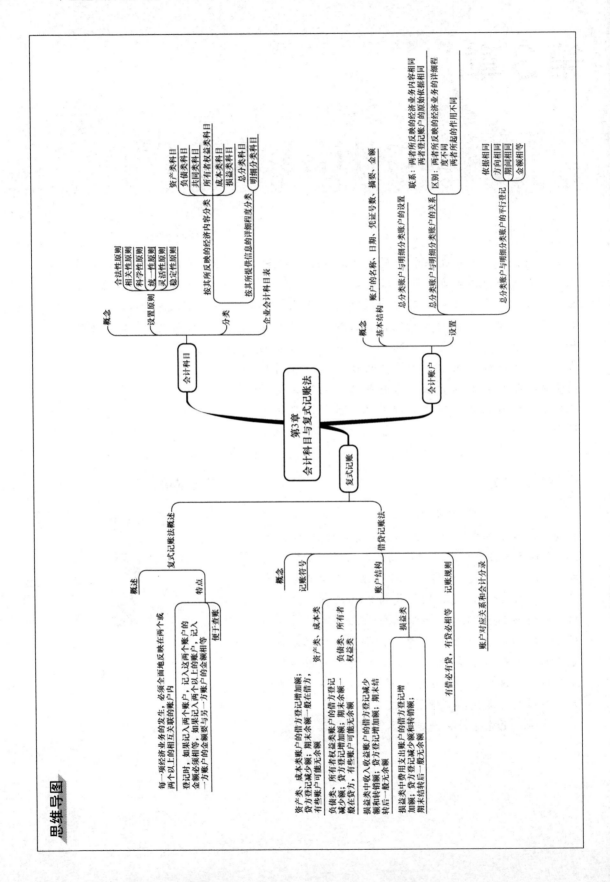

3.1 会 计 科 目

3.1.1 会计科目的概念

任何一个会计主体在其生产经营过程中都会不断地发生各种各样的经济业务，每一项经济业务的发生，都将表现为资产、负债、所有者权益、收入、费用、利润六个会计要素在相关具体项目中的增减变动。企业各会计要素既有共性，又有个性。例如，货币资金、机器厂房设备、各种原材料等都是企业维持正常的生产经营必备的资产，但它们又具有各自不同的特点，在生产经营过程中起着不同的作用。因此，对它们数量的增减变动情况，会计上应分别加以核算和监督。对货币性资产根据其存放地点及方式的不同设置"库存现金""银行存款""其他货币资金"科目进行核算和监督；对非货币性资产中的机器厂房设备设置"固定资产"科目进行核算和监督；对生产产品所需的各种材料则根据其存放的地点，设置"在途材料""原材料"科目进行核算和监督。

因此，会计科目是对会计要素的具体内容进行分类核算的项目。

在我国，会计科目由财政部统一制定，统一规定会计科目的名称、核算范围和核算方法。这样不仅为企业设置账户、进行账务处理提供了依据，而且又保证了国家统计、计划指标口径的一致性，同时便于对企业所提供资料进行分类汇总、分析利用，为会计信息的使用者提供一系列具体、全面、准确的财务的信息。

3.1.2 设置会计科目的原则

1. 合法性原则

会计科目的合法性是指会计科目的设置应当符合国家统一会计制度的规定。设置会计科目是为了使会计核算为经济管理提供必要的财务信息，便于编制统一的对外会计报表，以利于全面、系统地反映企业的会计事项。在设置会计科目时，对每一个科目的特定核算内容必须严格、明确界定。会计科目的名称应与其核算的内容相一致，并且含义明确，界限清楚，与会计制度保持一致。

2. 相关性原则

会计科目的相关性是指所设置的会计科目应为提供有关各方所需要的会计信息服务，满足对外报告与对内管理的要求。

3. 科学性原则

会计科目作为对会计对象具体内容进行分类核算的项目，其设置应该科学地反映会计对象的具体项目，科学地划分各项资产和权益的内容，以便分门别类地核算和监督各项经济业务，为加强经济管理提供系统的经济信息，不能有任何遗漏。同时，会计科目的设置必须反映会计对象的特点。除设置各行各业的共性会计科目外，还应根据不同企业的行业特点和业务特点设置相应的会计科目。例如，工业企业是制造产品的行业，因而必须设置核算生产耗费、成本计算的"制造费用""生产成本"会计科目。商业企业是从事商品流通贸易的行业，不从事产品的生产，所以不需要设置"制造费用"和"生产成本"会计科目。行政事业单位不从事商品生产和流通，所以不需要设置成本和财务成果类账户，只需要设置经费收入和经费支出账户。

4. 统一性原则

为了满足宏观经济管理的需要，我国目前的会计科目由财政部统一制定颁布。企业根据国家统一规定的会计科目，进行具体会计核算，以保证会计核算指标在一个部门乃至全国范围内综合汇总，分析利用。

5. 灵活性原则

由于企业经济业务千差万别，在对会计要素的增减变动进行分类核算时，各单位由于规模、经济业务特点和内部经营管理对会计信息的要求不同，可以对统一的会计科目做必要的增补和简并。例如，材料按实际成本计价的工业企业，可以不设"材料采购"和"材料成本差异"科目，改在"在途材料"科目核算。又如，在统一规定的会计科目中，设置有"预收账款"和"预付账款"科目，如果企业在生产经营过程中预收、预付款业务不多，可以不单独设"预收账款"和"预付账款"科目，将预收、预付账款合并在"应收账款"和"应付账款"中核算。

6. 稳定性原则

会计科目的设置虽然要适应社会经济环境的变化和本单位业务发展的需要，但为了便于在不同时期比较分析会计核算指标和在一定范围内综合汇总核算指标，会计科目的设置应保持相对的稳定，不能经常变动，尤其是在年度中间一般不要变更会计科目，以使会计核算指标具有可比性。

会计科目

3.1.3　会计科目的分类

1. 按其所反映的经济内容分类

会计科目按其反映的经济内容不同，可分为资产类、负债类、共同类、所有者权益类、成本类和损益类六大类会计科目。

（1）资产类科目。

资产类科目是对资产要素的具体内容进行分类核算的项目。资产类科目包括"库存现金""银行存款"等反映货币资产的科目，"应收账款""短期投资"等反映债权资产的科目，"原材料""库存商品"等反映存货资产的科目。

（2）负债类科目。

负债类科目是对负债要素的具体内容进行分类核算的项目。负债类科目包括"短期借款""应付账款""应付职工薪酬""应交税费"等反映流动负债的科目，"长期借款""长期应付款"等反映长期负债的科目。

（3）共同类科目（略）。

（4）所有者权益类科目。

所有者权益类科目是对所有者权益要素的具体内容进行分类核算的项目。所有者权益类科目包括"实收资本""资本公积""盈余公积""本年利润""利润分配"等。

（5）成本类科目。

成本类科目是对产品、劳务成本的构成内容进行分类核算的项目。反映企业制造成本的科目有"生产成本""制造费用"等。

（6）损益类科目。

损益类科目是对收入、费用要素的具体内容进行分类核算的项目。反映企业损益类的科目，主要包括"主营业务收入""主营业务成本""税金及附加""销售费用""管理费用""财务费用""所得税费用"等。

会计科目分类

2. 按其所提供信息的详细程度分类

会计科目按其所提供信息的详细程度不同，可以分为总分类科目和明细分类科目。

（1）总分类科目。

总分类科目，也称总账科目或一级科目，是对会计要素的具体内容进行总括分类、提供总括信息的会计科目。如"原材料""应收账款""应付账款"等。总分类科目反映各种交易或事项的总括性核算指标，这些指标基本上可以满足各有关方面的需要。

（2）明细分类科目。

明细分类科目，简称明细科目，是对总分类科目包括的具体内容所做的进一步分类，是用于某一总分类核算内容下对其所属具体项目进行更为明确、详细核算的会计科目。明细分类科目按其提供的更为详细的核算资料，又可分为二级会计科目和三级会计科目等。二级会计科目即二级明细分类科目，也称子目，是指在一级科目的基础上，对一级科目所反映的经济内容进行较为详细的分类的会计科目。二级会计科目有些是由国家统一规定的，如"应交税费"一级科目下设置的"应交增值税""应交消费税"等二级科目；有些是由企业根据经营管理需要自行设置的，如在"生产成本"科目下，按成本项目开设"基本生产成本""辅助生产成本"二级科目。三级会计科目即三级明细分类科目，也称细目，是指在二级科目的基础上，对二级科目所反映的经济内容进一步详细分类的会计科目。如在"基本生产成本"二级科目下，按产品的名称开设的明细科目。大多数三级会计科目是由企业依据国家统一规定的会计科目和要求，根据经营管理的需要自行设置的。但也有的明细科目是国家统一规定的，如"应交税费"下设的"应交增值税"二级科目下的"进项税额""销项税额"等专栏。

会计科目按其提供信息的详细程度不同所做的分类见表3-1。

表3-1　　　　　　　　总分类科目、子目和细目关系表

总分类科目 （一级科目）	明细分类科目	
	子目（二级科目）	细目（三级科目）
生产成本	基本生产成本	甲产品 乙产品 丙产品 ⋮
	辅助生产成本	供水车间 供电车间 维修车间

3.1.4 企业会计科目表

在《企业会计准则——应用指南》中,依据会计准则中关于确认和计量的规定,规定了企业的会计科目,见表3-2。

表3-2　　　　　　　　　　　　　企业会计科目表

序号	编号	会计科目名称	适用范围	序号	编号	会计科目名称	适用范围
		(一)资产类		24	1304	贷款损失准备	银行和保险共用
1	1001	库存现金					
2	1002	银行存款		25	1311	代理兑付证券	银行和保险共用
3	1003	存放中央银行款项	银行专用				
4	1011	存放同业	银行专用	26	1321	代理业务资产	证券和银行共用
5	1015	其他货币资金					
6	1021	结算备付金	证券专用	27	1401	材料采购	
7	1031	存出保证金	金融共用	28	1402	在途物资	
8	1101	交易性金融资产		29	1403	原材料	
9	1111	买入返售金融资产	金融共用	30	1404	材料成本差异	
10	1121	应收票据		31	1405	库存商品	
11	1122	应收账款		32	1406	发出商品	
12	1123	预付账款		33	1407	商品进销差价	
13	1131	应收股利		34	1408	委托加工物资	
14	1132	应收利息		35	1411	周转材料	
15	1201	应收代位追偿款	保险专用	36	1421	消耗性生物资产	农业专用
16	1211	应收分保账款	保险专用	37	1431	贵金属	银行专用
17	1212	应收分保合同准备金	保险专用	38	1441	抵债资产	金融共用
18	1213	应收保户储金	保险专用	39	1451	损余物资	保险专用
19	1221	其他应收款		40	1461	融资租赁资产	租赁专用
20	1231	坏账准备		41	1471	存货跌价准备	
21	1301	贴现资产	银行专用	42	1501	债权投资	
22	1302	拆出资金	金融共用	43	1502	债权投资减值准备	
23	1303	贷款	银行和保险共用	44	1503	其他债权投资	

续表

序号	编号	会计科目名称	适用范围	序号	编号	会计科目名称	适用范围
45	1504	其他权益工具投资		71	1821	独立账户资产	
46	1511	长期股权投资		72	1901	待处理财产损溢	
47	1512	长期股权投资减值准备		73	1481	持有待售资产	
48	1518	继续涉入资产		74	1482	持有待售资产减值准备	
49	1521	投资性房地产		75	企业自主设置	合同履约成本	
50	1531	长期应收款					
51	1532	未实现融资收益		76	企业自主设置	合同履约成本减值准备	
52	1541	存出资本保证金	保险专用				
53	1601	固定资产		77	企业自主设置	合同取得成本	
54	1602	累计折旧					
55	1603	固定资产减值准备		78	企业自主设置	合同取得成本减值准备	
56	1604	在建工程					
57	1605	工程物资		79	企业自主设置	应收退货成本	
58	1606	固定资产清理					
59	1611	未担保余值	租赁专用	80	企业自主设置	合同资产	
60	1621	生产性生物资产	农业专用				
61	1622	生产性生物资产累计折旧	农业专用	81	企业自主设置	合同资产减值准备	
62	1623	公益性生物资产	农业专用	82	企业自主设置	买入返售金融资产	
63	1631	油气资产	石油天然气开采专用			(二)负债类	
				83	2001	短期借款	
64	1632	累计折耗	石油天然气开采专用	84	2002	存入保证金	金融共用
				85	2003	拆入资金	金融共用
65	1701	无形资产		86	2004	向中央银行借款	银行专用
66	1702	累计摊销		87	2011	吸收存款	银行专用
67	1703	无形资产减值准备		88	2012	同业存放	银行专用
68	1711	商誉		89	2021	贴现负债	银行专用
69	1801	长期待摊费用					
70	1811	递延所得资产		90	2101	交易性金融负债	

续表

序号	编号	会计科目名称	适用范围	序号	编号	会计科目名称	适用范围
91	2111	卖出回购金融资产款	金融共用	116	2711	专项应付款	
92	2201	应付票据		117	2801	预计负债	
93	2202	应付账款		118	2901	递延所得税负债	
94	2203	预收账款		119	2245	持有代售负债	
95	2211	应付职工薪酬		120	企业自主设置	合同负债	
96	2221	应交税费					
97	2231	应付利息		121	企业自主设置	贷款	
98	2232	应付股利					
99	2241	其他应付款		122	企业自主设置	贷款损失准备	
100	2251	应付保单红利	保险专用			(三) 共同类	
101	2261	应付分保账款	保险专用				
102	2311	代理买卖证券款	证券专用	123	3001	清算资金往来	银行专用
103	2312	代理承销证券款	证券和银行共用	124	3002	货币兑换	金融专用
				125	3101	衍生工具	
104	2313	代理兑付证券款	证券和银行共用	126	3201	套期工具	
				127	3202	被套期项目	
105	2314	代理业务负债	证券和银行共用			(四) 所有者权益类	
				128	4001	实收资本	
106	2401	递延收益		129	4002	资本公积	
107	2501	长期借款		130	4101	盈余公积	
108	2502	应付债券		131	4102	一般风险准备	金融共用
109	2504	继续涉入负债		132	4103	本年利润	
110	2601	未到期责任准备金	保险专用	133	4104	利润分配	
111	2602	保险责任准备金	保险专用	134	4201	库存股	
112	2611	保户储金	保险专用	135	4301	其他综合收益	
113	2621	独立账户负债	保险专用	136	企业自主设置	其他综合收益——信用减值准备	
114	2701	长期应付款					
115	2702	未确认融资费用		137	企业自主设置	其他综合收益——套期储备	

续表

序号	编号	会计科目名称	适用范围	序号	编号	会计科目名称	适用范围
138	企业自主设置	其他综合收益——套期损益		161	6402	其他业务成本	
				162	6403	税金及附加	
139	企业自主设置	其他综合收益——套期成本		163	6411	利息支出	金融共用
				164	6421	手续费支出	金融共用
140	4401	其他权益工具		165	6501	提取未到期责任准备金	保险专用
		(五)成本类		166	6502	提取保险责任准备金	保险专用
141	5001	生产成本		167	6511	赔付支出	保险专用
142	5101	制造费用		168	6521	保单红利支出	保险专用
143	5201	劳务成本		169	6531	退保金	保险专用
144	5301	研发支出		170	6541	分出保费	保险专用
		(六)损益类		171	6542	分保费用	保险专用
145	6001	主营业务收入		172	6601	销售费用	
146	6011	利息收入	金融共用	173	6602	管理费用	
147	6021	手续费收入	金融共用	174	6603	财务费用	
148	6031	保费收入	保险专用	175	6604	勘探费用	石油天然气开采专用
149	6041	租赁收入	租赁专用				
150	6051	其他业务收入		176	6701	资产减值损失	
151	6061	汇兑损益	金融专用	177	6702	信用减值损失	
152	6101	公允价值变动损益		178	6711	营业外支出	
153	6111	投资收益		179	6801	所得税费用	
154	6115	资产处置损益		180	6901	以前年度损益调整	
155	6117	其他收益		181	企业自行设置	其他收益	
156	6201	摊回保险责任准备金	保险专用				
157	6202	摊回赔付支出	保险专用	182	企业自行设置	套期损益	
158	6203	摊回分保费用	保险专用				
159	6301	营业外收入		183	企业自行设置	净敞口套期损益	
160	6401	主营业务成本					

3.2 会计账户

3.2.1 账户的概念

会计科目是对会计对象的具体内容进行分类的项目名称。为了连续、系统、全面、准确地记录由于经济业务的发生而引起的会计要素的增减变动,以便为会计信息的使用者提供所需要的各种会计信息,还必须根据规定的会计科目在账簿中开设账户。

账户是按会计科目开设的,具有一定的格式和结构,用来分类、连续、系统地记录经济业务,反映会计要素增减变化情况和结果的记账载体。设置账户是会计核算的重要方法之一。每个账户都有一个科学而简括的名称,反映一定的经济业务,各个账户之间既有严格的界限,又有科学的联系。

会计科目和会计账户是会计学中两个既有联系又有区别的概念。它们的联系表现在:两者所反映的会计对象的具体内容是相同的。会计账户是根据会计科目开设的,会计科目作为会计账户的名称规定了账户记录的内容,账户记录的内容正是会计科目所规定的内容。它们的区别表现在:会计科目只是对会计要素的分类,只表明经济业务的内容,并不能记录经济业务的增减变化情况,不存在结构问题;而会计账户既有名称,又有结构,能够分类、连续、系统地记录和反映经济业务的发生情况及其结果。另外,在我国,会计科目由财政部统一制定,是会计的一项基本制度,账户则是各核算单位根据会计科目的规定和管理的需要自行在账簿中开设的。

3.2.2 账户的基本结构

账户的结构是指账户用来记录交易或事项时所必备的具体格式。由于交易或事项的发生所引起的会计要素具体内容的变化、从数量上不外乎增加和减少两种情况,因此,账户的基本结构就包括增加和减少两个部分,相应地分为左、右两方一方登记增加,另一方登记减少。至于在账户的左右两方中,哪一方用来登记增加,哪一方用来登记减少,则取决于所采用的记账方法和所记录的经济业务的内容。

登记本期增加的金额称为本期增加发生额;登记本期减少的金额称为本期减少发生额;增减相抵后的差额为余额。余额按照表示的时间不同,可分为期初余额和期末余额。期初余额、本期增加发生额、本期减少发生额、期末余额称为账户的4个金额要素,其基本关系如下:

期末余额=期初余额+本期增加发生额−本期减少发生额

账户的基本结构具体包括:①账户的名称,即会计科目的名称;②日期,记录经济业务的日期;③凭证号数,账户记录的来源和依据;④摘要,简要说明经济业务的内容;⑤金额,标明经济业务的增加、减少及结存额,如图3.1所示。

账户的左右两方是按相反的方向来记录增加额和减少额的,如果账户的左方用来记录其增加额,那么账户的右方一定是用来记录其减少额,反之亦然。

为了便于教学,在教科书中往往将账户的基本结构用简化格式"T"形式来表示。"T"形账户的格式如图3.2所示。

账户名称：

年		凭证号数	摘要	借方	贷方	余额
月	日					

图 3.1 账户的基本结构

图 3.2 "T"形账户的格式

3.2.3 账户的设置

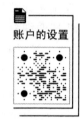

账户的设置

由于账户是根据会计科目而设置的，企业确定有什么样的会计科目就应设置什么账户。会计科目是分级设置的，账户也应分级设置为总分类账户和明细分类账户，以分别提供总括核算资料和明细核算资料。

1. 总分类账户与明细分类账户的设置

根据资产类、负债类、共同类、所有者权益类、成本类、损益类六大类总分类科目开设的，总括反映各会计要素具体项目增减变动及其结果的账户，称为总分类账户，例如，"短期借款""库存商品""原材料"等均为总分类账户。

根据总分类账科目所属明细分类账科目开设的，对总分类账户的经济内容进行明细分类核算，提供详细具体的核算资料的账户，叫明细分类账户。例如，为了详细了解各种材料的收入、发出、结存情况，在"原材料"总分类账户下，按照材料的品种、规格等分别设置材料明细分类账户，以提供详细而具体的核算资料。

2. 总分类账户与明细分类账户的关系

总分类账户与明细分类账户既有联系又有区别。

（1）总分类账户与明细分类账户的联系主要表现在以下两个方面。

① 两者所反映的经济业务内容相同。如"应付账款"总分类账户与其所属的按债权人名称设置的明细分类账户都是用来反映债务结算情况的。

② 两者登记账户的原始依据相同。登记总分类账户与所属的明细分类账户所依据的原始凭证是相同的。

（2）总分类账户与明细分类账户的区别主要表现在以下两个方面。

① 两者所反映的经济业务的详细程度不同。总分类账户反映资金变化的总括情况，提供的是总括核算指标。明细分类账户反映资金变化的详细情况，提供的是某一方面的具体指标，明细分类账户除提供货币指标外，还可以提供实物数量和劳动量等指标。

② 两者所起的作用不同。总分类账户对所属明细分类账户起着统驭和控制作用；明细分类账户对总分类账户起着从属和辅助作用。

3. 总分类账户与明细分类账户的平行登记

总分类账户和明细分类账户的平行登记，是指对于发生的每一项经济业务，依据原始凭证和记账凭证分别在总分类账户和其所属的明细分类账户进行登记的方法。总分类账户和明细分类账户的平行登记方法可以归纳为以下几点。

(1) 依据相同。

在将发生的交易或事项记入总分类账户及其所属明细分类账户时，所依据的会计凭证(特别是指原始凭证)相同。虽然登记总分类账户及其所属明细分类账户的直接依据不一定相同，但原始依据是相同的。

(2) 方向相同。

在将交易或事项记入总分类账户和明细分类账户时，记账方向必须相同。也就是说，如果总分类账户记入借方，所属明细分类账户也应记入借方；如果总分类账户记入贷方，所属明细分类账户也应记入贷方。

(3) 期间相同。

每项交易或事项在记入总分类账户和明细分类账户的过程中，可以有先有后，但必须在同一会计期间(一般在同一月份)全部登记入账。

(4) 金额相等。

记入总分类账户的金额，应与记入其所属明细分类账户的金额合计数相等。即总分类账户本期借方发生额与其所属明细分类账户本期借方发生额合计数相等；总分类账户本期贷方发生额与其所属明细分类账户本期贷方发生额合计数相等。严格按照上述规则记账，总分类账户期初余额应与其所属明细分类账户的期初余额合计数相等，总分类账户期末余额与其所属明细分类账户的期末余额合计数也必然相等。

下面以"原材料"和"应付账款"为例，说明总分类账户与明细分类账户的平行登记方法。

【例 3-1】

(1) 三星公司 202×年 3 月 1 日，有关总分类账户和明细分类账户余额如下。

总分类账户期初余额如下。

①"原材料"账户借方余额 400 000 元。

②"应付账款"账户贷方余额 100 000 元。

明细分类账户期初余额如下。

①"原材料——A 材料"账户 1 600 千克，单价 150 元，借方余额 240 000 元。

②"原材料——B 材料"账户 400 千克，单价 100 元，借方余额 40 000 元。

③"原材料——C 材料"账户 1 000 千克，单价 120 元，借方余额 120 000 元。

④"应付账款——甲公司"账户贷方余额 60 000 元。

⑤"应付账款——乙公司"账户贷方余额 40 000 元。

(2) 三星公司 202×年 3 月发生下列部分经济业务(不考虑增值税)。

① 3 月 4 日，以银行存款偿还甲公司前欠的货款 30 000 元。

② 3月6日，购进A材料200千克，单价150元，价款30 000元，以银行存款支付，材料入库。

③ 3月10日，生产车间向仓库领用材料一批，其中，A材料400千克，单价150元；B材料200千克，单价100元；C材料500千克，单价120元，共计领用材料金额为140 000元。

④ 3月16日，以银行存款偿还乙公司前欠货款20 000元。

⑤ 3月22日，向甲公司购入B材料200千克，单价100元，材料入库，货款20 000元尚未支付。

⑥ 3月30日，向乙公司购入C材料300千克，单价120元，材料入库，货款36 000元尚未支付。

（3）根据上述资料登记三星公司"原材料""应付账款"总分类账和明细分类账。

上述业务在账户中平行登记的情况见表3-3～表3-9。

表3-3　　　　　　　　　　　　　　原材料总分类账

会计科目：原材料　　　　　　　　　　　　　　　　　　　　　　　　　　单位：元

202×年		凭证		摘要	借方金额	贷方金额	借或贷	余额
月	日	种类	编号					
3	1			月初结余			借	400 000
	6	付		购入A材料	30 000		借	430 000
	10	转		生产领用材料		140 000	借	290 000
	22	转		购入B材料	20 000		借	310 000
	30	转		购入C材料	36 000		借	346 000
	31			本月合计	86 000	140 000		
				月末余额			借	346 000

表3-4　　　　　　　　　　　　　　原材料明细账

一级科目：原材料

二级科目：A材料

材料规格　　　　　　　　计量单位：元/千克　　　　　最高储备　　　　　最低储备

202×年		凭证		摘要	入库			出库			结存		
月	日	字	号		数量	单价	金额	数量	单价	金额	数量	单价	金额
3	1			月初余额							1 600	150	240 000
	6	付	1	验收入库	200	150	30 000				1 800	150	270 000
	10	转	6	生产领用				400	150	60 000	1 400	150	210 000
				……									
	31			合计	200		30 000	400		60 000	1 400	150	210 000

表 3-5　　　　　　　　　　　　　　原材料明细账

一级科目：原材料
二级科目：B 材料

材料规格　　　　　　　计量单位：元/千克　　　　　　最高储备　　　　　最低储备

202×年		凭证		摘要	入库			出库			结存		
月	日	字	号		数量	单价	金额	数量	单价	金额	数量	单价	金额
3	1			月初余额							400	100	40 000
	10	转	1	生产领用				200	100	20 000	200	100	20 000
	22	转	6	购入材料	200	100	20 000				400	100	40 000
				……									
	31			合计	200		20 000	200		2 000	400	100	40 000

表 3-6　　　　　　　　　　　　　　原材料明细账

一级科目：原材料
二级科目：C 材料

材料规格　　　　　　　计量单位：元/千克　　　　　　最高储备　　　　　最低储备

202×年		凭证		摘要	入库			出库			结存		
月	日	字	号		数量	单价	金额	数量	单价	金额	数量	单价	金额
3	1			月初余额							1 000	120	120 000
	10	转	6	生产领用				500	120	60 000	500	120	60 000
	30	转	17	购入材料	300	120	36 000				800	120	96 000
				……									
	31			合计	300		36 000	500		60 000	800	120	96 000

表 3-7　　　　　　　　　　　　　　应付账款总账

会计科目：应付账款　　　　　　　　　　　　　　　　　　　　　　　　　单位：元

202×年		凭证		摘要	借方	贷方	借或贷	余额
月	日	字	号					
3	1			月初余额			贷	100 000
	4	付	5	支付甲公司货款	30 000		贷	70 000
	16	付	6	支付乙公司货款	20 000		贷	50 000
	22	转	20	向甲公司购入材料款未付		20 000	贷	70 000
	30	转	25	向乙公司购入材料款未付		36 000	贷	106 000
	31			合　计	50 000	56 000	贷	106 000

表 3-8　　　　　　　　　　　　　　　应付账款明细账

二级科目：甲公司　　　　　　　　　　　　　　　　　　　　　　　　　　　　　　　单位：元

202×年		凭证		摘　　要	借　方	贷　方	借或贷	余　额
月	日	字	号					
3	1			月初余额			贷	60 000
	4	付	5	支付甲公司货款	30 000		贷	30 000
	22	转	20	向甲公司购入材料款未付		20 000	贷	50 000
				……				
	31			合　　计	30 000	20 000	贷	50 000

表 3-9　　　　　　　　　　　　　　　应付账款明细账

二级科目：乙公司　　　　　　　　　　　　　　　　　　　　　　　　　　　　　　　单位：元

202×年		凭证		摘　　要	借　方	贷　方	借或贷	余　额
月	日	字	号					
3	1			月初余额			贷	40 000
	16	付	6	支付乙公司货款	20 000		贷	20 000
	30	转	25	向乙公司购入材料款未付		36 000	贷	56 000
				……				
	31			合　　计	20 000	36 000	贷	56 000

3.3　复 式 记 账

3.3.1　复式记账法概述

1. 复式记账法的概念

记账方法是指对经济业务所引起的会计数据的增减变化在会计账簿中进行登记的方法。记账方法可分为单式记账法和复式记账法。

单式记账法是一种古老的记账方法。单式记账法是对发生的每一项经济业务只在一个账户中进行记录的方法。记录的内容着重于现金、银行存款的收付和应收、应付等债权和债务情况。例如，用银行存款 5 000 元购入材料，只记录银行存款的减少，不记录材料的增加。单式记账法虽然记账手续简单，但是账户设置不完整，记录经济业务不全面，账户之间不存在平衡关系，因而不便于检查账簿记录是否正确。单式记账法是一种不严密、不科学、不能全面描述经济业务的记账方法，无法适应现代企业的会计核算。

复式记账法是指对发生的每一项经济业务，都要以相等的金额在相互联系的两个或两个以上的账户中进行记录的方法。例如，上述用银行存款购买材料，按照复式记账法的要求，既要在"银行存款"账户中登记减少 5 000 元，又要在"原材料"账户中登记增加 5 000 元。

运用复式记账法，既可以了解各项经济业务的来龙去脉，又可以通过账户的记录反映会计主体经济活动的过程和结果。

国际上复式记账方法多种多样，但目前通用的是借贷记账法。我国在长期的会计实践中逐步形成并使用过不同的复式记账法，如增减记账法、收付记账法、借贷记账法。《企业会计准则——基本准则》第十一条明确规定："企业应当采用借贷记账法记账。"

2. 复式记账法的特点

复式记账法相对于单式记账法来说，具有以下三个特点：①每一项经济业务的发生，必须全面地反映在两个或两个以上的相互关联的账户内。②登记时，如果记入两个账户，记入这两个账户的金额必须相等；如果记入两个以上的账户，记入一方账户的金额要与另一方账户的金额相等。③便于查账，复式记账法以会计等式为理论依据，便于对一定时期所做的全部会计记录进行试算平衡，以便根据试算平衡的结果检查账户记录是否明确。

3.3.2 借贷记账法

1. 借贷记账法的概念

借贷记账法是以"借""贷"作为记账符号，以"有借必有贷，借贷必相等"作为记账规则的一种复式记账方法。

借贷记账法起源于13世纪商品经济比较发达的意大利，并经历了佛罗伦萨式簿记法、热那亚式簿记法和威尼斯簿记法三个发展阶段，到15世纪已逐步形成了比较完备的复式记账法。在13世纪意大利的佛罗伦萨市，有专做贷金业的经纪人——高利贷者，居间借贷，当时的借、贷两字指的是借主、贷主，用来表示债务人与债权人的借贷关系。借贷资本家收进存款时记在贷主的名下，表示债务；付出存款时记在借主的名下，表示债权。这时的借与贷，如实地反映了债权债务关系，但不是一种记账符号。随着商品经济的不断发展和记账方法的改进，记账的对象也越来越复杂了，不仅要在账簿中记录货币的借贷，还要记录各项财产物资的增减变化，这样，"借""贷"两字就逐渐失去其原意，仅仅成为一种记账符号。日本1868年明治维新后从英国学习西式簿记，20世纪初清政府派人赴日本学习，英美式的复式记账法就由日本传入我国。我国最早介绍借贷记账法的书籍是1905年出版的由蔡锡勇所著的《连环账谱》。1907年，由谢霖和孟森在日本东京发行合著的《银行簿记学》，成为我国第二本介绍借贷记账法的著作。

2. 借贷记账法的记账符号

记账符号表示记账的方向，任何一项经济业务都会引起资金的增减变化，必须用不同的符号相互对应地表示资金的增减变化。借贷记账法是以"借""贷"作为记账符号。在这里，"借""贷"二字已失去原有的含义，成为纯粹的记账符号。其具体内容见表3-10。

3. 借贷记账法下的账户结构

在借贷记账法下，所有账户的基本结构分为左、右两方，其中左方为借方，右方为贷方，以一方记录增加额，另一方记录减少额。究竟哪一方记录增加额，哪一方记录减少额，则取决于账户所反映的经济内容或账户的性质。账户按其经济内容的性质分为资产类、负债类、所有者权益类和损益类。各类账户在借贷记账法下的结构如下所述。

表 3-10　　　　　　　　　　　　　　　借、贷的含义

账户类别	借	贷
资产类	增加	减少
成本类	增加	减少
损益类（费用支出）	增加	减少
负债类	减少	增加
所有者权益类	减少	增加
损益类（收入收益）	减少	增加

（1）资产类、成本类账户的结构。

在借贷记账法下，资产类、成本类账户的借方登记增加额，贷方登记减少额，期末余额一般在借方，有些账户可能无余额。其余额计算公式为：

$$期末借方余额 = 期初借方余额 + 本期借方发生额 - 本期贷方发生额$$

资产类及成本类账户的结构如图 3.3 所示。

资产类及成本类账户

借方		贷方
期初余额　×××		
本期增加额　×××	本期减少额　×××	
本期增（借）方发生额　×××	本期减（贷）方发生额　×××	
期末余额　×××		

图 3.3　资产类及成本类账户的结构

（2）负债类、所有者权益类账户的结构。

在借贷记账法下，负债类、所有者权益类账户的借方登记减少额，贷方登记增加额，期末余额一般在贷方，有些账户可能无余额。其余额计算公式为：

$$期末贷方余额 = 期初贷方余额 + 本期贷方发生额 - 本期借方发生额$$

负债类及所有者权益类账户的结构如图 3.4 所示。

负债类及所有者权益类账户

借方	贷方
	期初余额　×××
本期减少额　×××	本期增加额　×××
本期减（借）方发生额　×××	本期增（贷）方发生额　×××
	期末余额　×××

图 3.4　负债及所有者权益类账户结构

(3) 损益类账户的结构。

① 损益类(收入收益)账户的结构。

在借贷记账法下,损益类中收入收益账户的借方登记减少额和转销额,贷方登记增加额,期末结转后一般无余额。损益类(收入收益)账户的结构如图 3.5 所示。

损益类(收入收益)账户

借方		贷方	
本期减少额	×××	本期增加额	×××
本期结转额	×××		
本期减(借)方发生额 ×××		本期增(贷)方发生额 ×××	

图 3.5　损益类(收入收益)账户的结构

② 损益类(费用支出)账户的结构。

在借贷记账法下,损益类中费用支出账户的借方登记增加额,贷方登记减少额和转销额,期末结转后一般无余额。损益类(费用支出)账户的结构如图 3.6 所示。

损益类(费用支出)账户

借方		贷方	
本期增加额	×××	本期减少额	×××
		本期结转额	×××
本期增(借)方发生额 ×××		本期减(贷)方发生额 ×××	

图 3.6　损益类(费用支出)账户的结构

综上所述,将全部账户借方和贷方所记录的经济内容加以归纳,如图 3.7 所示。

账户名称(会计科目)

借方	贷方
资产的增加 成本的增加 费用支出的增加 负债的减少 所有者权益的减少 收入收益的转销	负债的增加 所有者权益的增加 收入的增加 资产的减少 成本的减少 费用支出的转销
期末余额:资产或成本余额	期末余额:负债或所有者权益余额

图 3.7　账户的借方和贷方所反映的经济业务的内容

4. 借贷记账法的记账规则

记账规则是指采用某种记账方法登记具体经济业务时应遵循的规律。借贷记账法的记账规则是"有借必有贷,借贷必相等"。

按照这一记账规则,任何经济业务的发生,都必须同时登记在两个或两个以上的相关账户中,一方记入借方,另一方必须记入贷方;反之亦然。同时,记入借方账户金额的合计必须等于记入贷方账户金额的合计数。

在企业的生产经营过程中,每天会发生大量的经济业务,这些业务虽然千差万别,但归纳起来,经济业务引起资金的变化如图3.8所示。

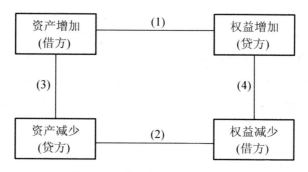

图 3.8 经济业务引起资金的变化

现以4种类型的经济业务为例,说明借贷记账法的记账规则。

【例3-2】 企业收到某投资者投入货币资金400 000元,存入银行。

该项经济业务的发生,一方面使企业资产中银行存款增加,根据资产类账户的结构,应借记"银行存款"400 000元;另一方面由于企业接受投资引起所有者权益中的实收资本增加,根据所有者权益类账户的结构,应贷记"实收资本"400 000元。

实收资本		银行存款	
借方	贷方	借方	贷方
	400 000	400 000	

【例3-3】 企业以银行存款200 000元归还银行短期借款。

该项经济业务的发生,一方面使企业资产中的银行存款减少200 000元,应贷记"银行存款";另一方面使企业负债中的短期借款减少200 000元,应借记"短期借款"。

银行存款		短期借款	
借方	贷方	借方	贷方
	200 000	200 000	

【例3-4】 企业从银行存款提取现金6 000元备用。

该项经济业务的发生,一方面使企业资产中的库存现金增加6 000元,应借记"库存现金";另一方面使企业资产中的银行存款减少6 000元,应贷记"银行存款"。

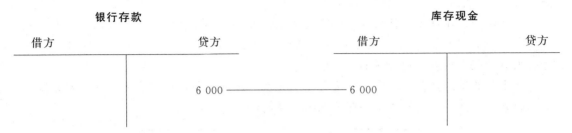

【例3-5】 企业向银行借入短期借款50 000元,直接偿还前欠A公司货款。

该项经济业务的发生,一方面使企业负债中的短期借款增加50 000元,应贷记"短期借款";另一方面使企业负债中的应付账款减少50 000元,应借记"应付账款"。

```
         短期借款                              应付账款
  借方    |    贷方                    借方    |    贷方

          50 000 ──────────── 50 000
```

5. 账户对应关系和会计分录

(1) 账户的对应关系。

账户的对应关系,是指运用复式记账法处理经济业务时,有关账户之间形成的相互关系,在借贷记账法下就是应借应贷的关系。存在对应关系的账户就是对应账户。通过账户的对应关系,既可以了解经济业务的基本内容和来龙去脉,又可以检查对经济业务的账务处理是否正确。例如,用银行存款200 000元购入固定资产,这项业务的发生,使"固定资产"和"银行存款"发生了应借应贷的关系,表明企业固定资产的增加,导致了银行存款的减少。"固定资产"和"银行存款"构成了这项经济业务的一一对应账户。

(2) 会计分录。

会计分录,是指根据复式记账的原理,指明经济业务应记账户的名称、方向及其金额的一种记录。会计分录在实际工作中是在记账凭证中反映的,它是登记会计账簿的依据。

运用借贷记账法编制会计分录,一般按以下步骤进行:①根据经济业务的内容,确定所涉及的会计账户;②根据会计账户的性质,确定会计账户应借应贷的方向;③根据借贷记账法的记账规则,确定应记入每个账户的金额。现用借贷记账法对上述四项经济业务编制如下会计分录。

例3-2   借:银行存款   400 000
         贷:实收资本   400 000
例3-3   借:短期借款   200 000
         贷:银行存款   200 000

例 3-4　借：库存现金　　　　　　　　　　　　　　　6 000
　　　　　贷：银行存款　　　　　　　　　　　　　　　　　6 000
例 3-5　借：应付账款　　　　　　　　　　　　　　　50 000
　　　　　贷：短期借款　　　　　　　　　　　　　　　　　50 000

　　会计分录按其对应账户的复杂程度分为简单会计分录和复合会计分录两种。简单会计分录是指每一项经济业务只涉及两个对应账户的分录，即一借一贷的会计分录。复合会计分录是指一项经济业务涉及两个以上有对应关系的账户的分录，即一借多贷、一贷多借或多借多贷的会计分录。上述四笔会计分录均属于简单会计分录，复合会计分录将会在下一章中出现。

本章小结

　　会计科目是对会计要素对象的具体内容进行分类的项目。设置会计科目必须遵循合法性、相关性、科学性、统一性、灵活性、稳定性等原则。
　　会计科目按其反映的经济内容不同分为：资产类、负债类、共同类、所有者权益类、成本类、损益类六大类；按其所提供信息的详细程度不同分为：总分类科目和明细分类科目。
　　会计账户是按会计科目设置并具有一定的格式，用来分类记录经济业务，反映会计要素增减变化情况及结果的记账实体。账户按级别可分为总分类账户和明细分类账户。
　　借贷记账法是以"借""贷"作为记账符号，"有借必有贷，借贷必相等"作为记账规则的一种复式记账的方法。
　　不同类别的账户结构不同，账户的"借方"或"贷方"用来记录其增加还是减少，取决于账户的经济内容或账户的性质。

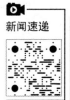
新闻速递

课后测试

一、单项选择题

1. 会计科目是对（　　）的具体内容进行分类核算的项目。
   A. 会计主体　　　　　　　　　　B. 会计要素
   C. 会计对象　　　　　　　　　　D. 经济业务

2. 下列关于会计账户增减变化的表述中，不正确的是（　　）。
   A. 资产增加，所有者权益增加，会计等式成立
   B. 负债减少，所有者权益增加，会计等式成立
   C. 所有者权益增加，负债减少，会计等式成立
   D. 资产减少，费用减少，会计等式成立

3. 下列选项中，在借贷记账法下关于成本类账户结构描述不正确的是（　　）。
   A. 借方登记增加　　　　　　　　B. 贷方登记增加
   C. 期末余额一般在借方　　　　　D. 有些账户可能无余额

4. 下列各项中，关于账户与会计科目的表述不正确的是（　　）。
   A. 账户是会计科目的名称，会计科目是账户的具体应用

B. 两者之间的区别在于账户具有一定的格式和结构
C. 实际工作中,对账户和会计科目不加以严格区别,而是互相通用
D. 账户能反映会计要素增减变化的情况及其结果,而会计科目不能

5. 下列会计科目中,不属于所有者权益类科目的是( )。
   A. 投资收益　　　　　　　　　B. 盈余公积
   C. 实收资本　　　　　　　　　D. 资本公积

6. 会计科目按其所提供信息的详细程度及其统驭关系不同,分为( )。
   A. 一级科目和二级科目　　　　B. 一级科目和明细科目
   C. 总账科目和二级科目　　　　D. 二级科目和三级科目

7. 某企业"库存商品"总分类账户下设"甲产品"和"乙产品"两个明细分类账户,"库存商品"总分类账户余额为 50 000 元,"甲产品"明细分类账户余额为 40 000 元,则"乙产品"明细分类账户余额为( )元。
   A. 50 000　　　　　　　　　　B. 90 000
   C. 40 000　　　　　　　　　　D. 10 000

8. 下列各项中,( )不仅应有明确的核算内容,而且还应当具备一定的格式和结构。
   A. 会计科目　　　　　　　　　B. 会计账户
   C. 会计对象　　　　　　　　　D. 会计要素

9. 下列各项中,属于借贷记账法的理论基础是( )。
   A. 复式记账法　　　　　　　　B. 有借必有贷,借贷必相等
   C. 资产＝负债＋所有者权益　　D. 借贷平衡

10. 应付账款账户期初贷方余额为 1 000 元,本期贷方发生额为 5 000 元,本期贷方余额为 2 000 元,该账户借方发生额为( )。
    A. 4 000 元　　　　　　　　　B. 3 000 元
    C. 2 000 元　　　　　　　　　D. 1 000 元

11. 某企业"累计折旧"科目的年初贷方余额为 600 万元,假设该企业"累计折旧"当年的借方发生额为 200 万元,贷方发生额为 300 万元,则该企业"累计折旧"的年末余额为( )。
    A. 贷方 500 万元　　　　　　　B. 借方 500 万元
    C. 贷方 700 万元　　　　　　　D. 借方 700 万元

12. 所有者权益类账户的期末余额根据( )计算。
    A. 借方期末余额＝借方期初余额＋借方本期发生额－贷方本期发生额
    B. 借方期末余额＝借方期初余额＋贷方本期发生额－借方本期发生额
    C. 贷方期末余额＝贷方期初余额＋贷方本期发生额－借方本期发生额
    D. 贷方期末余额＝贷方期初余额＋借方本期发生额－贷方本期发生额

13. 下列各项中,关于余额试算平衡法的直接依据是( )。
    A. 借贷记账法的记账规则　　　B. 资产＝负债＋所有者权益
    C. 账户的结构　　　　　　　　D. 账户对应关系

14. 账户的贷方反映的是( )。

A. 费用的增加 B. 所有者权益的减少
C. 收入的增加 D. 负债的减少

15. 下列错误中能够通过试算平衡查找的是（　　）。
A. 重记经济业务 B. 漏记经济业务
C. 借贷方向相反 D. 借贷金额不等

16. 登记总分类账与所属明细分类账的原则是（　　）。
A. 根据总分类账记明细分类账 B. 根据明细分类账记总分类账
C. 根据凭证分别登记 D. 先记总分类账后记明细分类账

17. 损益收入类账户期末结账后，应是（　　）。
A. 贷方余额 B. 借方余额
C. 没有余额 D. 借方或贷方余额

18. 在借贷记账法中，账户的哪一方登记增加数，哪一方记减少数取决于（　　）。
A. 账户的结构 B. 账户的作用
C. 账户的用途 D. 账户的性质

19. 下列经济业务的发生，不会导致会计等式两边总额发生变化的是（　　）。
A. 收回应收账款并存入银行 B. 从银行取得借款并存入银行
C. 以银行存款偿还应付账款 D. 收到投资者以无形资产进行的投资

20. 下列引起资产和负债同时增加的经济业务是（　　）。
A. 以银行存款偿还银行借款 B. 收回应收账款存入银行
C. 购进材料一批货款未付 D. 以银行借款偿还应付账款

21. 应付账款属于（　　）。
A. 收入类账户 B. 明细分类账户
C. 总分类账户 D. 资产类账户

22. 负债及所有者权益类账户的期末余额一般在（　　）。
A. 借方和贷方 B. 贷方
C. 借方 D. 借方或贷方

23. 以下项目中属于账户的基本结构要素的是（　　）。
A. 账户名称 B. 资产方
C. 负债方 D. 数量

24. 复式记账法对每项经济业务都以相等的金额，在（　　）中进行登记。
A. 两个或两个以上的账户 B. 两个账户
C. 一个账户 D. 全部账户

25. 下列账户中属于集合分配账户的有（　　）。
A. 制造费用账户 B. 生产成本账户
C. 管理费用账户 D. 销售费用账户

26. 用来反映和监督企业生产经营过程中某一阶段所发生的、应计入成本的全部费用，并确定各个成本计算对象的实际成本的账户是（　　）。
A. 集合分配账户 B. 费用账户
C. 成本计算账户 D. 计价对比账户

二、多项选择题

1. 下列会计科目中，属于资产类科目的有（　　）。
   A. 坏账准备　　　　　　　　　　B. 存货跌价准备
   C. 累计折旧　　　　　　　　　　D. 资本公积

2. 下列各项中，关于账户的说法正确的有（　　）。
   A. 账户的期末余额等于期初余额
   B. 余额一般与增加额在同一方向
   C. 账户的左方发生额等于右方发生额
   D. 如果一个账户的左方记增加额，右方就记减少额

3. 下列各项中，属于成本类会计科目的有（　　）。
   A. 制造费用　　　　　　　　　　B. 生产成本
   C. 劳务成本　　　　　　　　　　D. 工程物资

4. 下列各项中，属于所有者权益类账户的有（　　）。
   A. 盈余公积　　　　　　　　　　B. 资本公积
   C. 以前年度损益调整　　　　　　D. 实收资本

5. 下列各账户中，属于损益类账户的有（　　）。
   A. 其他业务成本　　　　　　　　B. 主营业务成本
   C. 生产成本　　　　　　　　　　D. 累计折旧

6. 下列各项中，关于复式记账法的说法正确的有（　　）。
   A. 以资产与权益平衡关系作为记账基础
   B. 不能够全面反映经济业务内容和资金运动的来龙去脉
   C. 对于发生的每一项经济业务，都要在两个账户中登记
   D. 能够进行试算平衡，便于查账和对账

7. 复式记账法的特点（　　）。
   A. 每一项经济业务的发生，必须全面地反映在两个或两个以上的相互关联的账户内
   B. 登记时，如果记入两个账户，记入这两个账户的金额必须相等
   C. 便于查账
   D. 进行试算平衡

8. 账户中各项金额的关系可用（　　）表示。
   A. 本期期末余额＝本期增加发生额＋本期减少发生额
   B. 本期期末余额＝本期期初余额
   C. 本期期末余额＝期初余额＋本期增加发生额－本期减少发生额
   D. 本期期末余额＋本期减少发生额＝期初余额＋本期增加发生额

9. 账户的基本结构应包括（　　）要素。
   A. 凭证号数　　　　　　　　　　B. 摘要
   C. 账户名称　　　　　　　　　　D. 日期和金额

10. 借贷记账法的借字表示（　　）。
    A. 收益的转销　　　　　　　　　B. 费用成本的增加
    C. 负债的减少　　　　　　　　　D. 资产的增加

11. 设置会计科目应遵循的原则有（   ）。
   A. 合法性原则   B. 相关性原则
   C. 要做到统一性与灵活性相结合   D. 稳定性原则
12. 账户中的各项金额包括（   ）。
   A. 期初余额   B. 本期增加额
   C. 本期减少额   D. 期末余额
13. 总分类账和明细分类账的关系是（   ）。
   A. 总分类账提供总括资料，明细分类账提供详细资料
   B. 总分类账和明细分类账平行登记
   C. 总分类账统驭、控制所属明细分类账
   D. 明细分类账补充说明与其相关的总分类账
14. 下列账户中属于期间费用的是（   ）。
   A. 管理费用   B. 公允价值变动损益
   C. 制造费用   D. 销售费用
15. 以下项目中按照经济内容分类的账户有（   ）。
   A. 资产类账户   B. 负债类账户
   C. 所有者权益类账户   D. 成本类账户

三、判断题

1. 账户的功能在于连续、系统、完整地提供企业经济活动中各会计科目增减变动及其结果的具体信息。（   ）
2. 实际工作中，具体会计科目的设置与会计要素的分类相同，分为资产、负债、所有者权益、收入、费用、利润六大类。（   ）
3. 为了保证会计核算指标、口径的一致性，企业不得自行设置二级会计科目。（   ）
4. 账户按提供信息的详细程度及其统驭关系不同分类，可以分为总分类账户和明细分类账户。（   ）
5. 会计科目和会计账户性质相同，区别是会计科目是核算的标志，没有结构；而会计账户以会计科目为名称，有其结构和格式。（   ）
6. 会计科目设置的相关性原则要求企业所设置的会计科目应为提供有关各方所需要的会计信息服务，满足对外报告与对内管理的要求。（   ）
7. 账户结构的实质就是在账户中如何反映和记录会计要素增加和减少的数额，并计算有关会计要素的期末结余数额。（   ）
8. 企业不能编制多借多贷的会计分录，因为不便于进行试算平衡，检查账户记录是否正确。（   ）
9. 会计期末凡是没有余额的账户均为损益类账户。（   ）
10. 通过试算平衡检查账簿记录后，如果左右平衡就可以确定账簿记录完全正确。（   ）
11. 在发生经济业务时，单式记账法只在一个账户中登记，复式记账法则在两个账户中登记。（   ）
12. 账户的借方反映资产和负债及所有者权益的增加，贷方反映资产和负债及所有者

权益的减少。( )
13. 所有账户之间必然存在对应关系。( )
14. 在不设置"预收账款"账户的情况下,"应收账款"账户同时反映销售商品的应收和预收款项。( )
15. 在不设置"预付账款"账户的情况下,"应付账款"账户同时反映购买材料的应付和预付款项。( )
16. 发生额和余额试算平衡法的依据是借贷记账法的记账规则。( )
17. "制造费用"账户的借方发生额,期末应该转入相关的"生产成本"账户的借方。( )

四、计算与分析题

1. 资料:会通公司202×年账户相关资料,见表3-11。

表3-11　　　　　　　　会通公司202×年账户相关资料

单位:元

账户名称	期初余额	本期借方发生额	本期贷方发生额	期末余额
库存现金	4 000	2 000		4 750
银行存款	75 000	50 000	91 000	
应收账款		52 300	43 000	17 000
短期借款	50 000		25 000	45 000
实收资本	150 000		0	150 000
固定资产	67 000		5 400	56 500
原材料		6 450	8 670	7 410
应付账款	2 000		1 500	2 100

要求:根据各类账户的结构关系,计算并填写上列表格的空格。

2. 资料:某公司202×年7月发生下列经济业务以前的资产总额为956 000元。

该公司202×年7月发生的经济业务如下。

(1) 从银行提取现金2 000元,作为备用金。
(2) 收到投资者投入资本210 000元,存入银行。
(3) 以银行存款32 500元,支付前欠大众工厂的购料款。
(4) 从银行取得借款23 000元,归还前欠东方工厂的购料款。
(5) 以银行存款上缴所欠税金8 500元。
(6) 向MN公司购买材料14 000元,货款尚未支付。
(7) 采购员李平出差,预支差旅费3 000元,以银行存款支付。
(8) 生产领用材料12 000元。
(9) 向银行借入资金150 000元,存入银行。
(10) 收回A企业前欠的销货款35 000元,存入银行。

要求。

（1）分析每笔经济业务所引起的资产和权益有关项目增减变动情况，指出属于何种类型的经济业务。

（2）计算资产和权益增减净额，验证两者是否相等。

（3）计算该公司202×年7月发生上述经济业务以后的资产和权益总额，验证两者是否相等。

【第3章】课后测试答案解析

第 4 章

借贷记账法的具体运用

📝 本章引言

制造企业的一般经济活动包括筹资、供应、生产、销售、资金收回及资金退出等,企业资金的运动形态通常经历这样一个过程:货币资金、储备资金、生产资金、成品资金再回到货币资金。本章将运用借贷记账法对制造企业资金运动的全过程进行核算。介绍制造企业的主要经济业务、会计核算中需要设置的主要核算账户及主要业务的会计处理方法。

导入案例

某家旅游公司 20×8 年与 W 公司签订了一艘游轮租用合同,租期为两个星期,租约起始时间是 20×9 年 1 月 22 日,租金为 80 万元人民币,游轮的股东承担游轮的所有成本。20×8 年,该家旅游公司出售了游轮上的客位,得到 100 万元人民币的收入,销售费用及其他相关成本为 10 万人民币,并在 20×8 年向游轮股东支付了 15 万元人民币作为预付款。

请问,100 万元人民币的客位销售收入是否应确认为该旅游公司 20×8 年年度的销售收入?如果乘客取消旅行,是否应该退还票款,退票与不退票对收入确认的影响各是多少?

学习目标

- 了解企业经济活动的主要内容
- 掌握会计核算的主要账户
- 掌握借贷记账法在企业业务核算中的具体运用

关键术语

思维导图

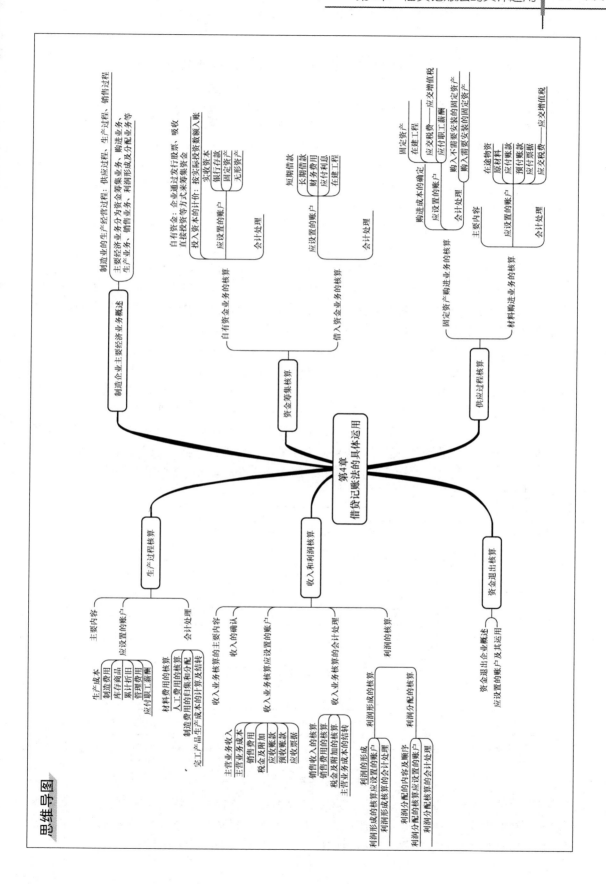

4.1 制造企业主要经济业务概述

制造企业业务流程

制造企业是市场经济中实行独立核算、自主经营、自负盈亏、自我约束、自我发展的经济实体。其基本任务就是生产符合市场需要的产品或提供服务，取得利润，从而为国家提供更多的财政收入，为投资者提供更多的投资收益。企业从事生产经营活动，必须拥有一定数量的资金。这些资金主要是所有者投入的和债权人提供的，随着生产经营活动的进行，不断地被运用出去，其形态也相应地从货币资金变成生产资金，最后再变成货币资金。这种变化周而复始不断进行，形成了资金的循环和周转。制造业的生产经营过程一般可以分为三个阶段：供应过程、生产过程和销售过程。

企业从各种渠道筹集的资金，首先表现为货币资金。企业以货币资金建造或购买厂房、建筑物、机器设备和各种材料物资，为进行产品生产准备必要的劳动资料，这时资金就从货币资金形态转化为固定资金形态和储备资金形态。在生产过程中，劳动者借助于劳动资料对劳动对象进行加工，制造出各种为社会所需要的产品。在产品生产过程中发生的各种材料费用、固定资产折旧费用、工资费用等生产费用的总和构成了产品成本。这时资金从固定资金、储备资金和货币资金形态转化为生产资金形态。随着产品的完工和验收入库，资金又从生产资金形态转化为成品资金形态。在销售过程中，企业将产品销售出去，收回货币资金，这时资金从成品资金形态转化为货币资金形态。为了及时总结一个企业在一定时期内的财务成果，需将企业一定会计期间所取得的全部收入与全部费用支出相抵，计算所得的利润或发生的亏损。如果实现利润，还应按照有关规定进行利润分配；如果发生亏损，还要进行弥补。通过分配，一部分资金退出企业，另一部分资金要重新投入生产周转。制造企业资金运动过程如图4.1所示。

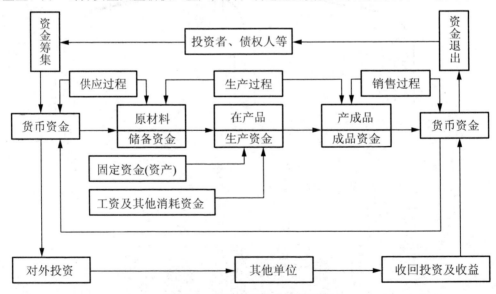

图 4.1 制造企业资金运动过程

综上所述，可根据制造企业在生产经营过程中各环节的业务特点，将其主要经济业务分为资金筹集业务、购进业务、生产业务、销售业务、利润形成及分配业务等。本章将以这些业务环节的主要内容为例，说明会计账户和借贷记账法的具体应用。

4.2 资金筹集核算

4.2.1 自有资金业务的核算

1. 自有资金

我国有关法律法规规定，企业申请开业，必须具备符合国家规定并与其生产经营和服务规模相应的资金数额。因此，企业要进行生产经营活动，必须要有一定的"本钱"，即设立企业必须有法定的资本金。为此，企业就通过发行股票、吸收直接投资等方式来筹集资金，通过这种方式筹集到的资金一般不用偿还，因而称其为自有资金。

所有者向企业投入资本就形成了企业的资本金。资本金是企业从事生产经营活动的基本条件，是企业独立承担民事责任的资金保证，在金额上应等于企业在工商部门登记的注册资金总额。在经营期内投资者除依法转让外，不得以任何方式抽回投资。资本金按其投资主体不同，分为国家资本金、法人资本金、个人资本金和外商资本金。投资者可以以库存现金资产、实物资产及无形资产等方式向企业投资。

2. 投入资本的计价

我国《企业会计准则》规定，企业收到投资者的投资，应按实际投资数额入账。不同的投资方式其实际投资数额的确定并不完全相同。其中，投资者以库存现金投入的资本，应按实际收到或存入企业开户银行的金额作为实收资本入账，实际收到或存入企业开户银行的金额超过其在该企业注册资本中所占份额的部分，计入资本公积。以非库存现金资产投入的资本，应按投资各方确认的价值作为实收资本入账。企业在生产经营过程中所取得的收入和收益，所发生的费用和损失，不得直接增减投入资本。

3. 投入资本核算应设置的账户

（1）"实收资本"账户。

核算内容：企业接受投资者投入的实收资本。股份有限公司本科目为"股本"。

账户性质：属所有者权益类账户。

明细账户：可按投资者进行设置。

账户结构：贷方登记企业实际收到所有者投入的资本；由于所有者的投资是一项永久性资本，借方一般没有发生额，如果投资者按法定程序收回投资或减少资本数额，则借方登记投入资本的减少数；期末余额在贷方，表示企业实际拥有的资本（股本）数额。

（2）"银行存款"账户。

核算内容：企业存入银行或其他金融机构的各种款项。

账户性质：属资产类账户。

账户结构：借方登记银行存款的增加；贷方登记银行存款的减少；期末余额在借方，表示企业期末银行存款的实有数。

（3）"固定资产"账户。

核算内容：企业持有的固定资产的原价。

账户性质：属资产类账户。

明细账户：可按固定资产的类别或项目设置。

账户结构：借方登记固定资产取得时的成本，即按历史成本反映的固定资产原价；贷方登记减少的固定资产的原价；期末余额一般在借方，表示企业期末固定资产的原价。

（4）"无形资产"账户。

核算内容：企业持有的无形资产，包括专利权、非专利技术、商标权、著作权、土地使用权等的成本。

账户性质：属资产类账户。

账户结构：借方登记企业购入、自行研发或其他途径取得的无形资产成本；贷方登记企业处置无形资产的成本；期末余额在借方，表示企业期末持有的无形资产的成本。

4．投入资本业务的会计处理

【例4-1】 某企业收到国家500 000元的货币资金投资，款项已存入银行。

该项经济业务的发生，一方面款项已存入银行，使企业的银行存款增加500 000元；另一方面企业收到国家投资，使企业的资本金增加500 000元。因此，该项经济业务涉及"银行存款"和"实收资本"两个账户。银行存款的增加是企业资产的增加，应记入"银行存款"账户的借方；资本金的增加是所有者权益的增加，应记入"实收资本"账户的贷方。该项经济业务编制会计分录如下。

借：银行存款　　　　　　　　　　　　　　　　　　　　　　500 000
　　贷：实收资本　　　　　　　　　　　　　　　　　　　　　　500 000

【例4-2】 某企业收到丰顺公司投入的新设备2台，价值160 000元。

该项经济业务的发生，一方面使企业的固定资产增加160 000元；另一方面是企业收到法人单位的投资，使企业资本金增加160 000元。因此，该项经济业务涉及"固定资产"和"实收资本"两个账户。固定资产的增加是企业资产的增加，应记入"固定资产"账户的借方；资本金的增加是所有者权益的增加，应记入"实收资本"账户的贷方。该项经济业务编制会计分录如下。

借：固定资产　　　　　　　　　　　　　　　　　　　　　　160 000
　　贷：实收资本　　　　　　　　　　　　　　　　　　　　　　160 000

【例4-3】 某企业收到王辉的一项专利权投资，经评估确认价值为58 000元。

该项经济业务的发生，一方面使企业无形资产增加58 000元；另一方面企业收到个人投资者的无形资产投资，使企业资本金增加58 000元。因此该项经济业务涉及"无形资产"和"实收资本"两个账户。无形资产的增加是企业资产的增加，应记入"无形资产"账户的借方；资本金的增加是所有者权益的增加，应记入"实收资本"账户的贷方。该项经济业务编制会计分录如下。

借：无形资产　　　　　　　　　　　　　　　　　　　　　　58 000
　　贷：实收资本　　　　　　　　　　　　　　　　　　　　　　58 000

【例4-4】 某企业收到求实公司投资的甲材料一批，价值为100 000元。

该项经济业务的发生，一方面使企业原材料增加100 000元；另一方面企业收到一项原材料投资，使企业资本金增加100 000元。因此，该项经济业务涉及"原材料"和"实收资本"两个账户。原材料的增加是企业资产的增加,应记入"原材料"账户的借方;资本金的增加是所有者权益的增加,应记入"实收资本"账户的贷方。该项经济业务编制会计分录如下。

借:原材料　　　　　　　　　　　　　　　　　　　　　　　　　100 000
　　贷:实收资本　　　　　　　　　　　　　　　　　　　　　　　100 000

以上投入资本业务的总分类核算如图 4.2 所示。

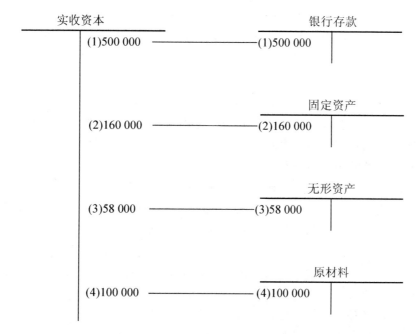

图 4.2　投入资本业务的总分类核算

4.2.2　借入资金业务的核算

企业借入的资金主要是向银行或其他金融机构借入,按偿还期限不同分为短期借款和长期借款。短期借款是指企业向银行或其他金融机构借入的偿还期限在 1 年以下(含 1 年)的各种借款,主要是满足日常经营周转需要。长期借款是指企业向银行或其他金融机构借入的偿还期限在 1 年以上(不含 1 年)的各种借款,这类借款主要是用于固定资产购建、改建和扩建等。无论是短期借款,还是长期借款,企业除了按期归还本金以外,还应承担利息费用。借入资金业务核算的主要内容包括取得借款本金、承担的利息、归还本金及利息等。

1. 借入资金业务核算应设置的账户

(1) "短期借款"账户。

核算内容:企业向银行或其他金融机构等借入的期限在 1 年以下(含 1 年)的各种借款。

账户性质:属负债类账户。

明细账户:可按借款种类、贷款人和币种进行设置。

账户结构:贷方登记企业借入的各种短期借款本金数额;借方登记企业归还的短期借款本金数额;期末余额在贷方,表示企业尚未偿还的短期借款本金数额。

(2)"长期借款"账户。

核算内容：企业向银行或其他金融机构等借入的期限在1年以上（不含1年）的各种借款。

账户性质：属负债类账户。

明细账户：可根据贷款单位和贷款种类，分别按"本金""利息调整""应付利息"等进行设置。

账户结构：贷方登记企业借入的各种长期借款的本金和发生的利息数额，借方登记各种长期借款本金和利息的归还数额；期末余额在贷方，表示企业尚未偿还的各种长期借款本金和利息数额。

(3)"财务费用"账户。

核算内容：企业为筹集生产经营所需要的资金等而发生的筹资费用，包括利息支出（减利息收入）、汇兑损益以及相关的手续费、企业发生的现金折扣或收到的现金折扣等。

账户性质：属损益类（费用）账户。

明细账户：可按费用项目进行设置。

账户结构：借方登记企业发生的各项财务费用，包括借款利息、借款手续费、债券发行成本、汇兑损失等；贷方登记发生的应冲减财务费用的利息收入、汇兑收益和结转到"本年利润"账户的财务费用；月末结转后该账户无余额。

(4)"应付利息"账户。

核算内容：企业按合同约定应支付的利息，包括吸收存款、分期付息到期还本的长期借款、企业债券等应支付的利息。

账户性质：属负债类账户。

明细账户：可按存款人或债权人进行设置。

账户结构：借方登记实际支付的利息；贷方登记应付未付的利息；期末余额在贷方，反映企业应付未付的利息。

(5)"在建工程"账户。

核算内容：企业基建、更新改造等在建工程发生的支出。

账户性质：属资产类账户。

明细账户：可按"建筑工程""安装工程"等进行设置。

账户结构：借方登记在建工程发生的各项费用；贷方登记工程完工结转到固定资产的成本；期末余额在贷方，反映企业尚未完工的工程成本。

2. 借入资金业务核算的会计处理

(1)取得借款时的核算。

【例4-5】某企业202×年2月1日取得一项期限为3个月，年利率为3%，到期还本付息的银行借款80 000元，所得款项存入银行。

该项经济业务的发生，一方面使企业银行存款增加80 000元；另一方面使企业短期借款增加80 000元。因此，该项经济业务涉及"银行存款"和"短期借款"两个账户。银行存款的增加是企业资产的增加，应记入"银行存款"账户的借方；短期借款的增加是负债的增加，应记入"短期借款"账户的贷方。该项经济业务编制会计分录如下。

借：银行存款　　　　　　　　　　　　　　　　　　　　　　　　　80 000
　　贷：短期借款　　　　　　　　　　　　　　　　　　　　　　　　　80 000

【例4-6】　某企业202×年1月1日向银行借入3年期，年利率为6%，到期一次还本付息的款项1 200 000元，已存入企业结算存款账户。企业用该借款建造厂房，工程第二年年末完工，达到可使用状态。

该项经济业务的发生，一方面使企业银行存款增加1 200 000元；另一方面使企业长期借款增加1 200 000元。因此，该项经济业务涉及"银行存款"和"长期借款"两个账户。银行存款的增加是企业资产的增加，应记入"银行存款"账户的借方；长期借款的增加是负债的增加，应记入"长期借款"账户的贷方。该项经济业务编制会计分录如下。

借：银行存款　　　　　　　　　　　　　　　　　　　　　　　　1 200 000
　　贷：长期借款　　　　　　　　　　　　　　　　　　　　　　　　1 200 000

（2）借入资金利息的核算。

短期借款必须按期归还本金并按期支付利息。由于短期借款利息的支付方式和支付时间不同，会计处理方法也有一定的区别。如果银行按月计收利息或在借款到期时收回本金时一并收回利息，但利息数额不大，企业可在收到银行计息通知或在实际支付利息时，直接将发生的利息费用计入当期"财务费用"，即借记"财务费用"科目，贷记"银行存款"科目。如果银行对企业的短期借款利息采取按季或半年等较长期间计收利息，为了合理地计算各期的收益额，企业通常按权责发生制核算基础的要求，采取预提的方法按月计提利息，即计提利息时，借记"财务费用"，贷记"应付利息"；支付利息时，借记"应付利息"，贷记"银行存款"。

企业借入长期借款的利息支出应根据不同情况区别处理：①为购建固定资产发生的长期借款利息，在固定资产达到可使用状态前发生的，计入固定资产价值，借记"在建工程"账户，贷记"应付利息"账户；在固定资产达到可使用状态后发生的，计入当期损益，借记"财务费用"账户，贷记"应付利息"账户；②不是为购建固定资产发生的长期借款利息，在生产经营期间发生的，计入当期财务费用。

【例4-7】　承例4-5，202×年2月末某企业计提本月短期借款利息200元。

该项经济业务的发生，一方面使企业承担的利息费用增加200元；另一方面使企业的资产减少200元。利息费用增加记入"财务费用"账户的借方；应付短期借款利息记入"应付利息"账户的贷方。该项经济业务编制会计分录如下。

借：财务费用　　　　　　　　　　　　　　　　　　　　　　　　　　200
　　贷：应付利息　　　　　　　　　　　　　　　　　　　　　　　　　　200

以后两个月每月末预提利息做同样的分录。

【例4-8】　承例4-6，某企业第一年年末计算本年应计长期工程借款利息72 000（1 200 000×6%）元。

该项经济业务的发生，一方面使企业应由工程负担的利息支出增加72 000元；另一方面使企业应付长期借款利息债务增加72 000元。工程负担的利息支出记入"在建工程"账户；应付长期借款利息债务记入"应付利息"账户。该项经济业务编制会计分录如下。

借：在建工程　　　　　　　　　　　　　　　　　　　　　　　　　72 000
　　贷：应付利息　　　　　　　　　　　　　　　　　　　　　　　　　72 000

第二年应计利息的会计分录与第一年年末相同。

第三年年末应计利息的会计分录应为：

借：财务费用　　　　　　　　　　　　　　　　　　　　　　　　　72 000
　　贷：应付利息　　　　　　　　　　　　　　　　　　　　　　　　72 000

【例 4-9】 承例 4-5、例 4-7，202×年 5 月 1 日某企业归还到期短期借款本金 80 000 元。

该项经济业务的发生，一方面使企业短期借款减少 80 000 元，另一方面使企业银行存款减少 80 000 元。短期借款本金的减少，应记入"短期借款"账户的借方；银行存款的减少应记入"银行存款"账户的贷方。该项经济业务编制会计分录如下。

借：短期借款　　　　　　　　　　　　　　　　　　　　　　　　　80 000
　　贷：银行存款　　　　　　　　　　　　　　　　　　　　　　　　80 000

【例 4-10】 承例 4-6、例 4-8，到 202×年 12 月 31 日某企业归还到期长期借款本金 1 200 000 元，利息 216 000 元。

该项经济业务的发生，一方面使企业长期借款减少 1 200 000 元，未付长期利息债务减少 216 000 元；另一方面使企业银行存款减少 1 416 000 元。长期借款本金及未付利息债务的减少，都应记入"长期借款"账户的借方；银行存款的减少应记入"银行存款"账户的贷方。该项经济业务编制会计分录如下。

借：长期借款　　　　　　　　　　　　　　　　　　　　　　　　1 200 000
　　应付利息　　　　　　　　　　　　　　　　　　　　　　　　　216 000
　　贷：银行存款　　　　　　　　　　　　　　　　　　　　　　　1 416 000

以上借入资金业务的总分类核算如图 4.3 所示。

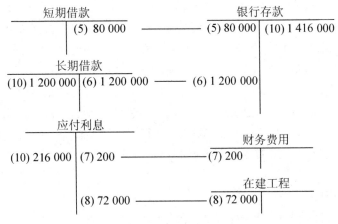

图 4.3　借入资金业务的总分类核算

采购业务过程流程图

4.3　供应过程核算

4.3.1　固定资产购进业务的核算

1. 固定资产购进成本的确定

固定资产是指为生产商品、提供劳务、出租或经营管理而持有的，且使用寿命超过一个会计年度的有形资产,如企业生产经营用的房屋、建筑物、机器设备等。固定资产应按其取得时的成本作为入账的价值,取得时的实际成本是指为构建某项固定资产在达到预定可使用状态前所发生的一切合理、必要的支出,包括买价、运输费、保险费、包装费、安装费、相关税费等,但不包括允许抵扣的增值税进项税额。

2. 固定资产购进业务核算应设置的账户

固定资产购进的核算除设置如前所述的"固定资产""在建工程"账户外,还应设置"应交税费——应交增值税""应付职工薪酬"等账户。

(1)"应交税费——应交增值税"账户。

核算内容:核算企业按照税法规定计算应交纳的增值税。

账户性质:属负债类账户。

明细账户:可按"进项税额""销项税额""出口退税""进项税额转出""已交税金"等进行设置。

账户结构:借方登记企业购进商品或接受劳务时所支付的增值税税额;贷方登记企业销售商品或提供劳务时所收取的增值税税额。期末余额在贷方,反映企业应交的增值税税额;期末余额在借方,表示企业可抵扣的增值税税额。

(2)"应付职工薪酬"账户。

核算内容:核算企业根据有关规定应付给职工的各种薪酬。企业(外商)按规定从净利润中提取的职工奖励及福利基金,也在本科目核算。

账户性质:属负债类账户。

明细账户:可按"工资""职工福利""社会保险费""住房公积金""工会经费""职工教育经费""非货币性福利""辞退福利""股份支付"等进行设置。

账户结构:贷方登记企业按规定计算出的应付职工薪酬;借方登记企业实际发放的职工薪酬;期末余额在贷方,表示企业应付未付的薪酬;期末余额在借方,表示企业实际支付的金额。

3. 固定资产购进业务的会计处理

(1)购入不需要安装的固定资产。

【例4-11】 某企业购入不需要安装的机器设备一台,买价15 000元,增值税1 950元,运杂费2 000元,包装费1 000元,全部款项已用银行存款支付。

该项经济业务的发生,一方面使企业固定资产增加18 000(15 000+2 000+1 000)元,应交税费中的增值税进项税额增加1 950元;另一方面使企业银行存款减少18 000元。因此,该项经济业务涉及"固定资产""应交税费——应交增值税(进项税额)""银行存款"三个账户。固定资产的增加是企业资产的增加,应记入"固定资产"账户的借方,增值税进项税额的增加,应记入"应交税费——应交增值税(进项税额)"账户的借方;银行存款的减少,应记入"银行存款"账户的贷方。该项经济业务编制会计分录如下。

借:固定资产　　　　　　　　　　　　　　　　　　　　　　　18 000
　　应交税费——应交增值税(进项税额)　　　　　　　　　　　 1 950
　　贷:银行存款　　　　　　　　　　　　　　　　　　　　　　19 950

(2)购入需要安装的固定资产。

如果购入的是需要安装的固定资产，则应通过"在建工程"账户核算其安装工程成本，安装工程完工交付使用时，应按安装工程的全部支出（即实际成本），从"在建工程"账户的贷方转入"固定资产"账户的借方。

【例4-12】　某企业购入需要安装的机器设备一台，买价58 000元，包装费和运杂费2 500元，全部款项以银行存款支付。安装过程中耗用材料4 200元，发生安装工人的工资费用2 300元。（假设不考虑增值税）

该项经济业务的发生，一方面使企业的在建工程支出增加67 000(58 000＋2 500＋4 200＋2 300)元；另一方面使企业银行存款减少60 500元，库存材料减少4 200元，应付职工薪酬增加2 300元。因此，该项经济业务涉及"在建工程""银行存款""原材料""应付职工薪酬"四个账户。在建工程支出的增加是固定资产购建成本的增加，应记入"在建工程"账户的借方；银行存款和库存材料的减少是资产的减少，应记入"银行存款"和"原材料"账户的贷方；应付职工薪酬的增加是负债的增加，应记入"应付职工薪酬"账户的贷方。该项经济业务编制会计分录如下。

借：在建工程　　　　　　　　　　　　　　　　　　　　　　　67 000
　　贷：银行存款　　　　　　　　　　　　　　　　　　　　　　60 500
　　　　原材料　　　　　　　　　　　　　　　　　　　　　　　4 200
　　　　应付职工薪酬　　　　　　　　　　　　　　　　　　　　2 300

【例4-13】　某企业所购设备安装工作完毕，经验收合格交付使用，结转安装工程成本。

安装工程完工交付使用，使企业固定资产增加67 000元，应按实际成本记入"固定资产"账户的借方，结转完工工程成本，记入"在建工程"账户的贷方。应编制会计分录如下。

借：固定资产　　　　　　　　　　　　　　　　　　　　　　　67 000
　　贷：在建工程　　　　　　　　　　　　　　　　　　　　　　67 000

以上需要安装的固定资产购进业务的总分类核算如图4.4所示。

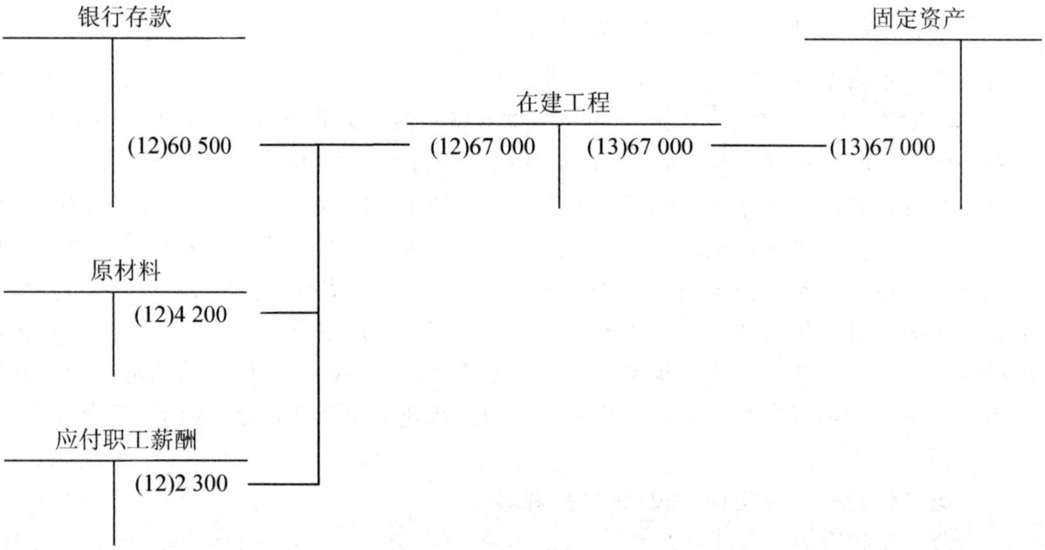

图4.4　固定资产购进业务的总分类核算

4.3.2 材料购进业务的核算

1. 材料购进业务的主要内容

制造企业要进行正常的生产经营活动，除购建固定资产外，还必须购买和储备一定品种和数量的材料。在企业购进材料的过程中，一方面从供应单位购进各种材料；另一方面要支付采购材料的货款和运输费、装卸费等各种采购费用，并与供应单位及其他有关单位办理款项的结算。材料运达企业后，应由仓库验收并保管，以备生产车间或管理部门领用。采购过程中支付给供应单位的材料货款和发生的各项采购费用，构成材料的采购成本。

由于结算方式的制约，在与供应单位或其他单位办理款项结算时，会出现以下三种情况。

（1）购进材料时直接支付货款。企业采用支票等结算方式或直接支付现金时，可以在购进材料的同时支付货款和采购费用。

（2）购进材料未付款。由于材料款尚未支付，因此形成企业的一项流动负债，这种情况一方面使企业材料增加，另一方面使企业负债增加，必须在将来按规定的时间偿还。

（3）预付购货款，后取得材料。企业购进材料过程中有时需要预付购货款。企业虽先付款，但没有取得材料，这时不能作为材料增加处理。它实际上相当于企业一笔款项的转移，这项业务并没有使企业的资产发生变化。当收到材料时，再作为材料增加处理，同时冲减预付款项。

综上所述，材料购进业务的核算主要包括核算材料的买价和采购费用，确定材料的采购成本，以及由采购业务引起的与供货单位及其他单位的货款结算。

2. 材料购进业务核算应设置的账户

为了核算材料购进业务，应设置"在途物资""原材料""应付账款""预付账款""应付票据""应交税费——应交增值税"等账户。

（1）"在途物资"账户。

核算内容：企业采用实际成本（或进价）进行材料、商品等物资日常核算货款已付尚未入库的在途物资的采购成本。

账户性质：属资产类账户。

明细账户：可按供应单位或物资品种进行设置。

账户结构：借方登记外购材料物资的实际采购成本，包括买价和采购费用；贷方登记已验收入库材料物资的实际成本；期末余额在借方，表示款已付、尚未运达企业或已运到企业但尚未验收入库的在途物资的实际采购成本。

（2）"原材料"账户。

核算内容：企业各种库存材料包括原料及主要材料、辅助材料、外购半成品、修理用备件、包装材料、燃料等的计划或实际成本。

账户性质：属资产类账户。

明细账户：可按材料的存放地点、材料的类别、品种规格进行设置。

账户结构：借方登记已验收入库材料的实际成本；贷方登记领用材料的实际成本；期

末余额在借方,表示各种库存材料的实际或计划成本。

(3)"应付账款"账户。

核算内容:企业因购买材料、商品和接受劳务供应等经营活动应支付的款项。

账户性质:属负债类账户。

明细账户:可按债权人进行设置。

核算内容:贷方登记因购买材料、商品或接受劳务供应等而发生的尚未支付的款项;借方登记偿还的账款;期末余额在贷方,表示尚未偿还的应付款项。

(4)"预付账款"账户。

核算内容:企业按照购货合同规定预付给供应单位的款项。

账户性质:属资产类账户。

明细账户:可按收款单位名称进行设置。

账户结构:借方登记按照合同规定预付给供应单位的货款和补付的款项;贷方登记收到所购货物的货款和退回多付的款项;期末余额如在借方,表示企业尚未结算的预付款项;期末余额如在贷方,表示企业尚未补付的款项。预付款项不多的企业,也可以将预付的款项直接记入"应付账款"账户的借方,不设置本账户。

(5)"应付票据"账户。

核算内容:企业购买材料、商品和接受劳务供应等开出、承兑的商业汇票,包括银行承兑汇票和商业承兑汇票。

账户性质:属负债类账户。

明细账户:可按债权人进行设置。

账户结构:贷方登记企业开出、承兑的商业汇票金额;借方登记已偿还的票款;期末余额在贷方,表示尚未到期的汇票的票面金额。

3. 材料购进业务核算的会计处理

材料购进业务的核算,主要涉及收料和付款两个方面。收料由材料仓库办理收料手续,会计部门根据材料仓库转来的收料单和供应单位开来的发票账单等办理付款并登记入账。

【例4-14】 某企业向华丰工厂购入甲材料,收到华丰工厂开来的专用发票,数量是820千克,单价25元,价款20 500元,增值税2 665元,货款及增值税均以银行存款支付。

该项经济业务的发生,一方面使材料的买价支出增加20 500(820×25)元,增值税进项税额支出增加26 650元;另一方面使企业银行存款减少23 165元。因此,该项经济业务涉及"在途物资""应交税费""银行存款"三个账户。支出的材料买价构成材料采购成本,应记入"在途物资"账户的借方;增值税进项税额应记入"应交税费——应交增值税(进项税额)"账户的借方;银行存款的减少是资产的减少,应记入"银行存款"账户的贷方。该项经济业务编制会计分录如下。

借:在途物资——甲材料 20 500
　　应交税费——应交增值税(进项税额) 2 665
　　贷:银行存款 23 165

【例4-15】 某企业用银行存款支付上述购入甲材料的运杂费300元。

该项经济业务的发生,一方面使材料的采购费用支出增加300元;另一方面使企业银行存款减少300元。因此，该项经济业务涉及"在途物资"和"银行存款"两个账户。支出的材料采购费用构成材料采购成本，应记入"在途物资"账户的借方；银行存款的减少是资产的减少，应记入"银行存款"账户的贷方。该项经济业务编制会计分录如下。

  借：在途物资——甲材料   300
    贷：银行存款   300

【例4-16】 某企业向兴盛工厂购入乙、丙两种材料，收到兴盛工厂开来的专用发票，乙材料2 000千克，单价50元，丙材料1 000千克，单价12元，共计112 000元，增值税14 560元，货款及增值税均未支付。

该项经济业务的发生，一方面使材料的买价支出增加112 000（2 000×50+1 000×12）元，增值税进项税额支出增加14 560元；另一方面使企业应付账款增加126 560元。因此，该项经济业务涉及"在途物资""应交税费""应付账款"三个账户。支出的材料买价构成材料采购成本，应记入"在途物资"账户的借方；增值税进项税额应记入"应交税费——应交增值税（进项税额）"账户的借方；应付账款的增加是负债的增加，应记入"应付账款"账户的贷方。该项经济业务编制会计分录如下。

  借：在途物资——乙材料   100 000
       ——丙材料   12 000
    应交税费——应交增值税（进项税额）   14 560
    贷：应付账款——兴盛工厂   126 560

【例4-17】 某企业以银行存款支付上述乙、丙两种材料的运杂费600元。

该项经济业务的发生，一方面使材料的采购费用支出增加600元；另一方面使企业银行存款减少600元。因此，该项经济业务涉及"在途物资"和"银行存款"两个账户。支出的材料采购费用构成材料采购成本，应记入"在途物资"账户的借方；银行存款的减少是资产的减少，应记入"银行存款"账户的贷方。该项经济业务编制会计分录如下。

  借：在途物资——乙、丙材料   600
    贷：银行存款   600

【例4-18】 某企业以银行存款偿还前欠兴盛工厂货款126 560元。

该项经济业务的发生，一方面使企业应付账款减少126 560元；另一方面使企业银行存款减少126 560元。因此，该项经济业务涉及"应付账款"和"银行存款"两个账户。应付账款的减少是负债的减少，应记入"应付账款"账户的借方；银行存款的减少是资产的减少，应记入"银行存款"账户的贷方。该项经济业务编制会计分录如下。

  借：应付账款——兴盛工厂   126 560
    贷：银行存款   126 560

【例4-19】 某企业向华丰工厂购买甲材料，根据合同规定预付款项5 265元，以银行存款支付。

该项经济业务的发生，一方面使企业预付账款增加5 265元；另一方面使银行存款减少5 265元。因此，该项经济业务涉及"预付账款"和"银行存款"两个账户。预付账款的增加是资产的增加，应记入"预付账款"账户的借方，银行存款的减少是资产的减少，应记入"银行存款"账户的贷方。该项经济业务编制会计分录如下。

借：预付账款——华丰工厂　　　　　　　　　　　　　　　　　　　　　5 265
　　贷：银行存款　　　　　　　　　　　　　　　　　　　　　　　　　　　5 265

【例4-20】　某企业收到上述华丰工厂发来的甲材料，专用发票载明数量180千克，单价25元，价款4 500元，增值税585元。

该项经济业务的发生，一方面使材料的买价支出增加4 500(180×25)元，增值税进项税额支出增加585元；另一方面使企业预付账款减少5 085元。因此，该项经济业务涉及"在途物资""应交税费""预付账款"三个账户。支出的材料买价构成材料采购成本，应记入"在途物资"账户的借方；增值税进项税额应记入"应交税费——应交增值税（进项税额）"账户的借方；预付账款的减少是资产的减少，应记入"预付账款"账户的贷方。该项经济业务编制会计分录如下：

借：在途物资——甲材料　　　　　　　　　　　　　　　　　　　　　4 500
　　应交税费——应交增值税(进项税额)　　　　　　　　　　　　　　　　585
　　贷：预付账款——华丰工厂　　　　　　　　　　　　　　　　　　　　5 085

【例4-21】　前述甲、乙、丙3种材料均已验收入库，结转其采购成本。

第一步，计算验收入库材料的采购成本。

购入材料的采购成本，一般由买价和采购费用组成。其计算公式为：

$$材料的采购成本 = 买价 + 采购费用$$

买价是指材料供应单位所开具的发货票上填列的货款，买价可以直接确定为某种材料的成本。采购费用是指企业在采购材料过程中所发生的各项费用，包括材料的运输费、装卸费、包装费、保险费、仓储费、运输途中的合理损耗、入库前的挑选整理费用及购入材料应负担的税金（如关税等）和其他费用等。采购费用中有些能分清是某种材料负担的，可以直接记入该种材料的采购成本，如例4-15甲材料的运杂费就属于直接费用，直接记入甲材料的成本；有些不能分清是某种材料负担的，应采用合理的分配标准，如材料的重量、买价等比例，运用一定的方法，分配记入各种材料的采购成本。采购费用的分配，可用以下计算公式：

$$分配率 = \frac{采购费用总额}{材料的总重量（或总买价）}$$

$$每种材料应分摊的采购费用 = 该种材料的采购重量（或买价）\times 分配率$$

如例4-17由乙、丙两种材料共同负担的运杂费600元，按材料重量比例分配如下：

$$分配率 = \frac{600}{2\ 000 + 1\ 000} = 0.2(元/千克)$$

乙材料应分摊的采购费用 = 2 000 × 0.2 = 400(元)

丙材料应分摊的采购费用 = 1 000 × 0.2 = 200(元)

第二步，根据甲、乙、丙三种材料的材料采购明细分类账见表4-1～表4-3，编制入库材料的采购成本计算表，其格式见表4-4。

第三步，结转入库材料的采购成本。

甲、乙、丙三种材料实际采购成本确定以后，应从"在途物资"账户的贷方转入"原材料"账户的借方。根据表4-1～表4-3编制会计分录如下：

借：原材料——甲材料　　　　　　　　　　　　　　　　　25 300
　　　　　　——乙材料　　　　　　　　　　　　　　　　　100 400
　　　　　　——丙材料　　　　　　　　　　　　　　　　　12 200
　　贷：在途物资——甲材料　　　　　　　　　　　　　　　25 300
　　　　　　　　——乙材料　　　　　　　　　　　　　　　100 400
　　　　　　　　——丙材料　　　　　　　　　　　　　　　12 200

表 4-1　　　　　　　　　　　　在途物资明细分类账（一）

材料名称：甲材料　　　　　　　　　　　　　　　　　　　　　　　　　　单位：元

202×年		凭证号	摘　要	借方			贷方
月	日			买价	运杂费	合计	
	略	略	购入 820 千克，单价 25 元	20 500		20 500	
			支付运杂费		300	300	
			购入 180 千克，单价 25 元	4 500		4 500	
			结转 1 000 千克采购成本				25 300
			本期发生额及余额	25 000	300	25 300	25 300

表 4-2　　　　　　　　　　　　在途物资明细分类账（二）

材料名称：乙材料　　　　　　　　　　　　　　　　　　　　　　　　　　单位：元

202×年		凭证号	摘　要	借方			贷方
月	日			买价	运杂费	合计	
	略	略	购入 2 000 千克，单价 50 元	100 000		100 000	
			支付运杂费		400	400	
			结转 2 000 千克采购成本				100 400
			本期发生额及余额	100 000	400	100 400	100 400

表 4-3　　　　　　　　　　　　在途物资明细分类账（三）

材料名称：丙材料　　　　　　　　　　　　　　　　　　　　　　　　　　单位：元

202×年		凭证号	摘　要	借方			贷方
月	日			买价	运杂费	合计	
	略	略	购入 1 000 千克，单价 12 元	12 000		12 000	
			支付运杂费		200	200	
			结转 1 000 千克采购成本				12 200
			本期发生额及余额	12 000	200	12 200	12 200

表 4-4   在途物资成本计算表
202×年12月份   单位：元

项目	甲材料(1 000 千克)		乙材料(2 000 千克)		丙材料(1 000 千克)		成本合计
	总成本	单位成本	总成本	单位成本	总成本	单位成本	
买价	25 000	25	100 000	50	12 000	12	137 000
采购费用	300	0.3	400	0.2	200	0.2	900
采购成本	25 300	25.3	100 400	50.2	12 200	12.2	137 900

以上在途物资业务的总分类核算如图4.5所示。

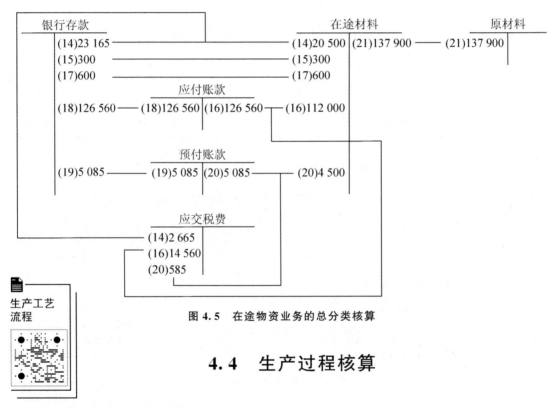

图 4.5　在途物资业务的总分类核算

4.4　生产过程核算

4.4.1　生产业务的主要内容

生产过程是制造企业经营活动的主要过程，是连接购进和销售的中心环节。在这一过程中，劳动者通过利用机器设备等劳动工具对各种材料进行加工，生产出符合社会需要的产品。这就会发生材料、人工和机器设备等固定资产的磨损耗费。产品完工后，随着产成品的验收入库，要正确计算完工产品的成本。可以说，企业的生产过程一方面是产品制造的过程，另一方面也是各种耗费发生的过程。因此，生产业务核算的主要内容就是归集和分配各项生产费用，确定产品的制造成本。

此外，在生产过程中还会发生为组织和管理生产活动而支付的各项费用，这些费用不构成产品的制造成本,是期间费用的一部分,计入管理费用。

4.4.2 生产业务核算应设置的账户

为了核算企业生产经营过程中所发生的各项生产费用,制造企业一般应设置"生产成本""制造费用""库存商品""累计折旧""管理费用""应付职工薪酬"(前文已有)等账户。

1. "生产成本"账户

核算内容:企业进行工业性生产发生的各项生产成本包括生产各种产品(产成品、自制半成品等)、自制材料、自制工具、自制设备等。

账户性质:属成本类账户。

明细账户:可按基本生产成本和辅助生产成本进行设置。

账户结构:借方登记为制造产品所发生的各项成本费用,包括直接材料、直接人工和制造费用;贷方登记已完工并验收入库产成品的实际成本;期末余额在借方,表示尚未加工完成的各项在产品成本。

2. "制造费用"账户

核算内容:企业生产车间(部门)为生产产品和提供劳务而发生的各项间接费用。

账户性质:属成本类账户。

明细账户:可按不同的生产车间、部门和费用项目进行设置。

账户结构:借方登记各项制造费用的发生额,贷方登记有关产品成本的各项制造费用的分配额,期末"制造费用"账户一般无余额。

3. "库存商品"账户

核算内容:企业库存的各种商品的实际或计划成本包括库存产成品、外购商品、存放在门市部准备出售的商品、发出展览的商品及寄存在外的商品。

账户性质:属资产类账户。

明细账户:可按商品的种类、品种和规格进行设置。

账户结构:借方登记已经完工并验收入库产品的成本;贷方登记发出产品的成本;期末余额在借方,表示库存产品成本。

4. "累计折旧"账户

核算内容:企业固定资产的累计折旧。

账户性质:属资产类账户。

明细账户:可按固定资产的类别或项目进行设置。

账户结构:贷方登记固定资产折旧的提取数和调入、盘盈固定资产的已提折旧额,即累计折旧的增加数;借方登记出售、报废、毁损和盘亏固定资产的已提折旧额,即累计折旧的减少数;期末余额在贷方,表示固定资产的累计折旧。

5. "管理费用"账户

核算内容:企业为组织和管理生产经营所发生的管理费用,包括企业在筹建期间的开办费、董事会和行政管理部门在企业经营管理中发生的或者应由企业统一负担的公司经费、工会经费、董事会会费、聘请中介机构费、咨询费、诉讼费、业务招待费、房产税、车船使用税、土地使用税、印花税、技术转让费、研究费用、排污费等。

账户性质：属损益类（费用）账户。

明细账户：可按费用项目进行设置。

账户结构：借方登记企业发生的各项管理费用；贷方登记转入"本年利润"账户的管理费用；期末结转后该账户无余额。

4.4.3 生产业务核算的会计处理

1. 材料费用的核算

制造企业在生产经营过程中要发生大量的材料费用。通常，生产部门或其他部门在领用材料时必须填制领料单，仓库部门根据领料单发出材料后，领料单的一联交给会计部门用以记账。会计部门对领料单进行汇总计算，按各部门及不同用途领用材料的数额分别记入有关账户。在实际工作中，材料费用的分配是通过编制"材料费用分配表"进行的。

【例4-22】某企业月末编制"材料费用分配表"见表4-5。

表4-5　　　　　　　　　材料费用分配表
202×年12月　　　　　　　　　　　　　　　　　单位：元

	应借科目	甲材料	乙材料	丙材料	合计
基本生产	A产品耗用	2 000		550	2 550
	B产品耗用		1 000	250	1 250
	小计	2 000	1 000	800	3 800
制造费用	基本生产车间耗用	500		700	1 200
管理费用	行政管理部门耗用		2 000		2 000
	合计	2 500	3 000	1 500	7 000

根据"材料费用分配表"可知，本月共发出材料7 000元，其中，直接用于A产品生产的2 550元，用于B产品生产的1 250元，应直接记入"生产成本"账户的借方，基本生产车间一般性耗用材料1 200元，不属于直接材料费用，应记入"制造费用"账户的借方；行政管理部门为组织和管理企业经营耗用的材料不计入产品成本，属于期间费用，应记入"管理费用"账户的借方；同时，仓库发出材料，使库存材料减少7 000元，记入"原材料"账户的贷方。该项经济业务编制会计分录如下。

借：生产成本——A产品　　　　　　　　　　　　　　　　2 550
　　　　　　——B产品　　　　　　　　　　　　　　　　1 250
　　制造费用　　　　　　　　　　　　　　　　　　　　　1 200
　　管理费用　　　　　　　　　　　　　　　　　　　　　2 000
　贷：原材料　　　　　　　　　　　　　　　　　　　　　　7 000

2. 人工费用的核算

人工费用包括"工资""职工福利""社会保险费""住房公积金""工会经费""职工教育经费""非货币性福利""辞退福利"等账户。在实际工作中，工资及职工福利等费用的分配是通过编制"工资及福利费用分配表"进行的。

【例 4-23】 月末，某企业根据工资和考勤记录，计算出应付职工工资总额 20 000 元，其中制造 A 产品生产工人工资 6 000 元，制造 B 产品生产工人工资 8 000 元，基本生产车间技术、管理人员工资 4 000 元，企业行政管理人员工资 2 000 元。

在生产经营活动中，所发生的工资费用增加，应按工资的用途进行分配。生产工人工资是直接费用，其增加数应记入"生产成本"账户的借方，基本生产车间技术、管理人员的工资属于间接费用，应记入"制造费用"账户的借方，企业行政管理人员的工资属于期间费用，不构成产品成本，应记入"管理费用"账户的借方。同时，由于企业所发生的工资并没有实际支付，因此，形成企业对职工的负债，应记入"应付职工薪酬"账户的贷方。该项经济业务编制会计分录如下：

借：生产成本——A 产品　　　　　　　　　　　　　　　　6 000
　　　　　　——B 产品　　　　　　　　　　　　　　　　8 000
　　制造费用　　　　　　　　　　　　　　　　　　　　　4 000
　　管理费用　　　　　　　　　　　　　　　　　　　　　2 000
　　贷：应付职工薪酬——工资　　　　　　　　　　　　　20 000

【例 4-24】 月末，某企业按本月工资总额提取职工福利费 2 800 元。

其中：制造 A 产品生产工人福利费　　　　　　　　　　　　　840
　　　制造 B 产品生产工人福利费　　　　　　　　　　　　1 120
　　　车间技术、管理人员福利费　　　　　　　　　　　　　560
　　　企业行政管理人员福利费　　　　　　　　　　　　　　280

合　计　　　　　　　　　　　　　　　　　　　　　　　　2 800

以职工工资总额为基数计提的福利费是企业费用的组成部分，其费用分配与工资分配一样，应记入有关成本和费用的借方，其中：A、B 产品工人的福利费应记入"生产成本"账户的借方，车间技术、管理人员的福利费应记入"制造费用"账户的借方，企业行政管理人员的福利费应记入"管理费用"账户的借方。对于提取的福利费用，在未使、用未支付之前，应视作企业的一项负债，记入"应付职工薪酬"账户的贷方。该项经济业务编制会计分录如下：

借：生产成本——A 产品　　　　　　　　　　　　　　　　840
　　　　　　——B 产品　　　　　　　　　　　　　　　　1 120
　　制造费用　　　　　　　　　　　　　　　　　　　　　560
　　管理费用　　　　　　　　　　　　　　　　　　　　　280
　　贷：应付职工薪酬——职工福利　　　　　　　　　　　2 800

3. 制造费用的归集和分配

如前所述，为组织和管理生产活动而发生的各项制造费用，不能直接计入产品的成本。为了正确计算产品的成本，必须将这些费用先记入"制造费用"账户，然后再按照一定的标准，将其分配计入有关产品成本。

【例 4-25】 月末，某企业计提固定资产折旧 4 500 元，其中，生产车间的固定资产折旧费 1 500 元，行政管理部门的固定资产折旧费 3 000 元。

该项经济业务的发生，一方面企业计提的生产车间的固定资产折旧费使制造费用增加 1 500 元，记入"制造费用"账户的借方，行政管理部门的固定资产折旧费使管理费用增加 3 000 元，应记入"管理费用"账户的借方；另一方面固定资产损耗的价值记入累计折旧，使累计折旧增加 4 500 元，记入"累计折旧"账户的贷方。该项经济业务编制会计分录如下。

借：制造费用　　　　　　　　　　　　　　　　　　　　　1 500
　　管理费用　　　　　　　　　　　　　　　　　　　　　　3 000
　　贷：累计折旧　　　　　　　　　　　　　　　　　　　　　　4 500

【例 4-26】 某企业用银行存款支付生产车间办公费（报刊费）200 元。

该项经济业务的发生，一方面使企业本期的制造费用增加 200 元；另一方面使银行存款减少 200 元。该项经济业务编制会计分录如下。

借：制造费用　　　　　　　　　　　　　　　　　　　　　　200
　　贷：银行存款　　　　　　　　　　　　　　　　　　　　　　200

【例 4-27】 月末，某企业用现金支付生产车间办公设备修理费 250 元。

该项经济业务的发生，一方面使本月制造费用增加 250 元，记入"制造费用"账户的借方；另一方面使库存现金减少 200 元，记入"库存现金"账户的贷方。该项经济业务编制会计分录如下。

借：制造费用　　　　　　　　　　　　　　　　　　　　　　250
　　贷：库存现金　　　　　　　　　　　　　　　　　　　　　　250

【例 4-28】 某企业用银行存款支付生产车间的办公费 200 元、电话费 98 元，行政管理部门办公费 820 元。

该项经济业务的发生，一方面使制造费用增加 298 元，记入"制造费用"账户的借方，管理费用增加 820 元，记入"管理费用"账户的借方；另一方面使银行存款减少 1 118 元，记入"银行存款"账户的贷方。该项经济业务编制会计分录如下。

借：制造费用　　　　　　　　　　　　　　　　　　　　　　298
　　管理费用　　　　　　　　　　　　　　　　　　　　　　　820
　　贷：银行存款　　　　　　　　　　　　　　　　　　　　　1 118

根据上述例 4-22 至例 4-28 的资料登记"制造费用"明细账，见表 4-6。

表 4-6　　　　　　　　　　　　　制造费用明细账

车间：基本生产车间　　　　　　　202×年12月　　　　　　　　　　单位：元

摘要	机物料消耗	工资及福利费	折旧费	报刊费	大修理费	办公费	电话费	合计	转出
付款凭证						200	98	298	
材料费用的分配	1 200							1 200	
工资及福利费用的分配		4 560						4 560	

续表

摘要	机物料消耗	工资及福利费	折旧费	报刊费	大修理费	办公费	电话费	合计	转出
折旧费用的分配			1 500					1 500	
车间的办公费						200		200	
办公设备修理费					250			250	
制造费用明细账									8 008
合计	1 200	4 560	1 500	200	250	200	98	8 008	8 008

【例 4-29】月末，某企业按 A、B 两种产品生产工人工资比例分配制造费用。

制造费用是产品成本的组成部分，平时发生的制造费用应在"制造费用"账户借方进行归集，期末需将制造费用按一定标准进行分配，记入有关产品成本。在实际工作中，制造费用分配的标准有生产工人工资、生产工人工时、机器工时、有关消耗定额等。分配标准确定以后，计算制造费用分配率，其计算公式为：

$$分配率 = \frac{本期制造费用总额}{确定的分配标准总量（生产工人总工资或总工时等）}$$

每种产品应分摊的制造费用＝该种产品实际耗用的标准量（生产工人实际工资或实际工时等）×分配率

该企业本月制造费用按生产工人工资比例分配如下。

制造费用分配率＝8 008÷14 000＝0.572
A 产品应负担的制造费用＝6 000×0.572＝3 432(元)
B 产品应负担的制造费用＝8 000×0.572＝4 576(元)

在实际工作中，制造费用的分配是通过编制"制造费用分配表"进行的，编制方法见表 4-7。

表 4-7　　　　　　　　　　　制造费用分配表
202×年 12 月 31 日

产品名称	分配标准(工资/元)	分配率	分配金额(元)
A 产品	6 000	0.572	3 432
B 产品	8 000	0.572	4 576
合计	14 000	—	8 008

制造费用分配后，一方面使有关产品成本增加，应记入"生产成本"账户的借方；另一方面应结转分配的制造费用，应记入"制造费用"账户的贷方。该项经济业务编制会计分录如下。

借：生产成本——A 产品　　　　　　　　　　　　　　　　　　　3 432
　　　　　　——B 产品　　　　　　　　　　　　　　　　　　　4 576
　　贷：制造费用　　　　　　　　　　　　　　　　　　　　　　8 008

4. 完工产品生产成本的计算及结转

产品生产成本，又称产品制造成本，是指制造企业为生产一定种类、一定数量的产品所支出的各种生产费用总和。产品生产成本的计算是指将生产过程中发生的，应计入产品成本的生产费用，按照产品品种或类别进行归集和分配，计算出各种产品的总成本和单位成本。

产品生产成本计算的一般程序如下。

第一步，确定成本计算对象。

成本计算对象就是归集和分配生产费用的对象，是成本计算所要解决的主要问题。在计算产品成本时，只有确定成本计算对象后，才能把发生的各项生产费用归集、分配到一定产品上去。成本计算对象的确定要适应企业生产特点和管理要求，通常有以下几种成本计算对象。

(1) 以产品品种为成本计算对象。

(2) 以生产步骤为成本计算对象。

(3) 以产品批次为成本计算对象。

成本计算对象确定后，按每个成本计算对象开设生产成本明细账，归集生产费用，计算产品成本。

第二步，确定产品成本项目。

成本项目是指生产费用按经济用途分类的项目。按照制造成本法的要求，产品成本项目包括直接材料费、直接人工费和制造费用。

(1) 直接材料费指直接用于产品生产的各种材料费用，包括构成产品实体的原料、主要材料与外购半成品，有助于产品形成的辅助材料、包装物以及便于生产进行的燃料和动力等。

(2) 直接人工费指直接参加产品制造过程的生产工人的工资、奖金、津贴、补贴以及按照规定提取的职工福利费。

(3) 制造费用指企业内部各个生产部门(分厂、车间)为组织和管理生产所发生的各项费用，包括：生产部门管理人员工资、职工福利、社会保险、生产部门房屋建筑物及机器设备等的折旧费、租赁费(不含融资租赁费)、修理费、机物料消耗、低值易耗品、取暖费、水电费、办公费、差旅费、劳动保护费、季节性或修理期间的停工损失及其他制造费用。

第三步，正确归集和分配生产费用。

成本计算对象确定以后，应根据成本计算的要求，对本期发生的各项生产费用在各成本计算对象之间进行归集和分配。在生产经营过程中，所发生的计入成本的各项生产费用，如果只为某一种产品所消耗，应直接计入该产品成本，不存在各种产品之间进行分配的问题，但如果是为几种产品所消耗，应按一定标准分配后计入产品成本。

第四步，费用在完工产品和月末在产品之间的分配。

月末计算产品成本时，如果某种产品都已完工，这种产品的各项费用之和，就是这种产品的完工产品成本，如果某种产品都未完工，这种产品的各项生产费用之和，就是这种产品的期末在产品成本；如果某种产品一部分已经完工，另一部分尚未完工，这种产品的各项费用，还应采用适当的分配方法在完工产品与期末在产品之间进行分配，分别计算完工产品成本和期末在产品成本。公式如下：

期初在产品成本＋本期生产费用＝本期完工产品成本＋期末在产品成本

本期完工产品成本＝期初在产品成本＋本期生产费用－期末在产品成本

期末在产品成本＝期初在产品成本＋本期生产费用－本期完工产品成本

第五步，编制成本计算单。

在成本计算过程中，为系统地归集、分配各种应计入成本计算对象的费用，必须按成本计算对象及规定的成本项目分别设置和登记有关费用、成本明细账，然后根据这些费用、成本明细账中的有关成本资料，按规定的成本项目编制成本计算单，借以计算确定各种成本计算对象的总成本和单位成本，全面、系统地反映各种成本指标的经济构成和形成情况。

根据前述例4-22至例4-29的资料，登记A、B两种产品生产成本明细账，见表4-8和表4-9。

表 4-8 生产成本明细账

产品品种或类别：A产品　　　　202×年12月　　　　　　　　　　　单位：元

202×年		凭证字号	摘要	借方(成本项目)				贷方	余额
月	日			直接材料	直接人工	制造费用	合计		
略	略	略	期初余额	850	2 400	1 080	4 330		4 330
			生产耗用材料	2 550			2 550		6 880
			生产工人工资		6 000		6 000		12 880
			生产工人福利		840		840		13 720
			分配制造费用			3 432	3 432		17 152
			结转完工产品成本					17 152	0
			本月合计	3 400	9 240	4 512	17 152	17 152	0

表 4-9 生产成本明细账

产品品种或类别：B产品　　　　202×年12月　　　　　　　　　　　单位：元

202×年		凭证字号	摘要	借方(成本项目)				贷方	余额
月	日			直接材料	直接人工	制造费用	合计		
略	略	略	期初余额	600	3 020	1 142	4 762		4 762
			生产耗用材料	1 250			1 250		6 012
			生产工人工资		8 000		8 000		14 012
			生产工人福利		1 120		1 120		15 132
			分配制造费用			4 576	4 576		19 708
			结转完工产品成本					17 776.21	1 931.79
			本月合计	1 850	12 140	5 718	19 708	17 776.21	1 931.79

【例 4-30】 某企业本月 A、B 产品投产数量和完工数量见表 4-10，B 产品月末在产品成本采用约当产量进行分摊，B 产品原材料一次性投入，B 产品本月月末在产品完工率 50%。

表 4-10　　　　　　　　　　　产品投产数量和完工数量

202×年 12 月　　　　　　　　　　　　　　　　　单位：件

产品名称	月初在产品数量	本月投产数量	本月完工数量	月末在产品数量	约当产量
A 产品	10	30	40	—	40
B 产品	20	40	50	10	55*

＊约当产量＝50＋10×50％＝55 件

根据以上资料计算 A、B 产品成本并填制 A、B 产品成本计算单，见表 4-11 和表 4-12。

表 4-11　　　　　　　　　　　产品成本计算单

产品：A　　　　　　　　　202×年 12 月　　　　　完工产量 40 件　　　　　单位：元

成本项目	直接材料	直接人工	制造费用	合计
月初产品成本	850	2 400	1 080	4 330
本月生产成本	2 550	6 840	3 432	12 822
合计	3 400	9 240	4 512	17 152
单位完工产品成本	85	231	112.80	428.80
完工产品成本	3 400	9 240	4 512	17 152

表 4-12　　　　　　　　　　　产品成本计算单

202×年 12 月　　　　　　　　完工数量 50 件

产品：B　　　　　　　　月末在产品数量 10 件　　　　　　单位：元

成本项目	直接材料	直接人工	制造费用	合计
月初产品成本	600	3 020	1 142	4 762
本月生产成本	1 250	9 120	4 576	14 946
合计	1 850	12 140	5 718	19 708
单位完工产品成本	30.83	220.72	103.96	355.52
完工产品成本	1 541.67	11 036.36	5 198.18	17 776.21
月末在产品成本	308.33	1 103.64	519.82	1 931.79

本月完工的 A、B 两种产品已经验收入库，结转本月完工产品成本。

随着本月完工产品的入库，一方面库存商品增加 34 928.21 元，记入"库存商品"账户的借方；另一方面生产成本减少 34 928.21 元，记入"生产成本"账户的贷方。该项经济业务编制会计分录如下：

借：库存商品——A 产品   17 152
            ——B 产品   17 776.21
    贷：生产成本——A 产品   17 152
            ——B 产品   17 776.21

以上生产业务的总分类核算如图 4.6 所示。

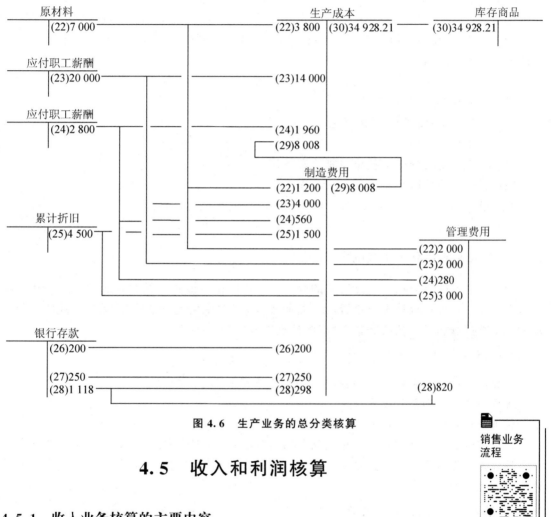

图 4.6　生产业务的总分类核算

4.5　收入和利润核算

4.5.1　收入业务核算的主要内容

　　制造企业的销售过程是生产经营活动的最后阶段，是产品价值的实现过程。在这一过程中，一方面将生产出来的符合标准的产品，按照合同规定的条件发送给定货单位，以满足社会消费的需要；另一方面，按照销售价格和结算制度的规定，向购货方办理结算手续，及时收取货款或形成债权，通常把这种货款或债权称作商品销售收入。在商品销售过程中，企业为取得一定数量的销售收入，必须付出相应数量的产品，为制造这些销售产品而耗费的生产成本，称为商品销售成本。为了将产品销售出去，还会发生各种费用，如广告费、包装费、装卸费和运输费等，称作销售费用。企业在取得销售收入时，应按照国家税法规定，计算缴纳企业生产经营活动应负担的税金，称作商品销售税金及附加。

综上所述,销售业务核算的主要内容包括销售产品,办理价款结算并确认所取得的营业收入;同时按照配比原则,确认并结转营业成本、销售费用、税金及附加等。

4.5.2 收入的确认

根据《企业会计准则——基本准则》规定,收入是指企业日常活动形成的、会导致所有者权益增加的、与所有者投入资本无关的经济利益的流入,包括销售商品收入、提供劳务收入和让渡资产的使用权收入,建造合同收入等。制造企业的收入主要是销售产品而实现的收入。

根据《企业会计准则——收入》,收入确认和计量大致分为五步。
(1) 识别与客户订立的合同。
(2) 识别合同中的单项履约义务。
(3) 确定交易价格。
(4) 将交易价格分摊至各单项履约义务。
(5) 履行各单项履约义务时确认收入。

上述第(1)、第(2)和第(5)步主要与收入的确认有关,第(3)和第(4)步主要与收入的计量有关。

4.5.3 收入业务核算应设置的账户

为了正确反映企业销售产品实现的收入、发生的销售成本、销售税金、销售费用及往来结算情况,在会计核算中应设置"主营业务收入""主营业务成本""销售费用""税金及附加""应收账款""预收账款""应收票据"等账户。

1. "主营业务收入"账户

核算内容:企业确认的销售商品、提供劳务等主营业务的收入。

账户性质:属损益类账户。

明细账户:可按主营业务的种类进行设置。

账户结构:贷方登记企业销售商品(包括产成品、自制半成品等)或让渡资产使用权所实现的收入;借方登记发生的销售退回和期末转入"本年利润"账户的收入,期末结转后该账户应无余额。

2. "主营业务成本"账户

核算内容:企业确认销售商品、提供劳务等主营业务收入时应结转的成本。

账户性质:属损益类账户。

明细账户:可按主营业务的种类进行设置。

账户结构:借方登记结转已售商品、提供的各种劳务等的实际成本;贷方登记当月发生销售退回的商品成本(未直接从本月销售成本中扣减的销售退回的成本)和期末转入"本年利润"账户的当期销售产品成本;期末结转后该账户应无余额。

3. "销售费用"账户

核算内容:企业销售商品、提供劳务过程中发生的各种费用,包括运输费、装卸费、包装费、保险费、展览费和广告费,以及为销售本企业商品而专设的销售机构(含销售网点、售后服务网点等)的职工工资、业务费、折旧费等经营费用。

账户性质:属损益类账户。

明细账户:可按费用项目进行设置。

账户结构:借方登记发生的各种销售费用;贷方登记转入"本年利润"账户的销售费用;期末结转后该账户应无余额。

4."税金及附加"账户

核算内容:企业日常活动应负担的税金及附加,包括消费税、城市维护建设税、资源税和教育费附加等相关税费。房产税、车船使用税、土地使用税、印花税在"管理费用"科目核算。但与投资性房地产相关的房产税、土地使用税在本科目核算。

三分钟让你了解所得税与会计差别

因为漏缴增值税被罚款,太亏了!

账户性质:属损益类账户。

明细账户:可按税种进行设置。

账户结构:借方登记按照规定计算应由主营业务负担的税金及附加;贷方登记企业收到的先征后返的消费税等原记入本科目的各种税金,以及期末转入"本年利润"账户中的税金及附加。期末结转后本账户应无余额。

5."应收账款"账户

核算内容:企业因销售商品、提供劳务等,应向购货单位或接受劳务单位收取的款项。不单独设置"预收账款"账户的企业,预收的账款也在本账户核算。

账户性质:属资产类账户。

明细账户:可按债务人进行设置。

账户结构:借方登记经营收入发生的应收款项;贷方登记实际收到的应收款项和转作坏账损失的应收款项;项月末余额在借方,表示应收但尚未收回的款项,期末如为贷方余额,反映企业预收的款项。

6."预收账款"账户

核算内容:企业按照合同规定向购货单位预收的款项。预收账款不多的企业可不设本科目,将预收的款项直接记入"应收账款"科目。

账户性质:属负债类账户。

明细账户:可按购货单位进行设置。

账户结构:贷方登记预收购货单位的款项和购货单位补付的款项;借方登记向购货单位发出商品销售实现的货款和退回多付的款项;该账户期末余额一般在贷方,表示预收购货单位的款项。

7."应收票据"账户

核算内容:企业因销售商品、提供劳务等而收到的商业汇票,包括银行承兑汇票和商业承兑汇票。

账户性质：属资产类账户。

明细账户：可按开出、承兑商业汇票的单位进行设置。

账户结构：借方登记企业收到承兑方签字的商业汇票金额；贷方登记票据到期时收到或未收到的款项；该账户期末余额一般在借方，表示尚未到期的应收票据款项。

4.5.4 收入业务核算的会计处理

1. 销售收入的核算

【例4-31】 某企业销售A产品30件，每件售价1 500元，货款共计45 000元，增值税5 850元，款项已存入银行。

该项经济业务的发生，一方面使企业银行存款增加50 850元，应记入"银行存款"账户的借方；另一方面使企业主营业务收入增加45 000元，应记入"主营业务收入"账户的贷方；企业向购货方收取的增值税销项税额增加5 850元，应记入"应交税费——应交增值税（销项税额）"账户的贷方。该项经济业务编制会计分录如下。

借：银行存款　　　　　　　　　　　　　　　　　　　　　　　　50 850
　　贷：主营业务收入——A产品　　　　　　　　　　　　　　　　45 000
　　　　应交税费——应交增值税（销项税额）　　　　　　　　　　5 850

【例4-32】 某企业销售B产品30件，每件2 000元，货款共计60 000元，增值税7 800元，商品已发出，款项尚未收到。

该项经济业务的发生，一方面使企业应收账款增加67 800元，应记入"应收账款"账户的借方；另一方面使企业主营业务收入增加60 000元，应记入"主营业务收入"账户的贷方；企业向购货方应收取的增值税销项税额增加7 800元，应记入"应交税费——应交增值税（销项税额）"账户的贷方。该项经济业务编制会计分录如下。

借：应收账款　　　　　　　　　　　　　　　　　　　　　　　　67 800
　　贷：主营业务收入——B产品　　　　　　　　　　　　　　　　60 000
　　　　应交税费——应交增值税（销项税额）　　　　　　　　　　7 800

【例4-33】 根据合同规定，某企业预收购货单位购买B产品价款46 800元，存入银行。

该项经济业务的发生，一方面使企业预收账款增加46 800元，应记入"预收账款"账户的贷方；另一方面使企业银行存款增加46 800元，应记入"银行存款"账户的借方。该项经济业务编制会计分录如下。

借：银行存款　　　　　　　　　　　　　　　　　　　　　　　　46 800
　　贷：预收账款　　　　　　　　　　　　　　　　　　　　　　　46 800

【例4-34】 某企业向上述预付货款的购货单位发出B商品20件，单价2 000元，价款40 000元，增值税5 200元。

该项经济业务的发生，一方面使企业预收账款减少45 200元，应记入"预收账款"账户的借方；另一方面使企业主营业务收入增加40 000元，应记入"主营业务收入"账户的贷方；企业向购货方收取的增值税销项税额增加5 200元，应记入"应交税费——应交增值税(销项税额)"账户的贷方。该项经济业务编制会计分录如下。

  借：预收账款 45 200
   贷：主营业务收入——B产品 40 000
    应交税费——应交增值税(销项税额) 5 200

【例 4-35】 某企业接到银行通知，收到前述销售 B 产品的销货款 67 800 元。

该项经济业务的发生，一方面使企业银行存款增加 67 800 元，应记入"银行存款"账户的借方；另一方面使企业应收账款减少 67 800 元，应记入"应收账款"账户的贷方。该项经济业务编制会计分录如下。

  借：银行存款 67 800
   贷：应收账款 67 800

2. 销售费用的核算

【例 4-36】 某企业以银行存款支付销售产品的广告费 1 000 元，销货运杂费 500 元。

该项经济业务的发生，一方面使企业销售费用增加 1 500 元，应记入"销售费用"账户的借方；另一方面使企业银行存款减少 1 500 元，应记入"银行存款"账户的贷方。该项经济业务编制会计分录如下。

  借：销售费用 1 500
   贷：银行存款 1 500

3. 税金及附加的核算

【例 4-37】 某企业按规定计算 A、B 两种产品本期应交纳的消费税为 8 200 元。

企业因销售商品应交纳消费税，一方面，消费税增加 8 200 元，应记入"税金及附加"账户的借方；另一方面，消费税税款尚未实际支付，形成企业的一项负债，使应交税费增加 8 200 元，应记入"应交税费"账户的贷方。该项经济业务编制会计分录如下。

  借：税金及附加 8 200
   贷：应交税费——应交消费税 8 200

4. 主营业务成本的结转

【例 4-38】 月末，某企业计算并结转已售商品的销售成本，其中 A 产品的销售成本为 12 000 元，B 产品的销售成本为 15 000 元。

该项经济业务说明，结转 A、B 产品的销售成本，一方面使主营业务成本增加 27 000元，应记入"主营业务成本"账户的借方；另一方面，产成品减少 27 000 元，应记入"库存商品"账户的贷方。该项经济业务编制会计分录如下。

  借：主营业务成本——A产品 12 000
       ——B产品 15 000
   贷：库存商品——A产品 12 000
      ——B产品 15 000

以上收入业务的总分类核算如图 4.7 所示。

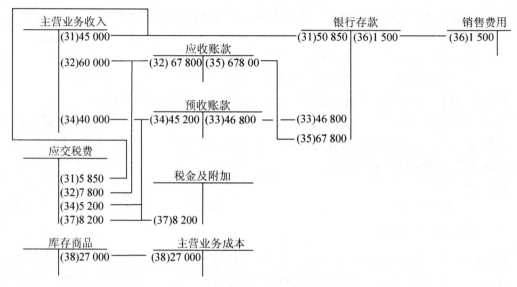

图 4.7 收入业务的总分类核算

4.5.5 利润的核算

1. 利润形成的核算

（1）利润的形成。

利润是企业在一定期间生产经营活动的最终成果，即企业在一定会计期间内实现的收入减去成本费用后的净额、直接计入当期利润的利得和损失等。利润有营业利润、利润总额和净利润之分，其构成和它们之间的关系如下。

营业利润＝营业收入－营业成本－税金及附加－管理费用－
　　　　　财务费用－资产减值损失＋公允价值变动净收益＋投资净收益

利润总额＝营业利润＋营业外收入－营业外支出

净利润＝利润总额－所得税费用

（2）利润形成核算应设置的账户。

企业应设置"主营业务收入""其他业务收入""主营业务成本""财务费用""管理费用""销售费用""营业外收入""营业外支出""投资收益""公允价值变动损益""资产减值损失""所得税费用"等损益类账户对利润进行核算。

①"营业外收入"账户。

核算内容：企业发生的各种营业外收入，主要包括非流动资产处置利得、非货币性资产交换利得、债务重组利得、政府补助、盘盈利得、捐赠利得等。

账户性质：属损益类账户。

明细账户：可按营业外收入项目进行设置。

账户结构：贷方登记企业取得的营业外收入；借方登记转入"本年利润"账户的金额；结转后期末没有余额。

②"营业外支出"账户。

核算内容：企业发生的各种营业外支出，主要包括非流动资产处置损失、非货币性资产交换损失、债务重组损失、公益性捐赠支出、非常损失、盘亏损失等。

账户性质：属损益类账户。

明细账户：可按营业外支出项目进行设置。

账户结构：借方登记企业发生的营业外支出；贷方登记转入"本年利润"账户的金额；结转后期末没有余额。

③ "投资收益"账户。

核算内容：企业投资收益或投资损失。

账户性质：属损益类账户。

明细账户：可按投资项目进行设置。

账户结构：贷方登记企业取得的投资收益；借方登记企业发生的投资损失及转入"本年利润"账户的金额；结转后期末没有余额。

④ "所得税费用"账户。

核算内容：企业确认的应从当期利润总额中扣除的所得税费用。

账户性质：属损益类账户。

明细账户：可按"当期所得税费用""递延所得税费用"进行设置。

账户结构：借方登记当期确认的所得税费用；贷方登记转入"本年利润"账户的金额；结转后本账户没有余额。

⑤ "本年利润"账户。

核算内容：企业当期实现的净利润（或发生的净亏损）。

账户性质：属所有者权益类账户。

账户结构：贷方登记期末从损益类账户转入的利润增加项目的金额；贷方登记从损益类账户转入的利润减少项目的金额；结转后本账户的贷方余额为当期实现的净利润，借方余额为当期发生的净亏损。年度终了，应将本年实现的利润，从本账户的借方结转至"利润分配"账户的贷方；如为净亏损则作相反的处理。结转后本账户没有余额。

(3) 利润形成核算的会计处理。

【例 4-39】 某企业收到违约罚款 15 000 元，存入银行。

该项经济业务的发生，一方面使银行存款增加 15 000 元，应记入"银行存款"账户的借方；另一方面使营业外收入增加 15 000 元，应记入"营业外收入"账户的贷方。该项经济业务编制会计分录如下。

借：银行存款 15 000
  贷：营业外收入 15 000

【例 4-40】 某企业以银行存款 3 000 元支付税款滞纳金。

该项经济业务的发生，一方面表明以银行存款支付的滞纳金与正常业务经营无关，使营业外支出增加 3 000 元，应记入"营业外支出"账户的借方；另一方面使银行存款减少 3 000 元，应记入"银行存款"账户的贷方。该项经济业务编制会计分录如下。

借：营业外支出 3 000
  贷：银行存款 3 000

【例 4-41】 某企业收到从其他单位分得的投资利润 8 000 元，存入银行。

该项经济业务的发生，一方面使银行存款增加 8 000 元，应记入"银行存款"账户的借方;另一方面使投资收益增加 8 000 元,应记入"投资收益"账户的贷方。该项经济业务编制会计分录如下。

  借:银行存款   8 000
    贷:投资收益   8 000

【例 4-42】 期末,某企业按照 25% 的所得税税率计算本期应交所得税费用。

根据本章前述例题,计算本期利润总额得:

$$利润总额 = 营业利润 + 投资收益 + 营业外收入 - 营业外支出$$
$$= 100\ 000 + 8\ 000 + 15\ 000 - 3\ 000 = 120\ 000(元)$$

假设该企业不存在需要调整纳税的所得,按实现的利润总额 120 000 元计算应纳所得税费用如下。

$$应纳所得税费用 = 120\ 000 \times 25\% = 30\ 000(元)$$

计算出的企业应纳所得税费用,一方面反映企业所得税费用增加 30 000 元,应记入"所得税费用"账户的借方;另一方面所得税费用在未实际发生支付前形成企业的一项负债,使企业应交税费增加 30 000 元,应记入"应交税费"账户的贷方。该项经济业务编制会计分录如下。

  借:所得税费用   30 000
    贷:应交税费——应交所得税   30 000

【例 4-43】 某企业以银行存款向税务部门缴纳所得税费用 30 000 元。

该项经济业务的发生,一方面使企业应交税费减少 30 000 元,应记入"应交税费"账户的借方;另一方面使银行存款减少 30 000 元,应记入"银行存款"账户的贷方。该项经济业务编制会计分录如下。

  借:应交税费——应交所得税   30 000
    贷:银行存款   30 000

【例 4-44】 期末,将各项收入账户余额从借方转入"本年利润"账户的贷方。根据前述例题,"主营业务收入"账户贷方余额为 145 000 元,"投资收益"账户贷方余额为 8 000 元,"营业外收入"账户贷方余额为 15 000 元。编制结转会计分录如下。

  借:主营业务收入   145 000
    投资收益   8 000
    营业外收入   15 000
    贷:本年利润   168 000

【例 4-45】 期末,将各项成本费用、支出账户余额从贷方转入"本年利润"账户的借方。根据前述例题,"主营业务成本"账户借方余额为 27 000 元,"税金及附加"账户借方余额为 8 200 元,"销售费用"账户借方余额为 1 500 元,"管理费用"账户借方余额为 8 100 元,"财务费用"账户借方余额为 200 元,"营业外支出"账户借方余额为 3 000 元,"所得税费用"账户借方余额为 30 000 元。编制结转会计分录如下。

  借:本年利润   78 000
    贷:主营业务成本   27 000
      税金及附加   8 200
      管理费用   8 100

销售费用	1 500
财务费用	200
营业外支出	3 000
所得税费用	30 000

以上利润形成的总分类核算如图 4.8 所示。

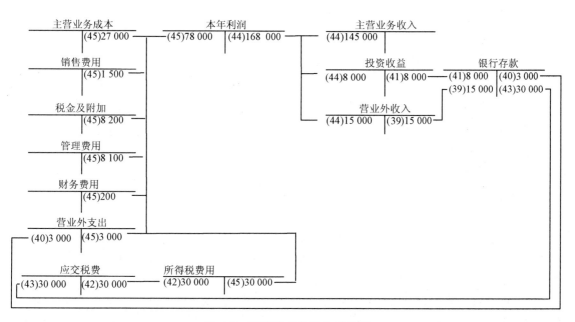

图 4.8 利润形成的总分类核算

2. 利润分配的核算

(1) 利润分配的内容及顺序。

企业实现的净利润,应当按照《中华人民共和国公司法》(以下简称《公司法》)的有关规定在企业和投资人之间进行分配。其分配的主要内容和顺序如下。

新闻速递

① 提取法定盈余公积。按《公司法》和《企业财务通则》的规定,企业一般应按照当年实现净利润的 10% 的比例提取法定盈余公积。企业提取的法定盈余公积累计为其注册资本的 50% 以上的,可以不再提取。企业提取的法定盈余公积主要用于弥补亏损和转增资本。

② 提取任意盈余公积。当企业从净利润中提取了法定盈余公积后剩余的利润较多时,应由公司股东大会、董事会或类似权力机构批准确定是否提取任意盈余公积以及提取的比例。

③ 向投资者分配利润。企业计提盈余公积后的净利润,加上年初未分配利润为当年可供分配的利润,可在各投资者之间按照投资比例进行分配。可供分配的利润,在经过上述分配后,即为未分配利润,未分配利润可留待以后年度进行分配。

(2) 利润分配核算应设置的账户。

企业应设置"利润分配""盈余公积""应付股利"等账户进行利润分配的核算。

① "利润分配"账户。

核算内容:企业利润分配(或亏损的弥补)和历年分配(或弥补)后的余额。

账户性质：属所有者权益类账户。

明细账户：可按"提取法定盈余公积""提取任意盈余公积""应付股利或利润""转作股东的股利""盈余公积补亏""未分配利润"等进行设置。

账户结构：借方登记按规定实际分配的利润额，或年终时从"本年利润"账户的贷方转来的全年亏损总额；贷方登记年终时从"本年利润"账户借方转来的全年实现的净利润额；年终贷方余额表示历年积存的未分配利润，如为借方余额，则表示历年积存的未弥补亏损。

②"盈余公积"账户。

核算内容：企业从净利润中提取的盈余公积。

账户性质：属所有者权益类账户。

明细账户：可按"法定盈余公积""任意盈余公积"进行设置。

账户结构：贷方登记从净利润中提取的盈余公积的增加数；借方登记以盈余公积转增资本、弥补亏损的数额；期末余额在贷方，表示企业提取的盈余公积实际结存数额。

③"应付股利"账户。

核算内容：企业分配的现金股利或利润。

账户性质：属负债类账户。

明细账户：可按投资者进行设置。

账户结构：贷方登记根据通过的股利或利润分配方案，应支付的现金股利或利润；借方登记实际支付数；期末余额在贷方，表示企业尚未支付的现金股利或利润。

（3）利润分配核算的会计处理。

【例4-46】 某企业根据规定按净利润的10%提取法定盈余公积金（某企业1～11月实现净利润759 600元）。

应提取的法定盈余公积金＝(759 600＋120 000－30 000)×10%＝84 960(元)

该项经济业务说明，企业计提法定盈余公积金，属于利润分配的增加，一方面利润分配增加84 960元，应记入"利润分配"账户的借方；另一方面法定盈余公积金增加84 960元，应记入"盈余公积"账户的贷方。编制会计分录如下。

借：利润分配——提取法定盈余公积　　　　　　　　　　　　　　　84 960
　　　贷：盈余公积——法定盈余公积　　　　　　　　　　　　　　　84 960

【例4-47】 某企业根据批准的利润分配方案，向投资者分配利润150 000元。

该项经济业务说明，企业向投资者分配利润，表示利润分配的增加，一方面利润分配增加150 000元，应记入"利润分配"账户的借方；另一方面向投资者分配利润在没有实际支付之前，形成了企业的一项负债，应记入"应付股利"账户的贷方。编制会计分录如下。

借：利润分配——应付利润　　　　　　　　　　　　　　　　　　　150 000
　　　贷：应付股利　　　　　　　　　　　　　　　　　　　　　　　150 000

【例4-48】 年终决算时，某企业结转全年实现的净利润849 600元（某企业1～11月实现净利润759 600元）。

年终决算时，企业应将全年实现的净利润自"本年利润"账户转入"利润分配——未分配利润"账户，结平"本年利润"账户。编制结转会计分录如下。

借：本年利润　　　　　　　　　　　　　　　　　　　　　　　　　849 600
　　　贷：利润分配——未分配利润　　　　　　　　　　　　　　　　849 600

【例4-49】 年终决算时,某企业将"利润分配"账户所属的各明细分类账户的贷方合计数 276 000 元结转到"利润分配——未分配利润"明细分类账户的借方。编制会计分录如下。

借:利润分配——未分配利润　　　　　　　　　　　　　　　276 000
　　贷:利润分配——提取法定盈余公积　　　　　　　　　　　126 000
　　　　　　　　——应付利润　　　　　　　　　　　　　　　150 000

以上利润分配业务的总分类核算和明细分类账如图4.9所示。

图 4.9 利润分配业务的总分类核算和明细分类账核算

4.6 资金退出核算

在企业资金周转过程中,有些资金会离开周转过程,退出企业,如企业偿还各项债务、上缴各项税金、向所有者支付利润等。这些退出企业资金周转的部分,在退出同时减少了企业的资源和负债及所有者权益。

4.6.1 资金退出企业概述

资金退出企业是资金运动的终点。企业向银行借入的款项,在借款期满时要予以归还;企业采购材料等各项物资暂欠的款项,也要予以归还;企业提取的职工福利费要用于职工的福利,从而形成了资金的退出。同时,企业的资金经过供应过程、生产过程和销售过程的经营活动,获得了增值。增值中的一部分以税金的形式上缴国家,作为国家的财政收入;另一部分以应付利润的形式分配给投资者,这也形成了退出企业资金。

4.6.2 资金退出企业核算应设置的账户及其运用

为了核算和监督资金退出企业的情况,应设置"短期借款""长期借款""应付账款""应付职工薪酬""应交税费""应付股利"等账户。

【例4-50】 某企业以银行存款归还短期借款 50 000 元。
这笔经济业务的发生,减少了短期借款,同时也减少了银行存款,作分录如下。
借:短期借款　　　　　　　　　　　　　　　　　　　　　　　50 000
　　贷:银行存款　　　　　　　　　　　　　　　　　　　　　　50 000

【例4-51】 某企业以银行存款偿还前欠光华工厂货款 75 000 元。
这笔经济业务的发生,减少了应付账款,同时也减少了银行存款,作分录如下。
借:应付账款　　　　　　　　　　　　　　　　　　　　　　　75 000

　　　　贷：银行存款　　　　　　　　　　　　　　　　　　　　　　75 000

【例4-52】　某企业职工报销医药费360元，以现金付讫。

这笔经济业务的发生，减少了应付职工薪酬，同时也减少了库存现金，作分录如下。

　　借：应付职工薪酬　　　　　　　　　　　　　　　　　　　　360
　　　　贷：库存现金　　　　　　　　　　　　　　　　　　　　　　360

【例4-53】　某企业以银行存款交纳消费税6 720元，所得税4 620元。

这笔经济业务的发生，减少了应交税金，同时也减少了银行存款，作分录如下。

　　借：应交税费——应交消费税　　　　　　　　　　　　　　6 720
　　　　　　　　——应交所得税　　　　　　　　　　　　　　4 620
　　　　贷：银行存款　　　　　　　　　　　　　　　　　　　　11 340

【例4-54】　某企业以银行存款分配给投资者利润6 566元。

这笔经济业务的发生，减少了应付利润，同时也减少了银行存款，作分录如下。

　　借：应付股利　　　　　　　　　　　　　　　　　　　　　6 566
　　　　贷：银行存款　　　　　　　　　　　　　　　　　　　　6 566

新闻速递

本 章 小 结

　　制造企业的主要业务包括资金筹集、供应、生产、销售、资金收回和资金退出等。

　　资金筹集过程的核算主要包括投入资本业务核算和借入资金的核算。

　　供应过程的核算包括的固定资产购入、材料采购业务的核算、材料采购成本的确定，"在途物资"账户、"原材料"账户以及往来账户的性质、用途和结构及供应过程主要经济事项的会计处理。

　　产品生产过程的核算包括产品生产成本的确定，"生产成本""制造费用"等账户的性质、用途和结构及生产过程主要经济事项的会计处理。

　　收入业务的核算，以及与收入业务有关的各个损益类账户的具体运用。

　　财务成果业务的核算包括财务成果形成业务和分配业务，"本年利润"和"利润分配"等账户的内容及财务成果形成及分配的会计处理。

　　资金退出业务的核算。

课 后 测 试

一、单项选择题

1. 下列会计分录中，属于简单会计分录的是（　　）的会计分录。

　　A. 一借多贷　　　　　　　　B. 一贷多借
　　C. 一借一贷　　　　　　　　D. 多借多贷

2. 资产类账户贷方记减少数，借方记增加数，其余额（　　）。

　　A. 在贷方　　　　　　　　　B. 在借方
　　C. 一般在借方，其备抵调整账户的余额在贷方

D. 期末无余额

3. 甲企业购进材料 100 吨, 货款计 1 000 000 元, 途中发生定额内损耗 1 000 元, 并以银行存款支付该材料的运杂费 1 000 元, 保险金 5 000 元, 增值税进项税额为 130 000 元。则该材料的采购成本为(   )元。

A. 1 000 000　　　　　　　　B. 1 005 000
C. 1 006 000　　　　　　　　D. 1 175 000

4. 下列各项目中, 应记入"制造费用"账户的是(   )。

A. 生产产品耗用的材料　　　B. 机器设备的折旧费
C. 生产工人的工资　　　　　D. 行政管理人员的工资

5. "期间费用"类账户期末应(   )。

A. 有借方余额
B. 有贷方余额
C. 有时在借方, 有时在贷方出现余额
D. 无余额

6. "生产成本"账户的期末借方余额表示(   )。

A. 完工产品成本　　　　　　B. 半成品成本
C. 本月生产成本合计　　　　D. 期末在产品成本

7. 某企业本月支付厂部管理人员工资 15 000 元, 预支付厂部半年(含本月)修理费 1 200 元, 生产车间保险费 3 000 元。该企业本月管理费用发生额为(   )。

A. 15 000 元　　　　　　　　B. 16 200 元
C. 15 200 元　　　　　　　　D. 19 200 元

8. 计算确认销售产品应交销售税金, 应贷记的科目是(   )。

A. "主营业务收入"　　　　　B. "税金及附加"
C. "应交税费"　　　　　　　D. "所得税费用"

9. 某企业"本年利润"账户 5 月末账面余额为 58 万元, 表示(   )。

A. 5 月份实现的利润总额
B. 1~5 月份累计实现的营业利润
C. 1~5 月份累计实现的利润总额
D. 1~5 月份累计实现的产品销售利润

10. 企业实际收到投资者投入的资金属于企业所有者权益中的(   )。

A. 固定资产　　　　　　　　B. 银行存款
C. 实收资本　　　　　　　　D. 资本公积

11. 确认应计短期借款利息支出时, 应贷记的账户是(   )。

A. "短期借款"　　　　　　　B. "财务费用"
C. "应付利息"　　　　　　　D. "银行存款"

12. "预收账款"明细账户期末如有借方余额, 则表示(   )。

A. 已经预收但尚未发货的款项　B. 实际货款及税款大于预收款项的差额
C. 已经支出而尚未摊销的费用　D. 已经发货而尚未结清的款项

13. 下列项目中属于营业外收入的有(   )。

A. 产品销售的收入　　　　　　B. 出售剩余材料的收入
C. 固定资产盘盈　　　　　　　D. 出租固定资产的收入

14. 下述各项目中，应计入"销售费用"账户的是（　　）。
A. 为销售产品而发生的广告费　B. 销售产品的价款
C. 已销产品的生产成本　　　　D. 销售产品所收取的税款

15. 年末结转后，"利润分配"账户的贷方余额表示（　　）。
A. 利润实现额　　　　　　　　B. 利润分配额
C. 累积未分配利润　　　　　　D. 未弥补亏损

16. 主营业务成本账户的借方登记（　　）。
A. 已售产品的销售费用　　　　B. 已售产品的生产成本
C. 入库产品的生产成本　　　　D. 产品生产成本

17. 车间的办公费应计入（　　）账户的借方。
A. 财务费用　　　　　　　　　B. 销售费用
C. 制造费用　　　　　　　　　D. 管理费用

18. 企业实际收到投资者投入的资本，超过其在注册资本中所占的份额的部分，应记入企业的（　　）账户。
A. 实收资本　　　　　　　　　B. 资本公积
C. 盈余公积　　　　　　　　　D. 主营业务收入

19. 企业长期借款支出发生在所建造的固定资产达到预定可使用状态之前，应借记的账户是（　　）。
A. 在建工程　　　　　　　　　B. 固定资产
C. 财务费用　　　　　　　　　D. 长期借款

20. 增值税一般纳税人应纳的增值税额，应为（　　）。
A. 增值税进项税额
B. 增值税销项税额
C. "应交税费——应交增值税"账户的贷方余额
D. "应交税费——应交增值税"账户的借方余额

21. "应付票据"账户，是核算企业购买材料、商品和接受劳务供应等而开出、承兑的（　　）。
A. 银行汇票　　　　　　　　　B. 银行本票
C. 商业汇票　　　　　　　　　D. 支票

22. 企业销售部门领用材料的实际成本，应作为（　　）核算。
A. 生产成本　　　　　　　　　B. 销售费用
C. 管理费用　　　　　　　　　D. 制造费用

23. 生产车间发生的直接人工费用，应记入"（　　）"账户。
A. 生产成本　　　　　　　　　B. 制造费用
C. 管理费用　　　　　　　　　D. 财务费用

24. 企业发生的业务招待费，应记入（　　）。
A. 管理费用　　　　　　　　　B. 营业外支出

C. 销售费用 D. 其他业务支出

二、多项选择题

1. 与企业借入资金相关而设置的账户有（　　）。
   A. 短期借款　　　　　　　B. 长期借款
   C. 资本公积　　　　　　　D. 财务费用
2. 以下项目属于固定资产购进成本的有（　　）。
   A. 买价　　　　　　　　　B. 运费
   C. 增值税　　　　　　　　D. 安装费
3. 下列各账户中，期末余额可能在借方也可能在贷方的有（　　）。
   A. 预收账款　　　　　　　B. 预付账款
   C. 短期借款　　　　　　　D. 本年利润
4. 企业在生产经营过程中，销售商品取得的收入，可能（　　）。
   A. 增加资产　　　　　　　B. 减少负债
   C. 增加所有者投资　　　　D. 增加资产或减少负债
5. 下列应计入材料采购成本的有（　　）。
   A. 材料买价　　　　　　　B. 运输途中的合理损耗
   C. 采购材料的运杂费　　　D. 材料入库前的挑选整理费
6. 有可能与"原材料"账户发生对应关系的账户有（　　）。
   A. "制造费用"　　　　　　B. "管理费用"
   C. "生产成本"　　　　　　D. "本年利润"
7. 计提固定资产折旧时，与"累计折旧"账户对应的账户为（　　）。
   A. 生产成本　　　　　　　B. 制造费用
   C. 管理费用　　　　　　　D. 销售费用
8. 期间费用一般包括（　　）。
   A. 财务费用　　　　　　　B. 管理费用
   C. 销售费用　　　　　　　D. 制造费用
9. 下列项目应记入"利润分配"账户借方的是（　　）。
   A. 提取的盈余公积金　　　B. 确认所得税费用
   C. 年末转入的亏损额　　　D. 分配给投资者的利润
10. 某工业企业集中采购A、B两种材料，下列采购支出属于直接费用的有（　　）。
    A. 两种材料的运费　　　　B. A材料的买价
    C. B材料的买价　　　　　D. B材料的包装费
11. 下列账户中，年末应无余额的是（　　）。
    A. 无形资产　　　　　　　B. 管理费用
    C. 待处理财产损溢　　　　D. 本年利润
12. 以下项目中属于"应付职工薪酬"科目下的明细科目的是（　　）。
    A. 工会经费　　　　　　　B. 非货币性福利
    C. 社会保险费　　　　　　D. 职工福利
13. 减少企业资本的核算，可能涉及的账户有（　　）。

A. 库存现金 B. 银行存款
C. 实收资本 D. 资本公积

14. 下列项目中属于企业存货项目的是（ ）。
A. 库存商品 B. 受托代销商品
C. 委托代销商品 D. 原材料

15. 附带成本，是企业在购入存货过程中发生的与存货采购有关的各项支出，包括（ ）。
A. 运杂费 B. 增值税进项税额
C. 运输途中的合理损耗 D. 入库前的挑选整理费用

16. 存货采购费用的分配标准，可以是（ ）。
A. 外购存货的重量 B. 外购存货的买价
C. 外购存货的生产工时 D. 外购存货的人工费用

17. 当企业收到投资者投入的存货时，应按其公允价值，借记有关存货账户，贷记（ ）账户。
A. 实收资本 B. 资本公积
C. 盈余公积 D. 营业外收入

18. 企业会计准则允许采用的发出存货计价方法是（ ）。
A. 先进先出法 B. 后进先出法
C. 加权平均法 D. 个别计价法

19. 生产成本明细账中的成本项目一般设置（ ）。
A. 直接材料 B. 直接人工
C. 制造费用 D. 管理费用

20. 应付职工薪酬分配核算时，可能涉及的账户有（ ）。
A. 生产成本账户 B. 管理费用账户
C. 应付职工薪酬账户 D. 制造费用账户

21. 制造费用的分配方法主要有（ ）。
A. 按生产工人工资分配
B. 按生产工人工时分配
C. 按机器工时分配
D. 按耗用原材料的数量或成本分配

22. 生产费用在完工产品与在产品之间的分配方法主要有（ ）。
A. 按约当产量分配
B. 按定额耗用量比例计算
C. 按所耗用原材料成本计算
D. 按生产工人工资比例分配

三、判断题

1. "材料采购"账户期末如有借方余额，表示该企业按计划成本核算方式下在途材料的实际成本。（ ）

2. 固定资产在使用过程中的磨损，表明固定资产价值的减少，应记入"固定资产"账户的贷方。（ ）

3. 企业职工工资和社会保险费均应计入产品生产成本。（　）
4. "利润分配——未分配利润"明细账户的借方余额为未弥补亏损。（　）
5. "生产成本"账户期末如有借方余额，为尚未加工完成的各项在产品成本。（　）
6. 一般来说，股份有限公司设置"股本"账户，非股份有限公司设置"实收资本"账户，用以核算企业实际收到的投资者投入的资本金。（　）
7. 短期借款的利息支出和长期借款的利息支出的性质是一样的，都是在筹集资金过程中发生的费用，因此，该项支出均应计入企业的财务费用。（　）
8. 期末"长期借款"账户的贷方余额应是企业尚未偿还的长期借款的本金和利息总额。（　）
9. 企业外购存货的采购成本，均包括增值税、关税和消费税等。（　）
10. 增值税一般纳税人当期应纳的增值税额，应等于当期的销项税额减去当期的进项税额。（　）
11. 增值税小规模纳税人当期应纳的增值税额，应等于当期含税销售额乘以增值税的征收率。（　）
12. "材料采购"账户属于资产类账户，同时也具有采购成本计算的作用，其期末借方余额反映的是期末在途物资的成本。（　）
13. 期末"应付账款"账户若为借方余额，则为企业的预付账款金额；期末"预付账款"账户若为贷方余额，则为企业的应付账款金额。（　）
14. 存货采购费用属于存货采购成本中的间接成本，因此均需要通过分摊计入存货的采购成本。（　）
15. 企业经营管理部门领用的存货，应按该存货的实际成本计入相应的期间费用账户。（　）
16. 生产费用与生产成本一样都是一定时期内企业生产经营过程中所发生的各种耗费。（　）
17. 成本计算就是将企业发生的生产费用，按照一定的对象进行归集、分配，进而计算该对象的总成本和单位成本的过程。（　）
18. 车间厂房、机器设备的折旧费，均为企业发生的制造费用。（　）
19. 企业发生的工资和社会保险费等，应区别人员的性质分别计入各有关的成本费用账户。（　）
20. 车间管理人员的工资应计入企业的管理费用。（　）
21. 企业应根据生产经营特点和管理要求，确定成本计算对象、成本项目和成本计算方法，并应经常对它们进行调整。（　）
22. 期末"生产成本"账户归集的生产费用，即为本期完工产品的生产成本。（　）
23. "生产成本"的明细账，应按照企业的成本计算对象设置，并采用多栏式账页。（　）
24. 企业的生产车间为组织和管理生产而发生的各项费用，均应计入企业的管理费用。（　）
25. 企业预提坏账准备时，应借记"管理费用"账户，贷记"应收账款"账户。（　）
26. 企业发生的银行结算手续费，应计入企业的财务费用。（　）

27. 企业取得的存款利息，可作为企业的其他业务收入入账。（　）
28. 收入是指企业在日常活动中形成的经济利益总流入，包括主营业务收入、其他业务收入及营业外收入等。（　）
29. 工业企业的产品销售收入应属于企业的主营业务收入。（　）
30. "预收账款"账户期末余额在借方时，应为企业的应收账款。（　）
31. 增值税一般纳税人在销售商品时，在确认销售收入的同时应核算增值税销项税额。（　）
32. 投资净收益在数量上表现为投资收益与投资损失的差额。（　）
33. 企业处置无形资产所取得的收入应属于企业的其他业务收入。（　）
34. 企业实际交纳的增值税、消费税等均应记入"税金及附加"账户。（　）

四、计算与分析题

某工业企业202×年2月购进A、B两种材料，有关资料见表4-13。

表4-13　　　某工业企业202×年2月购进A、B两种材料情况

材料名称	单价/元	重量/千克	买价/元	运杂费/元	增值税额/元
A材料	4.00	80 000	320 000		41 600
B材料	2.00	40 000	80 000		10 400
合计	—	120 000	400 000	6 000	52 000

要求：按材料的重量分配运杂费，计算A、B材料的采购总成本和单位成本。

五、综合练习题

1. 练习借贷记账法

假定某工厂202×年3月各资产、负债和所有者权益账户期初余额见表4-14。

表4-14　　　　　　　某工厂202×年3月资产负债表

（金额单位：元）

资产类账户	金　　额	负债及所有者权益类账户	金　　额
库存现金	200	负债类：	
银行存款	130 000	短期借款	580 000
应收账款	12 000	应付账款	16 500
生产成本	24 000	合计	596 500
原材料	30 000	所有者权益类：	
其他应收款	300	实收资本	250 000
固定资产	650 000	所有者权益合计	250 000
总计	846 500	总计	846 500

某工厂3月发生下列经济业务。

(1) 以银行存款6 000元偿还银行短期借款。
(2) 收到外商投资100 000元存入银行。
(3) 以银行存款2 500元，偿还前欠某工厂购货款。

(4) 收到购货单位前欠的货款 3 000 元，其中支票 2 700 元存入银行，另收现金 300 元。

(5) 以银行借款 20 000 元购买设备一台。

(6) 采购员预借差旅费 800 元，以现金付讫。

(7) 购进材料一批，计价 15 000 元，增值税率 13%，以银行存款支付，材料验收入库。

(8) 从银行提取现金 500 元，以备零星开支。

(9) 生产车间领用材料 10 000 元。

(10) 收到某单位投入的设备一台，价值 6 000 元。

要求：(1) 根据借贷记账原理，分析确定某工厂 3 月份各项经济业务应借、应贷账户的名称和金额，编制会计分录。

(2) 开设各账户登记期初余额、本期发生额、结出期末余额，编制试算平衡表并进行试算平衡。

2. 练习资金筹集业务的核算

资料：甲公司发生下列经济业务。

(1) 某单位投入一批原材料，总成本 200 000 元。

(2) 向银行借入 3 个月期的借款 100 000 元存入银行。

(3) 向银行借入 3 年期的借款 800 000 元存入银行。

(4) 从银行存款中支付本季度短期借款利息 32 000 元，本季度前两个月已预提短期借款利息 21 000 元。

(5) 计提长期借款利息 90 000 元，其中固定资产在建期间的借款利息 70 000 元，固定资产完工交付使用并已办理竣工手续后的利息 20 000 元。

(6) 以银行存款偿还短期借款 50 000 元，长期借款 100 000 元。

(7) 收到某公司投入本企业的商标权一项，投资双方确认的价值为 200 000 元。

(8) 按规定将盈余公积金 30 000 元转作资本金。

(9) 接受外商捐赠的汽车 1 辆，价值 120 000 元。

要求：根据上述资料编制会计分录。

3. 练习供应过程业务的核算。

资料：某工厂 202×年 10 月份发生下列经济业务。

(1) 购进 1 台设备，买价 80 000 元，运输费 400 元，包装费 300 元，所有款项均以银行存款支付，设备交付使用。

(2) 向大明工厂购进甲材料 1 500 千克，单价 30 元，计 45 000 元，增值税 5 850 元；乙材料 2 000 千克，单价 15 元，计 30 000 元，增值税 3 900 元，全部款项以银行存款支付。

(3) 用银行存款支付上述甲、乙材料的运杂费 7 000 元。

(4) 向宏天工厂购进丙材料 3 000 千克，单价 25 元，计 75 000 元，增值税 9 750 元，款项尚未支付。

(5) 用现金支付丙材料的运杂费及装卸费 3 000 元。

(6) 甲、乙、丙三种材料发生入库前的挑选整理费 3 250 元（按材料重量比例分摊），用现金支付。

(7) 本期购进的甲、乙、丙材料均已验收入库，现结转实际采购成本。

要求：根据上述经济业务编制会计分录（运杂费和挑选整理费按材料重量分摊）。

4. 练习产品生产业务的核算。

资料：某工厂202×年10月份发生下列经济业务。

（1）本月生产领用材料情况见表4-15。

表4-15　　　　　　　某工厂202×年10月生产材料领用表

（金额单位：元）

用　　途	甲　材　料	乙　材　料	合　　计
A产品	32 000	45 000	77 000
B产品	68 000	38 000	106 000
车间一般耗用	2 000	500	2 500
合　计	102 000	83 500	185 500

（2）结算本月应付工资68 000元，其中生产A产品生产工人工资30 000元，生产B产品生产工人工资20 000元，车间管理人员工资10 000元，厂部管理人员工资8 000元。

（3）按工资总额20%计提社会保险费。

（4）从银行存款提取现金68 000元。

（5）用现金发放上月职工工资68 000元。

（6）用银行存款支付厂部第四季度的报纸杂志费660元。

（7）分摊本月厂部应负担的报纸杂志费220元。

（8）预付12月份车间机器设备的租赁费1 200元。

（9）用银行存款支付本月水电费5 200元，其中各车间分配3 700元，厂部分配1 500元。

（10）按规定标准计提本月固定资产折旧费4 830元，其中生产用固定资产折旧费为3 800元，厂部固定资产折旧费为1 030元。

（11）按生产工人工资的比例分摊并结转本月制造费用。

（12）本月投产A产品100件，全部完工；B产品300件，全部未完工。A产品已全部完工入库，结转完工产品成本。

要求：根据上述经济业务编制会计分录。

5. 练习销售过程和财务成果业务的核算

资料：某工厂202×年10月份发生下列经济业务。

（1）销售A产品10件，单价1 920元，计19 200元，销项税额2 496元，款项已存入银行。

（2）销售B产品150件，单价680元，计102 000元，销项税额13 260元，款项尚未收到。

（3）用银行存款支付销售费用1 350元。

（4）应计本月银行借款利息1 200元。

（5）结转已销产品生产成本，A产品12 476元，B产品69 000元。

（6）计算应交城市维护建设税1 100元，教育费附加610元。

（7）销售丙材料200千克，单价26元，计5 200元，货款已存入银行，其采购成本为4 900元。

(8) 盘盈 1 台设备，其重置完全价值 8 000 元，估计折旧额 5 200 元，经批准作营业外收入处理。

(9) 以现金 260 元支付延期提货的罚款。

(10) 月末将"主营业务收入""其他业务收入""营业外收入"账户结转到"本年利润"账户。

(11) 月末将"主营业务成本""税金及附加""其他业务成本""销售费用""管理费用"（账户余额为 7 600 元）"财务费用""营业外支出"结转到"本年利润"账户。

(12) 计算并结转本月应交所得税，税率为 25%。

(13) 将本月实现的净利润转入"利润分配"账户

(14) 按税后利润的 10% 提取盈余公积。

(15) 该企业决定向投资者分配利润 15 000 元。

要求：根据上述经济业务编制会计分录。

6．练习期末"本年利润""利润分配"账户结转

资料：某企业年末结转"本年利润"和"利润分配"账户余额之前，有关账户余额如下。

"本年利润"总分类账贷方余额 3 560 000 元。

"利润分配"总分类账借方余额 2 800 000 元。

"利润分配——提取法定盈余公积" 534 000 元。

"利润分配——应付利润" 2 266 000 元。

要求：编制有关会计分录。

(1) 将"本年利润"账户余额结转到"利润分配——未分配利润"账户。

(2) 将"利润分配——提取法定盈余公积"和"利润分配——应付利润"明细账余额结转到"利润分配——未分配利润"账户。

【第4章】
课后测试答案解析

第 5 章

会 计 凭 证

本章引言

在上一章,学习了会计人员是如何运用复式记账原理,以及将经济业务记入相关账户的具体的借贷记账法。但是,在实际工作中,会计记录的过程并不是从账户记录开始的。经济业务发生时,一般会产生含有财务信息的数据,对于这些数据,首先应当用原始凭证把它记录下来,这样既可将其作为经济业务完成情况的书面证明,又可作为会计确认通过(编制记账凭证分录)进行进一步加工处理的依据。因此,会计人员在获得经济业务发生的原始凭证后,会计记录工作才真正开始。本章将分别对原始凭证及记账凭证等相关内容进行详细阐述。

导入案例

20×8年7月,某材料厂与某建筑公司签订了建筑工程施工分包合同,约定建筑公司将其承建的某楼房工程中轻质隔墙板安装工程分包给材料厂。后来,材料厂依约完成了工程。在施工的过程中,材料厂按照建筑公司的要求于同年的8月、10月、11月开具了三张税务发票,票面金额总计为8万元。20×8年12月,双方就工程量进行了结算,确认了工程款为7.5万元。材料厂认可建筑公司于20×8年9月和11月两次共支付了工程款1.5万元,故于20×9年10月向法院起诉,要求建筑公司支付剩余的工程款6万元,并支付相应的利息。建筑公司称,有材料厂为其开具的发票,已经全额支付了工程款。

请问,建筑公司提供的3张税务发票是否能够证明其已经付款的事实?发票能不能等同于收付款凭证呢?

学习目标

- 了解会计凭证的概念及分类
- 熟悉会计凭证的基本内容
- 掌握原始凭证的填制与审核方法
- 掌握记账凭证的填制与审核方法
- 熟悉会计凭证的传递和保管

关键术语

第5章 会计凭证

思维导图

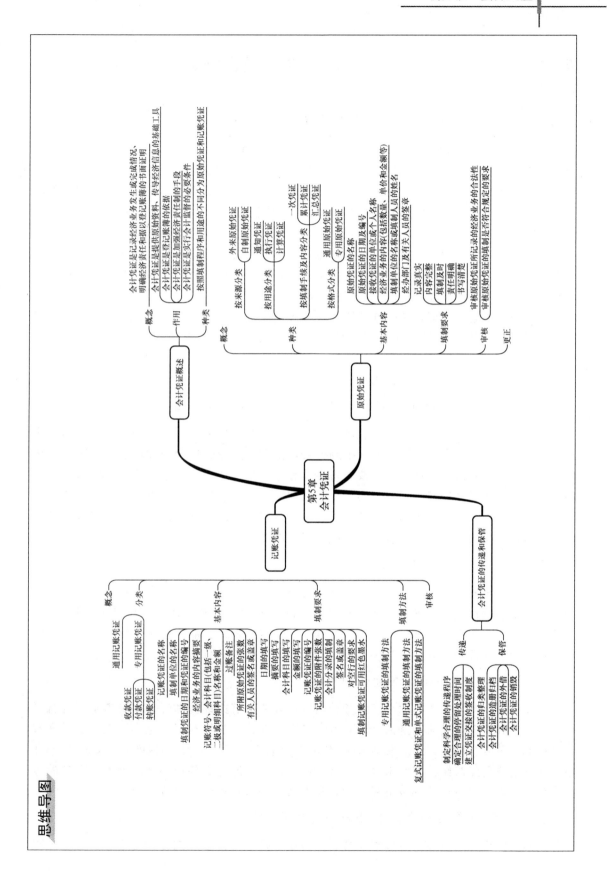

5.1　会计凭证概述

会计凭证的作用

5.1.1　会计凭证的概念和作用

会计凭证是记录经济业务发生或完成情况、明确经济责任和据以登记账簿的书面证明。会计记录必须如实地反映会计主体的经济活动情况。为此，须在经济业务发生时填制或取得适当的凭证作为证明文件。例如，企业购买商品时要由供货单位开具发票，支付款项时要由收款单位开具收据，商品收进或发出时要有收货单、发货单等，这些都是会计凭证。填制和取得以及审核会计凭证是会计工作的起点和基本环节。

任何单位办理一切经济业务，都要由经办人员或有关部门填制或取得能证明经济业务的内容、数量、金额的凭证，并且签名盖章，所有凭证都必须由会计部门审核，只有经过审核的、合法无误的凭证才能作为记账的依据。

填制和审核会计凭证，是会计核算工作的起点和基本环节，也是登记账簿的前提和依据。认真填制和审核会计凭证，对于实现会计的目标、发挥会计的作用，具有重要的意义。

会计凭证在经济管理中的作用主要表现在以下几个方面。

1. 会计凭证是提供原始资料、传导经济信息的基础工具

会计信息是经济信息的重要组成部分。它一般是通过数据以凭证、账簿、报表等形式反映出来的。随着生产的发展，及时准确的会计信息在企业管理中的作用越来越重要。任何一项经济业务的发生，都要编制或取得会计凭证。会计凭证是记录经济活动的最原始资料，是经济信息的原始载体。通过会计凭证的加工、整理和传递，可以直接取得和传导经济信息，既协调了会计主体内部各部门、各单位之间的经济活动，保证生产经营各个环节的正常运转，又为会计分析和会计检查提供了基础资料。

2. 会计凭证是登记账簿的依据

任何单位每发生一项经济业务，如现金的收付、商品的进出、往来款项的结算等，都必须通过填制会计凭证，来如实记录经济业务的内容、数量和金额，然后经过审核无误，才能登记入账。如果没有合法的凭证做依据，任何经济业务都不能登记到账簿中去。因此，作好会计凭证的填制和审核工作，是保证会计账簿资料真实性、正确性的重要条件。

3. 会计凭证是加强经济责任制的手段

由于会计凭证记录了每项经济业务的内容，并要由有关部门和经办人员签章，这就要求有关部门和有关人员对经济活动的真实性、正确性、合法性负责。这样，无疑会增强有关部门和有关人员的责任感，促使他们严格按照有关政策、法令、制度、计划或预算办事。如有违法乱纪或经济纠纷事件，也可借助于会计凭证确定各经办部门和人员所负的经济责任，并据以进行正确的裁决和处理，从而加强经营管理的岗位负责制。

4. 会计凭证是实行会计监督的必要条件

通过会计凭证的审核，可以查明各项经济业务是否符合法规制度的规定，有无贪污盗

窃、铺张浪费和损公肥私行为。从而发挥会计的监督作用,保护各会计主体所拥有资产的安全完整,维护投资者、债权人和有关各方的合法权益。

5.1.2 会计凭证的种类

会计核算与监督涉及的范围非常广泛,所反映的经济活动的内容具有复杂性、多样性,因此用于记录经济业务的会计凭证也必然种类繁多,为了便于运用会计凭证,就有必要对会计凭证按一定的标准进行分类。通常,按照其填制程序和用途的不同,会计凭证可分为原始凭证和记账凭证两大类。在两大类下又可划分为诸多小类,详细的内容将在 5.2 节和 5.3 节中介绍。

5.2 原始凭证

5.2.1 原始凭证的概念及种类

1. 原始凭证的概念

原始凭证是在经济业务发生或完成时由经办人员直接取得或填制的,用以记录或证明经济业务发生或完成情况,明确经济责任的书面证明,是记账的原始依据,具有法律效力,是会计核算的重要资料。

2. 原始凭证的种类

原始凭证种类繁多、形式多样,为方便使用,通常按其来源、用途、填制手续和格式加以分类。

(1) 原始凭证按来源分类。

原始凭证按其来源不同,可分为外来原始凭证和自制原始凭证。

① 外来原始凭证。外来原始凭证指在经济业务发生或完成时,从其他单位或个人直接取得的原始凭证。例如,由供货单位开具的增值税普通发票(表 5-1)、增值税专用发票(表 5-2)都是外来原始凭证。此外,一些定额发票,如火车票、轮船票,也是外来原始凭证。

表 5-1

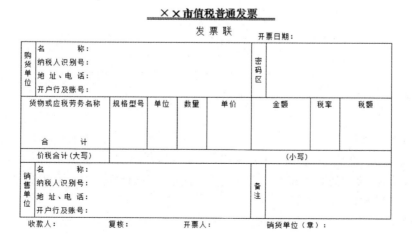

表 5-2   NO.14521154

××市增值税专用发票

开票日期：　年　月　日

购货单位	名　　　称：					密码区		
	纳税人识别号：							
	地址、电话：							
	开户行及账号：							

货物及应税劳务的名称	规格型号	单位	数量	单价	金　额	税率	税　额
合计							
价税合计(大写)					(小写)¥		

销货单位	名　　　称：		
	纳税人识别号：		备注
	地址、电话：		
	开户行及账号：		

收款人：　　　复核：　　　开票人：　　　销货单位(章)：

收料单的填制

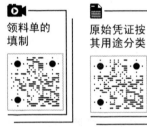

领料单的填制　原始凭证按其用途分类

② 自制原始凭证。自制原始凭证由本单位内部经办业务的部门和人员，在执行或完成某项经济业务时填制的、仅供本单位内部使用的原始凭证。如验收材料的收料单(表5-3)、领用材料的领料单(表5-4)等。

表 5-3

收　料　单

供货单位：　　　　　　　　　　　　　　　　　　　　　　NO：0094
发票编号：0028　　　　　　　年　月　日　　　　　　收料仓库：

材料类别	材料编号	材料名称及规格	计量单位	数　量		金　　额			
				应收	实收	单价	买价	运杂费	合计
备注					合计				

主管　　　会计　　　审核　　　　　记账　　　收料

（2）原始凭证按用途分类。

原始凭证按其用途不同，可以分为通知凭证、执行凭证和计算凭证。

① 通知凭证。通知凭证指要求、指示或命令企业进行某项经济业务的原始凭证，如"罚款通知书""付款通知书"等。

② 执行凭证。执行凭证是证明某项经济业务已经完成的原始凭证，如"销货发票"

"材料验收单""领料单"等。

③ 计算凭证。计算凭证指对已发生或完成的经济业务进行计算而编制的原始凭证，如"产品成本计算单""制造费用分配表""应付职工薪酬计算表"等。

表 5-4

领 料 单

领料单位：　　　　　　　　　　　　　　　　　　　　　　　　　　凭证编号：2110
用　途：　　　　　　　　　　　　年　月　日　　　　　　　　　　发料仓库：

材料类别	材料编号	材料名称及规格	计量单位	数 量		金 额		
				请领	实发	单价	金额	合计
备注					合计			

主管（签章）　　　记账（签章）　　　发料人（签章）　　　领料人（签章）

（3）原始凭证按填制手续及内容分类。

原始凭证按其填制手续及内容不同，可以分为一次凭证、累计凭证和汇总凭证。

① 一次凭证。一次凭证指一次填制完成、只记录一笔经济业务的原始凭证。一次凭证是一次有效的凭证，如现金收据、发货票都是一次凭证。外来原始凭证一般都属于一次凭证。

原始凭证按填制手续及内容分类

② 累计凭证。累计凭证指在一定时期内多次记录发生的同类型经济业务的原始凭证。其特点是，在一张凭证内可以连续登记相同性质的经济业务，随时结出累计数及结余数，并按照费用限额进行费用控制，期末按实际发生额记账。累计凭证是多次有效的原始凭证，一般为自制原始凭证，如限额领料单（表5-5）。

表 5-5

限额领料单

　　　　　　　　　　　　　　　　年　月　　　　　　　　　　　　编　号：2036
领料单位：　　　　　　　　　用　途：　　　　　　　　　　　计划产量：
材料编号：　　　　　　　　　名称规格：　　　　　　　　　　计量单位：
单　价：　　　　　　　　　　消耗定量：　　　　　　　　　　领用限额：

××年		请领		实发					
月	日	数量	领料单位负责人	数量	累计	发料人	领料人	限额结余	
累计实发金额（大写）								元	

供应部门负责人（签章）　　　生产计划部门负责人（签章）　　　仓库负责人（签章）

③ 汇总凭证。汇总凭证指对一定时期内反映经济业务内容相同的若干张原始凭证，按

照一定标准综合填制的原始凭证。在实际工作中,对发生笔数较多的原始凭证可以进行汇总,编制原始凭证汇总表,如发料凭证汇总表(表5-6)。

表 5-6

发料凭证汇总表

年　月　日　　　　　　　　　　　　　　　　　　　　　　　　　单位:元

应借科目	应贷科目:				辅助材料	发料合计
	明细科目:					
	1~10日	11~20日	21~31日	小　计		
合计						

原始凭证按格式分类

(4) 原始凭证按格式分类。

原始凭证按其格式的不同,可以分为通用原始凭证和专用原始凭证。

① 通用原始凭证。通用原始凭证指由有关部门统一印刷,在一定范围内使用的具有统一格式和使用方法的原始凭证,如全国统一使用的银行承兑汇票、某一地区统一印制的收款收据。

委托收款凭证的填制

② 专用原始凭证。专用原始凭证指专门用于某一类经济业务的原始凭证,如增值税专用发票、差旅费报销单。

以上不同类型的原始凭证是相互关联的,如现金收据往往一式数联,一联作为出具收据的自制原始凭证,另一联是接受凭证的外来原始凭证。同时,它既是一次凭证,又是执行凭证,也是专用凭证。

5.2.2 原始凭证的基本内容

由于各项经济业务的内容和经营管理的要求不同,各类记录经济业务的原始凭证的名称、格式和内容也是多种多样的。但是,每一种原始凭证都必须客观地、真实地记录和反映经济业务的发生、完成情况,都必须明确有关单位部门及人员的经济责任。这些共同的要求,决定了每种原始凭证都必须具备以下几方面的基本内容。

银行承兑汇票的填制

(1) 原始凭证的名称。

(2) 原始凭证的日期及编号。

(3) 接受凭证的单位或个人名称。

(4) 经济业务的内容(包括数量、单价和金额等)。

(5) 填制单位的名称或填制人员的姓名。

(6) 经办部门及有关人员的签章。

有些原始凭证除了包括上述基本内容以外,为了满足计划、统计等其他业务工作的需要,还要列入一些补充内容。例如,在有些原始凭证上,还要注明与该笔经济业务有关的计划指标、预算项目和经济合同等。

各会计主体根据会计核算和管理的需要，按照原始凭证应具备的基本内容和补充内容，即可设计和印刷适合本主体需要的各种原始凭证。但是，为了加强宏观管理，强化监督，堵塞偷税、漏税的漏洞，各有关主管部门应当为同类经济业务设计统一的原始凭证格式。例如，由中国人民银行设计统一的银行汇票、本票、支票；由交通部门设计统一的客运、货运单据；由税务部门设计统一的发货票、收款收据等。这样，不但可使反映同类经济业务的原始凭证内容在全国统一，便于加强监督管理，而且也可以节省各会计主体的印刷费用。

5.2.3 原始凭证的填制要求

正确填制原始凭证，是如实反映经济业务的关键。为了正确、完整、清晰地记录各项经济业务，发挥原始凭证应有的作用，原始凭证的填制应当遵循下列要求。

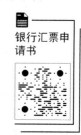

1. 记录真实

记录真实，就是要实事求是地填写经济业务，原始凭证填制日期、业务内容、数量、金额等必须与实际情况相一致。凭证上记载的经济业务，必须与实际情况相符合，绝不允许有任何歪曲或弄虚作假。对于实物的数量、质量和金额，都要经过严格的审核，确保凭证内容真实可靠。从外单位取得的原始凭证如有丢失，应取得原签发单位盖有"财务专用章"的证明，并注明原始凭证的编号、所载金额等内容，由经办单位负责人批准后，可代作原始凭证；对于确实无法取得证明的，如火车票、轮船票、飞机票等，可由当事人写出详细情况，由经办单位负责人批准后，也可代作原始凭证。

2. 内容完整

原始凭证中的基本内容和补充内容都要详尽地填写齐全，不得漏填或省略不填，而且填写手续要完备。例如，文字说明要简明扼要；数字填写清晰，特别是需要同时填写大写金额和小写金额时，大小写金额必须相符；对于购买实物的原始凭证，不仅要有"验收单""付款凭证"，还要有收款单位收款附件；对于行政机关批准的经济业务，批准文件应作为原始凭证的附件；对于职工因公借款时，要填写正式借据，作为借款的原始凭证，当收回借款时，要由会计人员另开收据，作为收回借款的原始凭据；对于一式几联的原始凭证，要求必须用双面复写纸复写，并连续编号等。原始凭证的填制应做到准确无误，不能为简化某些内容而造成在内容上的模糊不清。

3. 填制及时

每笔经济业务发生或完成时，经办人员必须及时取得或填制原始凭证，并按照规定的程序及时送交财会部门审核、记账，不能提前也不能事后补办，做到不积压、不误时、不事后补办。

4. 责任明确

原始凭证填制完毕后，经办单位、经办单位负责人以及填制人员均须在原始凭证的下方签名或盖章，从个人取得的原始凭证应写明填制人的姓名。对于外来的原始凭证，还应加盖填制单位的公章，包括业务公章、财务专用章、发票专用章、票据专用章、结算专用章等。不同的行业、单位对原始凭证上的公章要求不同。对于自制原始凭证，由于是由本单位内部的部门和个人填制的，因此不需加盖单位的公章，只需填明责任单位和责任人即可。

5. 书写清楚

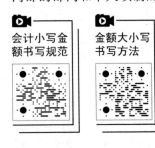

填写原始凭证要字迹清晰，易于辨认，大小写金额填写要符合规定，发生差错要按规定的方法更正，不得涂改或刮、擦、挖、改。涉及现金、银行存款收付凭证的原始凭证都有连续编号，应按编号连续使用，这类凭证若填写错误，应予以作废并重填，并在填错的凭证上加盖"作废"戳记，与存根一起保存，不得任意销毁。

原始凭证的文字和数字的书写要符合规范。原始凭证上的文字、数字的填写应按《会计基础工作规范》的要求填写。具体要求包括以下几个方面。

（1）阿拉伯数字不得连笔书写，单位对外和外来的原始凭证，阿拉伯数字金额前应当书写货币币种符号，如人民币"￥"字符号(用外币计价、结算的凭证，金额前要加注外币符号，如"HK＄""US＄"等)，币种符号与阿拉伯数字金额之间不得留有空白。

（2）所有以人民币元为单位(或其他币种的基本单位，以下主要以人民币为单位说明)的阿拉伯数字，除表示单价等情况外，一律填写到角分；无角分的，角位和分位可写"00"，或者"—"；有角无分的，分位应当写"0"，不能用"—"代替。

（3）汉字大写数字金额如零、壹、贰、叁、肆、伍、陆、柒、捌、玖、拾、佰、仟、万、亿等，一律用正楷或者行书体书写，不得用○、一、二、三、四、五、六、七、八、九、十等简化字代替，更不得任意自造简化字。

（4）凡原始凭证上预印有"万仟佰拾元角分"金额数字位数的，应按预印的空格填写，实有大写金额的前一空位用"￥"(或其他币种符号)注销不需用的空格。凡原始凭证上未预印有"万仟佰拾元角分"金额数字位数的，应在"人民币"(或其他币种名称)之后书写大写金额。大写数字到元或角为止的，分字后面不写"整"字。若大写金额数字前未印有"人民币大写"字样(或其他货币名称)的，应加填相关币种的字样。货币名称与大写金额之间不得留有空白。

（5）阿拉伯数字金额中间有"0"时，汉字大写金额应写有"零"字；阿拉伯数字金额中间连续有几个"0"时，汉字大写金额中可以只写一个"零"字。例如，"3 006.59元"可以写成"人民币叁仟零陆元伍角玖分"。阿拉伯数字金额元位是"0"或者数字中间连续有几个"0"，元位也是"0"，但角位不是"0"时，汉字大写金额可以只写一个"零"字，也可以不写"零"字，如"5 000.38元"汉字大写金额应写成"人民币伍仟零叁角捌分"或"人民币伍仟元叁角捌分"。

（6）票据的出票日期必须使用中文大写。为防止篡改票据的出票日期，在填写月、日时，月为壹、贰和壹拾的，日为壹至玖和壹拾、贰拾和叁拾的，应在其前加"零"，日为拾壹至拾玖的，应在其前加"壹"。如2月16日，应写成"零贰月壹拾陆日"，10月30日应写成"零拾月零叁拾日"。票据出票日期使用小写的，银行不予受理。

原始凭证的填制，除了上述基本的要求外，还必须结合经济业务的具体特征及原始凭证的具体内容，认真准确地填写，下面以"普通发货票""增值税专用发票""银行进账单""支票"为例具体说明原始凭证的填制方法。

【例 5-1】 红光保温杯有限公司,企业地址:天津市南开区华宁道 119 号。公司税号:121011270089324,电话:86690241,开户银行:工商银行黄河大道分理处,账号:1003652741883。公司 202×年 9 月份部分经济业务如下。

(1) 9 月 6 日,填开普通发票一张,销售给新华书店保温杯 29 个,单价 30 元,现金结算。要求:填制该业务的普通发票(表 5-7)。

表 5-7

天津市工业销售专用发票

购货单位:新华书店   202×年 9 月 6 日

产品名称	规格	件数	单位	数量	单价	金额	
保温杯			个	29	30	870	记
合计				29		870	账
人民币(大写)捌佰柒拾元整					(小写)¥870.00		联
经算方式	现金	合同		支 4 659	提货地点		
备注							

企业盖章: 会计: 复核: 制单:李明

(注:本发票一式四联,其他联次从略。)

(2) 9 月 18 日,收到转账支票一张,金额为 10 000 元,系红星塑料有限公司偿还前欠货款。当日将收受的支票送存银行,并开具收据交与对方(红星塑料有限公司开户银行:商业银行民主路分理处,账号:2216-0026869)。要求:填制银行进账单及收据(表 5-8、表 5-9)。

进账单填制

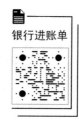
银行进账单

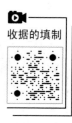
收据的填制

表 5-8

中国工商银行进账单(收款通知)

202×年 9 月 18 日   第 116 号

付款人	全 称	红星塑料有限公司	收款人	全 称	红光保温杯有限公司
	账 号	2216-0026869		账 号	1003652741883
	开户银行	商业银行民主路分理处		开户银行	工商银行黄河大道分理处
人民币(大写)壹万元整				(小写)¥10 000.00	
票据种类		转账支票			
票据张数		1			
	单位主管 会计 复核 记账			收款人开户行盖章	

(注:本单一式二联,本联为收款人开户行交给收款人的收款通知,其他联次略。)

增值税专用发票的填制

增值税专用发票

(3) 9月22日，批发销售保温杯100个，单价25元。购买单位：天津市益达百货公司，地址：河东区大桥道116号，电话：22693018，税号：110233360201659，账号：工行大桥道分理处，6900-22358547。货款未付。要求：填制增值税专用发票(表5-10)。

表5-9

天津市工商企业统一收据

收据联　　　　　　　　　　　　　　　NO.00315914

202×年9月18日

缴款单位(人)	红星塑料有限公司		
款项内容	前欠货款	收款方式	转账支票
人民币(大写)壹万元整	(小写)¥10 000.00		
备注		收款单位盖章	收款人签章

(注：本收据只作为各单位之间"应收应付款"等结算往来账款凭证，不得以本收据代替发票使用。收据一式三联，其他联次从略。)

表5-10

天津市增值税专用发票

NO.14521154　　　　　　　　　　　　　　　开票日期：202×年9月22日

购货单位	名　　称：天津市益达百货公司					密码区	
	纳税人识别号：110233360201659						
	地址、电话：河东区大桥道116号，22693018						
	开户行及账号：工行大桥道分理处，6900-22358547						
货物及应税劳务的名称	规格型号	单位	数量	单价	金额	税率	税额
保温杯		个	100	25	2 500	13％	325
合计					2 500		325
价税合计(大写)	贰仟捌佰贰拾伍元整				(小写)¥ 2 825.00		
销货单位	名　　称：红光保温杯有限公司					备注	
	纳税人识别号：121011270089324						
	地址、电话：天津市南开区华宁道119号，86690241						
	开户行及账号：工商银行黄河大道分理处，1003652741883						

转账支票的填制

工商银行转账支票

现金支票的填制

(4) 9月26日，填开转账支票14 000元，预付给本市嘉兴塑料厂购料款。要求：签发转账支票(表5-11)。

表 5-11

中国工商银行转账支票存根	中国工商银行转账支票 X045 支票号码№2212112
支票号码 №2212112	出票日期（大写）贰零贰零年玖月贰拾陆日
科　目：	付款行名称： 工行南京路营业部
对方科目：	收款人： 嘉兴塑料厂　　出票人账号： 8006000280067824
签发日期 202×年 9 月 26 日	人民币（大写） 壹万肆仟元整　　￥14000 00
收款人： 嘉兴塑料厂	用途： 预付购货款　　科目（借）
金额： 14 000.00	上列款项请从我账户内支付　对方科目（贷）
用途： 预付购货款	转账日期　年　月　日
备注：	
单位主管　　会计 复核　　记账	出票人盖章　　复核　　记账

5.2.4　原始凭证的审核

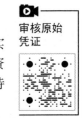

审核原始凭证

审核会计凭证是正确组织会计核算和进行会计检查的一个重要方面，也是实行会计监督的一个重要手段。为了正确的反映和监督各项经济业务，保证核算资料的真实、正确和合法，会计部门和经办业务的有关部门，必须对会计凭证，特别是对原始凭证进行严格认真的审核。

会计凭证的审核，主要是对各种原始凭证的审核。各种原始凭证，除由经办业务的有关部门审核以外，最后要由会计部门进行审核。及时审核原始凭证，是对经济业务进行的事前监督。关于事后进行的凭证检查，则属于审计的范畴。因此，会计方面原始凭证的审核内容主要有以下两方面。

1. 审核原始凭证所记录的经济业务的合法性

审核时应以国家颁布的现行财经法规、财会制度，以及本单位制定的有关规则、预算和计划为依据，审核经济业务是否符合有关规定，有无弄虚作假、违法乱纪、贪污舞弊的行为；审核经济活动的内容是否符合规定的开支标准，是否履行规定的手续，有无背离经济效益原则和内部控制制度的要求。

2. 审核原始凭证的填制是否符合规定的要求

即应审核原始凭证是否具备作为合法凭证所具备的基本内容，所有项目是否填写齐全，有关单位和人员是否已签字盖章；应审核凭证中所列数字的计算是否正确，大小写金额是否相符，数字和文字是否清晰等。

原始凭证的审核，是一项十分细致而严肃的工作，必须坚持原则，依法办事。对于不真实、不合法的原始凭证，会计人员有权不予受理，并要向单位负责人报告；对于记载不准确、不完整的原始凭证应予以退回，并要求按照国家统一的会计制度的规定更正、补充。原始凭证经审核无误后，才能作为编制记账凭证和登记明细分类账的依据。同时，审核人员还必须做好宣传解释工作，促使经办人员自觉执行有关法规制度，更好地发挥会计的监督作用。

5.2.5　原始凭证错误的更正

为了规范原始凭证的填制，明确相关人员的经济责任，防止利用原始凭证舞弊，《会计法》第十四条规定了更正原始凭证错误的具体要求。

（1）原始凭证所记载的各项经济业务内容均不得涂改，随意涂改的原始凭证即为无效凭证，不能作为填制记账凭证或登记账簿的依据。

（2）原始凭证所记载的内容有错误的，应当由开具单位重开或更正，并在更正处加盖出具凭证单位的印章。

（3）原始凭证金额出现错误的，不得更正，只能由原始凭证开具单位重新开具。

（4）原始凭证开具单位应当依法开具准确无误的原始凭证。对于填制错误的原始凭证，负有更正和重新开具的法律义务，不得拒绝。

5.3 记账凭证

5.3.1 记账凭证的概念及分类

1. 记账凭证的概念

记账凭证是会计人员根据审核无误的原始凭证，按照经济业务事项的内容加以归类，并据以确定会计分录后所填制的会计凭证，它是登记账簿的直接依据。

由于原始凭证种类繁多、格式不一，不便于在原始凭证上编制会计分录，据以记账，所以有必要将各种原始凭证反映的经济内容加以归类整理，确认为某一会计要素后，编制记账凭证。从原始凭证到记账凭证是经济信息转换成会计信息的过程，是会计的初始确认阶段。

2. 记账凭证的分类

记账凭证的分类

记账凭证按其适用的经济业务，可分为通用记账凭证和专用记账凭证两类。

通用记账凭证是用来反映所有经济业务的记账凭证。

专用记账凭证是用来专门记录某一类经济业务的记账凭证。按其所记录的经济业务是否与库存现金、银行存款收付有关，又可进一步分为收款凭证、付款凭证和转账凭证3种。

（1）收款凭证。

收款凭证是用于记录库存现金、银行存款收款业务的会计凭证。其格式见表5-12。

表5-12

收 款 凭 证

借方科目： 　　　　　年　　月　　日　　　　　　字第　　号

摘　要	贷方总账科目	明　细　科　目	借或贷	金　　额										
				亿	千	百	十	万	千	百	十	元	角	分
合　计														

附单据　　张

财务主管　　　　　　记账　　　　　　出纳　　　　　　审核　　　　　　制单

(2) 付款凭证。

付款凭证是用于记录库存现金、银行存款付款业务的会计凭证。其格式见表5-13。为了避免凭证重复,对于两类货币资金之间的划转业务(如将现金存入银行或从银行提取现金)一般只编制付款凭证,不编制收款凭证。

表5-13

<h3 style="text-align:center">付 款 凭 证</h3>

贷方科目:　　　　　　　　　年　　月　　日　　　　　字第　　号

摘　要	借方总账科目	明 细 科 目	借或贷	金　额 (亿千百十万千百十元角分)	附单据　张
合　计					

财务主管　　　　　　记账　　　　　出纳　　　　　审核　　　　　制单

(3) 转账凭证。

转账凭证是用于记录不涉及库存现金和银行存款业务的会计凭证。转账凭证要根据有关转账业务的原始凭证编制。其格式见表5-14。

表5-14

<h3 style="text-align:center">转 款 凭 证</h3>

　　　　　　　　　　　　　　　　年　　月　　日　　　　　转字第　　号

摘　要	会 计 科 目	明细科目	√	借方金额 (千百十万千百十元角分)	√	贷方金额 (千百十万千百十元角分)	附单据　张
合　计							

财务主管　　　　　　记账　　　　　出纳　　　　　审核　　　　　制单

5.3.2　记账凭证的基本内容

记账凭证虽然种类不一,编制依据各异,但各种记账凭证的主要作用都在于对原始凭证进行归类整理,运用账户和复式记账方法,编制会计分录,为登记账簿提供直接依据。

因此，所有记账凭证都应满足记账的要求，都必须具备下列基本内容。

(1) 记账凭证的名称。
(2) 填制单位的名称。
(3) 填制凭证的日期和凭证的编号。
(4) 经济业务的内容摘要。
(5) 记账符号、会计科目(包括一级、二级或明细科目)名称和金额。
(6) 过账备注。
(7) 所附原始凭证的张数。
(8) 有关人员的签名或盖章。

5.3.3 记账凭证的填制要求

各类记账凭证必须按规定及时、准确、完整地填制，其基本要素除了按原始凭证的有关书写要求填制外，还须注意以下几点。

1. 日期的填写

记账凭证的日期，一般为编制记账凭证当天的日期；月末结转的业务，按当月最后一天的日期填制。

2. 摘要的填写

记账凭证的摘要既是对经济业务的简要说明，又是登记账簿的重要依据，必须针对不同性质的经济业务的特点，同时考虑登记账簿的需要，正确填写，不可漏填或错填。

3. 会计科目的填写

会计科目填写应规范准确。必须按照会计制度统一规定的会计科目，根据经济业务的性质，正确编制会计分录。科目不得随意简化或改动，不得只写科目编码，不写科目名称；同时，对于二级或明细科目也要填列齐全。应借、应贷的记账方向和账户对应关系必须明确；编制复合会计分录，应是一借多贷或一贷多借，一般不编制多借多贷的会计分录。

4. 金额的填写

记账凭证的金额必须与原始凭证的金额相符。在记账凭证的"合计"行填列合计金额；阿拉伯数字的填写要规范；在合计数字前应填写货币符号，不是合计数字前不应填写货币符号。一笔经济业务因涉及会计科目较多，需填写多张记账凭证的，只在最后一张记账凭证的"合计"行填写合计金额。

5. 记账凭证的编号

记账凭证在一个月内应当连续编号，以便核查。在使用通用凭证时，可按经济业务发生的顺序编号。采用收款凭证、付款凭证和转账凭证的，可采用"字号编号法"。如收字第×号、付字第×号和转字第×号等。也可采用"双重编号法"，即按总字顺序编号与按类别顺序编号相结合，如某收款凭证编号为"总字第×号，收字第×号"。一笔经济业务需要编制多张记账凭证时，可采用"分数编号法"，如一笔经济业务需要编制两张转账凭证，凭证的顺序号为 25 时，可编为转字 25 $\frac{1}{2}$ 号、转字 25 $\frac{2}{2}$ 号。每月月末最后一张凭证的编号要在旁边加注"全"字样，以便核查，防止遗失。

6. 记账凭证的附件张数

记账凭证上应注明所附原始凭证的张数，以便核查。记账凭证一般应当附有原始凭证。附件张数用阿拉伯数字写在记账凭证的右侧"附件××张"行内。如果根据同一原始凭证填制数张记账凭证，则应在未附原始凭证的记账凭证上注明"附件××张，见第××号记账凭证"。如果原始凭证需要另行保管，则应在附件栏目内加以注明，但更正错账和结账的记账凭证可以不附原始凭证。

7. 会计分录的填制

填制会计分录时，应按照会计制度统一规定的会计科目，根据经济业务的性质编制，以保证核算的口径一致，便于综合汇总。应用借贷记账法编制会计分录，便于从账户对应关系中反映经济业务的情况。

8. 签名或盖章

记账凭证上有关人员的签名或盖章，应全部签章齐全，以明确责任。财会人员较少的单位，在收、付记账凭证上，至少应有两人（会计和出纳）签章。一张记账凭证涉及几个会计记账的，凡记账的会计均应在"记账"签章处签章。

9. 对空行的要求

记账凭证不准跳行或留有余行。填制完毕的记账凭证如有空行的，应在金额栏划一斜线或"S"形线注销。划线应从金额栏最后一笔金额数字下面的空行划到合计数行的上面一行，并注意斜线或"S"形线两端不能划到有金额数字的行次上。

10. 填制记账凭证可用红色墨水

金额按规定需要用红字表示的，数字可用红色墨水，但不得以"负数"表示。下列两种情况下，金额可用红色墨水填写（即红字记账凭证）：①记账后发现记账凭证错误，需要用红字更正的；②填制记账凭证的特定会计业务。

5.3.4 记账凭证的填制方法

记账凭证按不同的标准有不同的分类，在此将按照本节上述的分类分别阐述各类记账凭证的填制方法。

1. 专用记账凭证的填制方法

（1）收款凭证的填制方法。

收款凭证是用来记录库存现金和银行存款收款业务的凭证，它是由出纳人员根据审核无误的原始凭证收款后填制的，包括现金收款凭证和银行存款收款凭证。在借贷记账法下收款凭证的设证科目是借方科目。在收款凭证左上角所填制的借方科目是"库存现金"或"银行存款"科目，在凭证内所反映的贷方科目，应填列与"库存现金"或"银行存款"相对应的科目。金额栏填列交易或事项实际发生的数额，在凭证的右侧填写所附原始凭证的张数，并在出纳及制单处签名或盖章。

【例 5-2】 A 公司 202×年 10 月 15 日销售一批产品，价款 20 000 元，增值税销项税额 2 600 元，收到购方支票一张，收讫 22 600 元存入银行。出纳人员根据审核无误的原始凭证填制收款凭证，其具体内容与格式见表 5-15。

表 5-15

收 款 凭 证

借方科目：**银行存款**　　　　202× 年 10 月 15 日　　　　　　字第 38 号

摘　要	贷方总账科目	明细科目	借或贷	金额（亿千百十万千百十元角分）
销售产品	主营业务收入			20 000 00
	应交税费	应交增值税（销项）		2 600 00
合　计				￥22 600 00

附单据 3 张

财务主管　　　记账　　　出纳　　　审核　　　制单 **王成**

（2）付款凭证的填制方法。

付款凭证是用来记录库存现金和银行存款付款业务的凭证，它是由出纳人员根据审核无误的原始凭证付款后填制的，包括现金付款凭证和银行存款付款凭证。在付款凭证的左上填角列的贷方科目是"库存现金"或"银行存款"科目，在凭证内反映的借方科目应填列与"库存现金"或"银行存款"相对应的科目。金额栏填列经济业务实际发生的数额，注明所附原始凭证张数后，在出纳及制单处签名或盖章。

【例 5-3】 A 公司 202×年 11 月 20 日，用现金预付职工李光差旅费 5 500 元。出纳人员根据审核无误的原始凭证填制付款凭证，其具体内容与格式见表 5-16。

（3）转账凭证的填制方法。

转账凭证是用以记录与货币收付无关的转账业务的凭证，它是由会计人员根据审核无误的转账业务原始凭证填制的。在借贷记账法下，将经济业务所涉及的会计科目全部填列在凭证内，借方科目在先，贷方科目在后，将各会计科目所记应借、应贷的金额分别填列在"借方金额"和"贷方金额"栏内。借、贷方金额合计数应该相等。注明所附原始凭证张数后，制单人应在制单处签名或盖章。

【例 5-4】 A 公司 202×年 11 月 30 日计提当月折旧 10 000 元，其中生产车间提取折旧 7 000 元，厂部管理部门提取折旧 3 000 元。会计人员根据折旧提取计算表填制转账凭证，具体内容与格式见表 5-17。

表 5-16

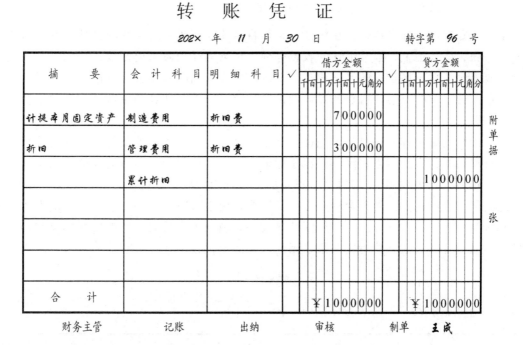

表 5-17

2. 通用记账凭证的填制方法

通用记账凭证是用以反映各种经济业务的凭证。采用通用记账凭证的企业，不再根据交易或事项的内容分别填制收款凭证、付款凭证和转账凭证，因此涉及货币资金收付业务的记账凭证是由出纳根据审核无误的原始凭证在收、付款后填制的，涉及转账业务的记账凭证,由有关会计人员根据审核无误的原始凭证填制。在借贷记账法下,通用记账凭证的格式与转账凭证相同。

【例 5-5】 A公司202×年11月15日销售产品一批,售价20 000元,增值税销项税额2 600元,收到款项存入银行。出纳人员根据审核无误的原始凭证收到款项并存入银行后,填制通用记账凭证,具体内容与格式见表5-18。

表 5-18　　　　　　　　　　　　　通用记账凭证

202×年 11 月 15 日　　　　　　　　　　　　　　　第 10100 号

摘要	一级科目	二级或明细科目	借方金额	贷方金额	记账	附件1张
销售产品一批	银行存款	略	22 600			
	主营业务收入 应交税费	略		20 000 2 600	√	
合计			22 600	22 600		

会计主管　　　记账　　　出纳 李四　　　审核　　　制单 张三

3. 复式记账凭证和单式记账凭证的填制方法

复式记账凭证也称多科目记账凭证,是指将某项经济业务所涉及的全部会计科目集中填制在一张记账凭证上,本节上述的收款凭证、付款凭证和通用记账凭证都属于复式记账凭证。复式记账凭证便于了解经济业务的全貌及资金运动的来龙去脉,便于凭证的分析和审核,但不便于同时对会计科目的发生额进行汇总、归类、计算和整理,也不便于会计人员分工记账。

单式记账凭证也称单科目记账凭证,是指将某项经济业务所涉及的会计科目,分别按每个会计科目的借方或贷方编制一张记账凭证。其中,填制借方科目的凭证称为借项记账凭证,具体格式见表5-19;填制贷方科目的凭证称为贷项记账凭证,格式见表5-20。采用单式记账凭证的优点是便于会计人员分工记账,便于同时对每一个会计科目的发生额进行汇总计算。但是,这种方法由于凭证数量较多,填制工作量大,不能较好地反映经济业务的全貌及会计科目之间的对应关系,因此使用的单位较少。

表 5-19　　　　　　　　　　　　　借项记账凭证

对应科目:主营业务收入　　　　　202×年×月×日　　　　　　　　编号 1 $\frac{1}{2}$

摘要	一级科目	二级或明细科目	金额	记账	附件1张
销售收入存入银行	银行存款	略	20 000	√	

会计主管　　　记账　　　复核　　　出纳　　　制单

表 5-20　　　　　　　　　　　贷项记账凭证

对应科目：银行存款　　　　　　202×年×月×日　　　　　　编号 1 $\frac{1}{2}$

摘要	一级科目	二级或明细科目	金额	记账	附件1张
销售收入存入银行	主营业务收入	略	20 000	√	

会计主管　　　　记账　　　　复核　　　　出纳　　　　制单

5.3.5　记账凭证的审核

为了保证账簿记录的真实准确，有效监督各类经济业务，除了编制记账凭证的人员应当认真负责、正确填制、加强自审外，同时还须建立专人审核制度。记账凭证的审核，除了要对原始凭证进行复审外，还应包括以下几方面。

(1) 记账凭证是否附有原始凭证，原始凭证是否齐全，内容是否合法，记账凭证所记录的经济业务与所附原始凭证反映的经济业务是否相符。

(2) 记账凭证的应借、应贷的会计科目是否正确，账户对应关系是否清晰，所使用的会计科目及其核算内容是否符合会计制度的规定，金额计算是否准确。

(3) 摘要是否填写清楚，其他项目填写是否齐全，如日期、凭证编号、二级或明细科目、附件张数及有关人员的签名或盖章等。

在审核过程中，如果发现差错，应及时查明原因，分别视情况按规定办法处理和更正。对于未入账的应重新填制或用划线更正法更正，已入账的应用红字更正法或补充登记法更正（错账更正的各类方法将在第 6 章中详述）。

5.4　会计凭证的传递和保管

5.4.1　会计凭证的传递

会计凭证尤其是原始凭证，其填制并非都在会计部门，但最终都必须集中到会计部门。会计人员将它们经过适当的处理全部登记入账。会计凭证除了作为记账依据之外，还有其他用途，如据以组织经济活动，协调业务关系，强化内部控制，明确岗位责任，加强会计监督等。因此，企业必须认真做好会计凭证的传递与保管工作。

会计凭证的传递，是指会计凭证从取得或填制时起，经过审核、记账、装订到归档保管时为止，在单位内部各有关部门和人员之间按规定的时间、路线办理业务手续和进行处理的过程。例如，对材料收入业务的凭证传递，应明确规定：材料运达企业后，需要多长时间验收入库，由谁负责填制收料单，又由谁在何时将收料单送交会计及其他有关部门；会计部门由谁负责审核收料单，由谁在何时编制记账凭证和登记账簿，又由谁负责整理或保管凭证等。这样，既可以把材料收入业务从验收入库到登记入账的全部工作在本单位内部进行分工，并通过各部门的协调来共同完成，同时也便于考核经办业务的有关部门和人员是否按照规定的会计手续办事。

科学的传递程序，应该使会计凭证沿着最简洁、最合理的流向运行。因此，在制定会计凭证传递相关的规定时，应主要考虑以下三个问题。

1. 制定科学合理的传递程序

各单位应根据经济业务的特点、机构设置、人员分工情况以及经营管理上的需要，明确规定会计凭证的联次及其流程。既要使会计凭证经过必要的环节进行审核和处理，又要避免会计凭证在不必要的环节停留，从而保证会计凭证沿着最简洁、最合理的路线传递。

2. 确定合理的停留处理时间

会计凭证的传递时间是指各种凭证在各经办部门、环节所停留的最长时间。它应考虑各部门和有关人员，在正常情况下办理经济业务所需的时间来合理确定。明确会计凭证的传递时间，能防止拖延处理和积压凭证，保证会计工作的正常秩序，提高工作效率。一切会计凭证的传递和处理，都应在报告期内完成。否则，将会影响会计核算的及时性。

3. 建立凭证交接的签收制度

建立健全凭证交接手续的签收制度。为了确保会计凭证的安全和完整，在各个环节中都应指定专人办理交接手续，做到责任明确，手续完备、严密、简便易行。

会计凭证的传递路线、传递时间和传递手续，还应该根据实际情况的变化及时加以修改，以确保会计凭证传递的科学化、制度化。

5.4.2 会计凭证的保管

会计凭证是一种重要的经济档案，其具有特定的法律效力。会计凭证入账后，要妥善保管，以便日后随时利用、查阅。会计凭证的保管方式和要求如下所述。

1. 会计凭证的归类整理

每月记账完毕，应定期将会计凭证加以归类整理，即把记账凭证及其所附的原始凭证，按记账凭证的编号顺序进行整理，在确保记账凭证及其所附的原始凭证完整无缺后，将其折叠整齐，加上封面、封底，装订成册，并在装订线上加贴封签，以防散失和任意拆装。在封面上要注明单位名称、凭证种类、所属年月、起讫日期、起讫编号、凭证张数等。会计主管或指定装订人员要在装订线封签处签名或盖章，然后存档保管。对于那些数量过多的原始凭证，如收(发)料单、工资单等，或各种随时需要查阅的原始凭证，如合同、存出保证金合同等，也可以单独装订保管，在封面上注明记账凭证的日期、编号、种类，同时在记账凭证上注明"附件另订"。

2. 会计凭证的造册归档

每年的会计凭证都应由会计部门按照归档的要求，负责整理立卷或装订成册。当年的会计凭证，在会计年度终了后，可暂由会计部门保管一年。期满后，原则上应由会计部门编造清册移交本单位档案部门保管。档案部门接收的会计凭证，原则上要保持原卷册的封装，个别需要拆封重新整理的，应由会计部门和经办人员共同拆封整理，以明确责任。会计凭证必须做到妥善保管，存放有序，查找方便，并要严防毁损、丢失和泄密。

3. 会计凭证的外借

会计凭证原则上不得借出，其他单位因特殊原因需要使用原始凭证时，经本单位负责人批准，可以复制。但向外单位提供的原始凭证复印件，应在专设的登记簿上登记，并由提供人员和收取人员共同签名或盖章。

4. 会计凭证的销毁

会计凭证的保管期限：原始凭证30年；记账凭证30年；汇总记账凭证30年。保管期未满，任何人不得随意销毁会计凭证。按规定销毁会计凭证时，必须开列清单，报经批准后，由档案部门和会计部门共同派人监销。在销毁会计凭证前，监督销毁的人员应认真清点核对，销毁后，在销毁清册上签名或盖章，并将监销情况报本单位负责人。

本 章 小 结

会计凭证（原始凭证和记账凭证）相关内容以及会计凭证的传递和保管。

会计凭证是记录经济业务、明确经济责任和据以登记账簿的书面证明。按其填制程序和用途不同可分为原始凭证和记账凭证。

原始凭证是在经济业务发生时取得或填制，载明经济业务具体内容和完成情况的书面证明。原始凭证，是经济业务发生的最初证明，是编制记账凭证必不可少的依据。因此，它是进行会计核算的原始资料和重要依据。按其来源不同，可分为自制原始凭证和外来原始凭证。各类原始凭证，都必须按规定的方法取得和填制，同时为了保证核算资料的真实、准确和合法，还必须按要求对原始凭证进行认真严格的审核。

记账凭证是根据审核无误的原始凭证进行归类、整理而编制的会计分录凭证。它是登记账簿的直接依据。按其适用的经济业务不同，可分为专用记账凭证和通用记账凭证两类。各类记账凭证，都须按相应的方法填制，并按要求进行审核，才能作为记账的依据。

会计凭证作为会计核算的原始资料，不仅是记账的重要依据，而且是企业加强内部控制、会计监督等的有效手段。所以会计凭证的传递和保管也是企业会计工作中的一项不可或缺的内容。

银行电汇凭证的填制

银行收款凭证的填制

借款单的填制

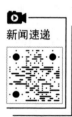
新闻速递

课 后 测 试

一、单项选择题

1. 会计凭证按其（　　）不同，分为原始凭证和记账凭证。
   A. 格式不同　　　　　　　　B. 填制手续和内容
   C. 填制程序和时间　　　　　D. 填制程序和用途

2. 下列会计凭证中，属于通用凭证的是（　　）。
   A. 银行转账结算凭证　　　　B. 工资费用分配表

C. 产品入库单　　　　　　　　　　D. 折旧计算表

3. 下列各项中，属于原始凭证的是（　　）。

A. 入库单　　　　　　　　　　　　B. 生产计划

C. 购销合同　　　　　　　　　　　D. 银行对账单

4. 下列各项中，属于一次凭证的是（　　）。

A. 固定资产卡片　　　　　　　　　B. 收料单

C. 限额领料单　　　　　　　　　　D. 发料凭证汇总表

5. 将原始凭证分为一次凭证、累计凭证、汇总凭证，其分类的依据是（　　）。

A. 按照来源不同　　　　　　　　　B. 按照格式不同

C. 按照用途不同　　　　　　　　　D. 按照填制手续及内容不同

6. 企业开出现金支票提取库存现金，该业务应当编制（　　）。

A. 银行存款收款凭证　　　　　　　B. 银行存款付款凭证

C. 库存现金收款凭证　　　　　　　D. 库存现金付款凭证

7. 企业接受的原始凭证有错误，应采用的处理方法是（　　）。

A. 本单位代替出具单位进行更正

B. 退回出具单位，不予接受

C. 通过涂改、刮擦、挖补等办法进行更正

D. 由出具单位重开或更正

8. 下列业务，应该填制银行存款收款凭证的是（　　）。

A. 出售材料一批，款未收　　　　　B. 将现金存入银行

C. 出租设备，收到一张转账支票　　D. 报废一台计算机，出售残料收到现金

9. 某单位会计部门第 8 号记账凭证的会计事项需要编制 3 张记账凭证，则这 3 张凭证的编号为（　　）。

A. 8、9、10　　　　　　　　　　　B. 7、8、9

C. $8\frac{1}{3}$、$8\frac{2}{3}$、$8\frac{3}{3}$　　　　　　　D. $\frac{1}{3}$、$\frac{2}{3}$、$\frac{3}{3}$

10. 在每项经济业务发生或完成时取得或填制的会计凭证是（　　）。

A. 付款凭证　　　　　　　　　　　B. 转账凭证

C. 原始凭证　　　　　　　　　　　D. 收款凭证

11. 下列各项中，属于审核原始凭证真实性的是（　　）。

A. 凭证日期是否真实、业务内容是否真实

B. 审核原始凭证所记录的经济业务是否违反国家法律

C. 审核原始凭证各项基本要素是否齐全

D. 审核原始凭证各项金额计算及填写是否正确

12. 下列不属于原始凭证基本内容的是（　　）。

A. 填制日期　　　　　　　　　　　B. 经济业务内容

C. 应借应贷科目　　　　　　　　　D. 有关人员签章

13. 产品生产领用材料，应编制的记账凭证是（　　）。

A. 收款凭证　　　　　　　　　　　B. 付款凭证

C. 转账凭证 D. 一次凭证

14. 记账凭证的填制是由（　　）完成的。
A. 出纳人员 B. 会计人员
C. 经办人员 D. 主管人员

15. 记账凭证是根据（　　）填制的。
A. 经济业务 B. 原始凭证
C. 账簿记录 D. 审核无误的原始凭证

16. "限额领料单"是一种（　　）。
A. 一次凭证 B. 累计凭证
C. 单式凭证 D. 汇总凭证

17. 将同类经济业务汇总编制的原始凭证是（　　）。
A. 一次凭证 B. 累计凭证
C. 记账编制凭证 D. 汇总原始凭证

18. 填制会计凭证是（　　）的前提和依据。
A. 成本计算 B. 编制会计报表
C. 登记账簿 D. 设置账户

19. 下列项目中，属于自制原始凭证的有（　　）。
A. 领料单 B. 购料发票
C. 增值税发票 D. 银行对账单

20. 从银行提取现金500元，应编制（　　）。
A. 银行存款收款凭证 B. 银行存款付款凭证
C. 现金收款凭证 D. 现金付款凭证

21. 以银行存款归还银行借款的业务，应编制（　　）。
A. 转账凭证 B. 收款凭证
C. 付款凭证 D. 计算凭证

22. 会计凭证按（　　）分类，分为原始凭证和记账凭证。
A. 用途和填制程序 B. 形成来源
C. 反映方式 D. 填制方式

23. 下列原始凭证中属于外来原始凭证的有（　　）。
A. 购货发票 B. 工资结算汇总表
C. 发出材料汇总表 D. 领料单

24. 自制原始凭证按其填制方法，可以分为（　　）。
A. 原始凭证和记账凭证 B. 收款凭证和付款凭证
C. 单项凭证和多项凭证 D. 一次凭证、累计凭证和汇总凭证

25. 把一项经济业务所涉及的有关账户，分别按每个账户填制一张记账凭证称为（　　）。
A. 一次凭证 B. 单式记账凭证
C. 复式记账凭证 D. 借项记账凭证

26. 原始凭证的金额出现错误，正确的更正方法是（　　）。
A. 由出具单位更正，并在更正处盖章

B. 由取得单位更正，并在更正处盖章
C. 由出具单位重开
D. 由出具单位另开证明，作为原始凭证的附件

27. 按照记账凭证的审核要求，下列内容中不属于记账凭证审核内容的是（   ）。
A. 凭证使用是否正确
B. 凭证所列事项是否符合有关的计划和预算
C. 凭证的金额与所附原始凭证的金额是否一致
D. 凭证项目是否填写齐全

28. 按专用记账凭证是否与货币资金有关，凭证可以分为（   ）。
A. 单式凭证和复式凭证   B. 收款凭证、付款凭证和转账凭证
C. 通用凭证和专用凭证   D. 一次凭证、累计凭证和汇总凭证

29. 收款凭证左上角"借方科目"应填列的科目名称为（   ）。
A. 其他货币资金   B. 库存现金
C. 银行存款   D. 库存现金或银行存款

30. 会计凭证的法定保管年限是（   ）。
A. 5 年   B. 10 年
C. 25 年   D. 30 年

二、多项选择题

1. 下列各项中，关于原始凭证表述正确的有（   ）。
A. 凡是不能证明经济业务发生或完成情况的各种单据不能作为原始凭证
B. 累计凭证是指根据一定时期内若干相同的原始凭证汇总编制成的原始凭证
C. 差旅费报销单属于累计凭证
D. 银行转账结算凭证、发票属于通用原始凭证

2. 下列各项中，关于汇总凭证表述正确的有（   ）。
A. 汇总凭证是指在会计的实际工作日，为了简化记账凭证的填制工作，将一定时期记录同类经济业务的原始凭证汇总编制的一张汇总凭证
B. 发料凭证汇总表属于汇总凭证
C. 限额领料单属于汇总凭证
D. 汇总凭证可以将两类或两类以上的经济业务汇总在一起，填列在一张汇总原始凭证上

3. 下列经济业务中，应编制转账凭证的有（   ）。
A. 开出转账支票支付前欠货款   B. 结转已销售材料成本
C. 收到前欠货款存入银行   D. 接受投资者以专利权投资

4. 原始凭证发生错误，正确的更正方法有（   ）。
A. 由出具单位重开或者更正
B. 由本单位的负责人代为开具
C. 金额发生错误，可由出具单位在原始凭证上更正
D. 金额发生错误，应当由出具单位重开

5. 限额领料单属于（   ）。

A. 外来原始凭证 B. 累计凭证
C. 自制原始凭证 D. 汇总原始凭证

6. 下列有关会计凭证的表述正确的有（   ）。
A. 记账凭证是会计人员根据审核无误的原始凭证，按照经济业务的内容加以归类，并据以确定会计分录后所填制的书面证明
B. 记账凭证，是将原始凭证中的一般数据转化为会计语言
C. 会计凭证，是介于原始凭证与账簿之间的中间环节，是登记账簿的依据
D. 记账凭证，是介于原始凭证与账簿之间的中间环节，是登记账簿的依据

7. 在原始凭证上书写阿拉伯数字时，正确的有（   ）。
A. 所有以元为单位的，一律填写到角分
B. 无角分的，角位和分位可写"00"，或者符号"—"
C. 有角无分的，分位应当写"0"
D. 有角无分的，分位也可以用符号"—"代替

8. 从外单位取得的原始凭证遗失时，应（   ）后代作原始凭证。
A. 取得原签发单位盖有公章的证明
B. 证明原始凭证的编号、金额、内容等
C. 由经办单位会计机构负责人、会计主管人员和单位负责人批准
D. 由本单位会计人员自行补办

9. 关于会计凭证的保管说法错误的有（   ）。
A. 未设立档案机构的，应当在会计机构内部指定专人保管
B. 原始凭证经单位负责人批准可以外借
C. 会计凭证到期后不需监管可以销毁
D. 会计凭证的保管是指从会计凭证的取得或填制时起至归档保管过程中，在单位内部有关部门和人员之间的传送程序

10. 下列各项中，属于外来原始凭证的有（   ）。
A. 船票 B. 收款方开具的收据
C. 购货发票 D. 银行结算单据

11. 下列凭证中属于原始凭证的有（   ）。
A. 提货单 B. 产品成本计算单
C. 购货发票 D. 发出材料汇总表

12. 会计凭证可以用于（   ）。
A. 记录经济业务 B. 明确经济责任
C. 登记账簿的依据 D. 编制报表

13. 收款凭证可以作为出纳人员（   ）的依据。
A. 收入货币资金 B. 付出货币资金
C. 登记现金日记账 D. 登记银行存款日记账

14. 会计凭证的传递应结合企业（   ）特点确定流程。
A. 经济业务 B. 内部机构组织
C. 人员分工 D. 经营管理需要

15. "发料凭证汇总表"分别是（　　）。
   A. 原始凭证　　　　　　　　　　B. 汇总凭证
   C. 一次凭证　　　　　　　　　　D. 自制凭证
16. 下列属于一次凭证的原始凭证有（　　）。
   A. 领料单　　　　　　　　　　　B. 收料单
   C. 销货发票　　　　　　　　　　D. 银行对账单
17. 以下属于记账凭证填制要求的是（　　）。
   A. 一个月内应连续编号　　　　　B. 会计科目应规范准确
   C. 摘要应简明扼要　　　　　　　D. 以审核无误的原始凭证为依据
18. 以下属于记账凭证审核要求的是（　　）。
   A. 是否附有原始凭证　　　　　　B. 记录的经济业务与原始凭证是否相符
   C. 会计科目应借应贷是否准确　　D. 摘要是否填写清楚
19. 原始凭证审核的主要内容包括（　　）。
   A. 合规性　　　　　　　　　　　B. 合法性
   C. 正确性　　　　　　　　　　　D. 完整性

三、判断题

1. 记账凭证是原始凭证的填制依据，原始凭证是编制财务报表的直接依据。（　　）
2. 会计部门在依据会计凭证记账以后，应定期（每天、每旬或每月）对各种会计凭证进行分类整理，将各种记账凭证按照编号顺序，连同所附的原始凭证一起加具封面和封底，装订成册，并在装订线上加贴封签，由装订人员在装订线封签处签名或盖章。（　　）
3. 复式记账凭证是将每一笔经济业务所涉及的全部科目及其发生额均在同一张记账凭证中反映的一种凭证。（　　）
4. 汇总凭证应在每次经济业务完成后，由相关人员在同一张凭证上重复填制完成。（　　）
5. 增值税专用发票属于外来、通用、一次原始凭证。（　　）
6. 无论是原始凭证还是记账凭证都是记载经济业务的发生内容。（　　）
7. 在签发支票时，¥5 200.50的汉字大写金额应写成"伍仟贰佰元伍角"。（　　）
8. 业务员在开具发票时不小心将出票金额多写了一个零，发现后便将写错的发票撕毁，重新开具了一张准确无误的发票。这种撕毁发票的做法是错误的。（　　）
9. 出纳人员可以兼管会计档案的保管工作。（　　）
10. 累计凭证的特点是在一张凭证内可以连续登记相同性质的经济业务，随时结出累计数及结余数，累计凭证是多次有效的原始凭证。（　　）
11. 自制原始凭证都是一次凭证。（　　）
12. 单式记账凭证是依据单式记账法填制的。（　　）
13. 记账凭证的依据只能是原始凭证。（　　）
14. 在审核原始凭证时，发现有伪造、涂改或不合法的原始凭证，应退回经办人员更改后再受理。（　　）
15. 实际工作中，也有企业、行政事业单位不分收款、付款、转账凭证，统一使用一种凭证，这种记账凭证称为通用记账凭证。（　　）

16. 自制原始凭证必须有经办单位负责人或其指定人员签名或盖章，对外开出的原始凭证，必须加盖本单位公章。( )

17. 职工公出借款凭证，必须附在记账凭证之后，收回借款时，应当另开收据或退还借据副本，不得退还原借款收据。( )

18. 收付款的记账凭证可以不由出纳人员签名或盖章。( )

19. 除结账和更正错误的记账凭证可以不附原始凭证外，其他记账凭证必须附有原始凭证，并注明所附原始凭证的张数。( )

20. 企业经济业务活动过程中，自行填制或外部取得的购料申请单、银行对账单、购销合同等，应作为原始凭证，并据以记账。( )

21. 记账凭证分为收款凭证、付款凭证和转账凭证，它们的格式和填制方法都相同，在实际工作中，收款、付款、转账凭证只是分别采用不同的颜色以示区别。( )

22. 复式记账凭证，便于分工记账和便于编制科目汇总表。( )

23. 原始凭证的格式和内容是统一的，它记录了经济业务的实际情况，但并未反映应使用的会计科目和记账方向。( )

24. 银行存款收款凭证不可能引起库存现金的数量变化。( )

25. 复式记账凭证也称多科目记账凭证。( )

四、练习记账凭证的填制

1. 习题一

资料：某企业202×年8月共发生下列经济业务。

(1) 企业购进甲材料一批40 000元，进项税额5 200元，材料已验收入库，款项用银行存款支付。

(2) 周华出差借支差旅费1 000元，以现金支付。

(3) 销售产品一批，售价30 000元，销项税额3 900元，款项已收存银行。

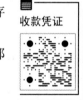

(4) 用现金购进办公用品150元，其中车间使用50元，厂部行政管理部门使用100元。

(5) 周华出差返回，报销差旅费870元，余款交回现金。

(6) 发出甲材料6 000元，其中生产A产品领用2 000元，B产品领用3 400元，车间一般耗用600元。

(7) 收回华源工厂所欠账款12 000元，存入银行。

(8) 结转已售产品成本26 000元。

要求：根据以上业务判断应编制收款凭证、付款凭证还是转账凭证，并编制相应的会计分录。

2. 习题二

建华公司202×年8月1日共发生下列三项经济业务。

(1) 向银行借入期限为3个月的贷款100 000元，当日收到后存入银行备用。

(2) 以现金购买办公用品200元。

(3) 收到国外捐赠的不需安装的机器设备一台，价值5 000元。

要求：根据以上经济业务填制收款凭证、付款凭证和转账凭证。

3. 习题三

建华公司202×年8月共发生下列货币资金收付业务。

(1) 8月2日，接银行收款通知，收到新华公司投入资金120 000元，已存入企业银行存款账户。

(2) 8月4日，开出转账支票5 000元，支付前欠前进公司货款。

(3) 8月5日，从银行提现500元备用。

(4) 8月8日，接银行通知，阳光公司归还前欠货款10 000元，已存入企业银行存款账户。

(5) 8月10日，销售产品取得货款收入90 400元，已存入企业银行存款账户。

(6) 8月12日，接银行付款通知，支付本月水费5 000元，电费1 500元。

(7) 8月13日，以银行存款6 000元支付广告费。

(8) 8月14日，以现金470元支付罚款。

(9) 8月20日，向银行申请取得长期借款50 000元，已存入企业银行存款账户。

(10) 8月22日，行政管理部门购买办公用品200元，以现金支付。

(11) 8月25日，将现金5 000元存入银行。

(12) 8月26日，向外地销售产品，以现金支付所负担的运杂费500元。

要求：根据以上经济业务填制收款凭证、付款凭证。

4. 习题四

建华公司202×年8月30日发生如下经济业务。

(1) 向黄海公司购入原材料40 000元已入库验收，增值税税率13%，运杂费5 000元，货款和运杂费尚未支付。

(2) 销售给江南公司产品35 000元，货款未收到。

(3) 生产产品领用材料7 000元。

(4) 分配本月职工工资22 000元，其中生产产品工人工资20 000元，厂部管理人员工资2 000元。

(5) 提取本月折旧费5 000元，其中车间折旧费3 000元，企业折旧费2 000元。

要求：根据以上经济业务填制转账凭证。

【第5章】
课后测试答案解析

第 6 章

会 计 账 簿

本章引言

会计凭证是经济业务发生的原始信息载体，但会计凭证上的信息较为分散，不能满足企业管理上的要求。为了连续、系统、全面地反映企业的财务状况、经营成果及现金流量，还必须把会计凭证上的信息进一步加工整理，从而获得更为综合的、更有价值的会计信息。这就需要有一种专门的方法对会计凭证信息进行汇总整理，即设置和登记会计账簿的方法。本章将详细阐述账簿设置、登记、更换及保管的相关内容。

导入案例

江苏省常州市中级人民法院公开审理了一起受贿案件。其中涉及对某公司的第一任董事长和第二大股东李某生的法律判决。2014 年 7 月，李某生在被中纪委约谈返回公司后，详细询问了会计人员李某萍被中纪委约谈的内容和被专案组扣押账目的内容。因李某生在 2014 年 4 月指示过下属销毁公司账簿、会计凭证、会计报告等，在李某萍的组织指挥下，将公司财务资料装入塑料袋、箱子或用床单包住，并用一辆黑色帕萨特轿车拉走，然后将上述财务资料烧毁。

法律鉴定报告书认为，李某生等人销毁会计账簿、会计报告等涉案金额达亿元。2016 年 9 月 8 日，平遥县人民法院认定，李某生犯隐匿、故意销毁会计账簿、会计凭证、会计报告罪，判处有期徒刑两年六个月，缓刑三年，并处罚金三万元。

学习目标

• 熟悉会计账簿的概念与分类

• 了解会计账簿的基本内容及启用原则

• 掌握日记账、总分类账及有关明细分类账的登记方法

• 掌握对账、结账、错账的更正方法

• 熟悉会计账簿的更换与保管

关键术语

思维导图

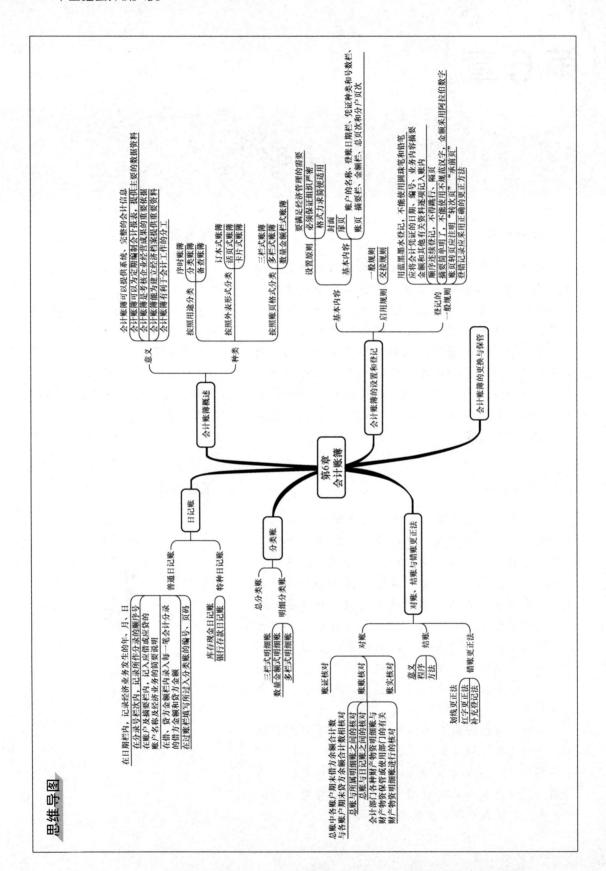

6.1　会计账簿概述

6.1.1　会计账簿的意义

在会计核算工作中，对发生的每一项经济业务，都必须取得和填制会计凭证。由于会计凭证数量很多，又很分散，而且只能零散地反映个别经济业务的内容，不能连续、系统、全面、完整地反映和监督一个经济单位的一定时期内某类或全部经济业务的变化情况，为了获取更为系统的会计信息，就需要运用设置和登记账簿的方法，把分散在会计凭证上的会计信息，加以集中和分类汇总。

会计账簿，是指以经审核过的会计凭证为依据，由专门格式、相互联系的账页所组成，用来全面、连续、系统地记录各项经济业务的簿籍。各单位应当按照国家统一的会计制度的规定和会计业务的需要设置会计账簿。账簿和账户既有区别，又有密切联系。账户是在账簿中按规定的会计科目开设的户头，用来反映某一个会计科目所要核算的内容。账页一经标明会计科目，该账页就成为一个用来记录本科目所核算内容的特定账户。即，账页是账户的载体，而账簿则是若干账页的集合。因此，账簿又是积累、储存经济活动情况的数据库。

设置账簿是会计工作的一个重要环节，登记账簿则是会计核算的一种专门方法。科学地设置账簿，正确地登记账簿，对于全面完成会计核算工作具有十分重要的意义，可以概括如下。

1. 会计账簿可以提供系统、完整的会计信息

在会计核算工作中，通过设置和登记账簿，可以对经济业务进行序时或分类的核算，将分散的核算资料加以系统化，全面系统地提供有关企业成本费用、财务状况和经营成果的总括和明细的核算资料，以正确地计算成本、费用和利润。这对于企事业单位加强经济核算，提高经营管理水平，探索资金运动的规律有重要的作用。

2. 会计账簿可以为定期编制会计报表，提供主要的数据资料

通过账簿可以分门别类地对企业经济业务进行登记，积累了一定时期全面的会计资料，通过整理，就成为企业资产负债表、利润表、现金流量表等会计报表的数据来源。因此，账簿数据是否真实、完整，直接影响财务报告的质量。

3. 会计账簿是考核企业经营成果的重要依据

账簿记录了一定时期资金取得与运用的情况，提供了费用、成本、收入和财务成果等资料。结合有关资料，可以评价企业的总体运营情况，同时也可以监督和促进各企事业单位遵纪守法，依法经营。

4. 会计账簿能为建立经济档案提供重要资料

设置和登记不同的会计账簿有利于保存会计信息资料，并通过归类存档制度方便日后查阅。因此，会计账簿是会计档案的重要组成部分，也是经济档案和经济史料的重要组成部分。

5. 会计账簿有利于会计工作的分工

在规模大、经济业务复杂的企业，合理地设置会计账簿，有利于会计工作的分工协作。

6.1.2 会计账簿的种类

会计账簿依据不同的划分标准有着不同的分类方法。

会计账簿按用途的分类

1. 会计账簿按照用途分类

会计账簿按照用途可分为序时账簿、分类账簿和备查账簿。

（1）序时账簿。

序时账簿也称日记账，是按照经济业务发生的时间先后顺序，逐日逐笔登记经济业务的账簿。日记账按其记录内容的不同又分为普通日记账和特种日记账。

普通日记账，也称分录日记账，是将企业所发生的全部经济业务，不论其性质、先后顺序，编制成会计分录记入账簿。特种日记账是按经济业务的性质单独设置账簿，它只把特定项目按经济业务顺序记入账簿，反映其详细情况。我国会计制度规定，那些发生频繁，要求严格管理和控制的业务，应设置特种日记账，一般必须设置库存现金和银行存款日记账，对库存现金和银行存款的收付款及结存情况进行序时登记，其格式见表6-1和表6-2。

表6-1

库 存 现 金 日 记 账

年		凭证号数	摘 要	对应科目	借方 百十万千百十元角分	√	贷方 百十万千百十元角分	√	余额 百十万千百十元角分
月	日								

（2）分类账簿。

分类账簿是指按照设置的会计科目开设账户，对各项经济业务进行分类登记的账簿。分类账簿按其反映内容的详细程度和范围可分为总分类账和明细分类账进行分类登记的账簿。

表 6-2

银 行 存 款 日 记 账

年		凭证号数	结算方式		摘要	借方		贷方		余额
月	日		类	号码		亿千百十万千百十元角分	✓	亿千百十万千百十元角分	✓	亿千百十万千百十元角分

总分类账簿，简称总账，是指根据总账科目开设账户来分类登记全部经济业务，提供总括核算资料。总分类账簿主要为编制会计报表提供直接的数据资料。

明细分类账簿又称明细分类账，简称明细账，是根据二级或明细会计科目设置账户，详细记录某一经济业务情况，提供明细核算资料的账簿。明细分类账簿可采用的格式主要有三栏式明细账、数量金额栏式明细账和多栏式明细账，其格式分别见表 6-3、表 6-4、表 6-5。

表 6-3

科目

年		记账凭证号数	摘要	对方科目	借方	贷方	借或贷	余额
月	日				千百十万千百十元角分	千百十万千百十元角分		千百十万千百十元角分

表 6-4

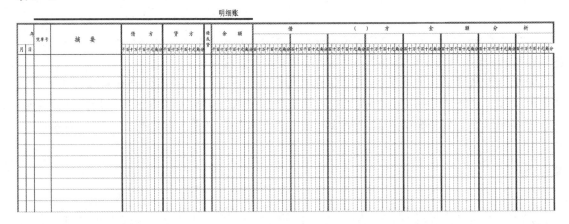

表 6-5

（3）备查账簿。

备查账簿也称辅助账簿或备查簿，是用来补充登记日记账簿和分类账簿等主要账簿中未记载或记载不全的经济业务的账簿。如"租入固定资产登记簿""代管商品物资登记簿"等。

2. 会计账簿按照外表形式分类

会计账簿按照外表形式可以分为订本式账簿、活页式账簿和卡片式账簿三类。

（1）订本式账簿。

订本式账簿，是指在账簿启用之前就把账页装订成册，并编好页码的账簿。采用订本式账簿有利于防止账页散失，并防止非法抽换账页等舞弊行为的发生，保证账簿的安全、完整。订本式账簿存在不便于会计人员的分工记账和容易形成账页不足或浪费的缺点。订本式账簿主要适用于比较重要、业务量较多的账簿，如总分类账簿和库存现金日记账、银行存款日记账等。

（2）活页式账簿。

活页式账簿，是指在启用账簿时，账页未固定装订成册，而是根据业务需要把若干零散的账页自行组合在活页夹内的账簿。活页式账簿克服了订本式账簿的缺点，但账页容易散失或被抽换。活页式账簿主要适用于明细账。

(3) 卡片式账簿。

卡片式账簿，是指由一些具有一定格式的硬质卡片组成，并编号放置在卡片箱内，随时可以取用或增添的账簿。卡片式账簿主要适用于记录内容比较复杂、业务发生次数不多的财产明细账，如固定资产明细账等。

3. 会计账簿按照账页格式分类

会计账簿按照账页格式可以分为三栏式账簿、多栏式账簿和数量金额栏式账簿等。

(1) 三栏式账簿。

三栏式账簿

三栏式账簿是设借方、贷方和余额三个栏目的账簿。特种日记账、总分类账以及债权、债务、资本明细账都可采用三栏式账簿（表 6-1、表 6-2、表 6-3）。

(2) 多栏式账簿。

多栏式账簿

多栏式账簿是在账簿的两个基本栏目——借方和贷方按需要分设若干专栏的账簿。收入、费用明细账一般均采用这种格式的账簿（表 6-5）。

(3) 数量金额栏式账簿。

数量金额栏式账簿

数量金额栏式账簿的借方、贷方和余额三个栏目内，都分设数量、单价、金额三个小栏，用以反映财产物资的实物数量和价值量。原材料、库存商品等明细账一般采用数量金额栏式账簿（表 6-4）。

6.2 会计账簿的设置和登记

6.2.1 会计账簿的基本内容

1. 账簿设置的原则

每个企事业单位需要设置哪些账簿，应根据其业务特点和管理要求而定。一般来说，账簿的设置应当遵循如下几方面的原则。

(1) 账簿设置首先要能满足经济管理的需要，也即能够全面、系统地反映和监督各会计主体的经济活动变化情况，为各会计主体的经营管理提供总括的核算资料和明细的核算资料。

(2) 账簿设置必须保证组织严密，各类账簿之间既能够分工明确，又要使其内在联系密切；既要满足经营管理的需要，又要考虑人、财、物的节约，力求避免经济资源的浪费。

(3) 账簿的格式力求简便适用，便于查核。

2. 账簿的基本内容

各个会计主体，由于管理的要求不同，所设置的账簿也不相同。同时，各种账簿所记录的经济业务也各不相同，账簿的格式也可以多种多样，但各种主要的账簿都应具备以下基本内容。

(1) 封面。用以标明账簿名称和记账单位的名称。

(2) 扉页。用以填列账簿启用的日期和截止日期、页数、册次；经管账簿人员一览表和签章、会计主管人员签章；账户目录等内容。

(3) 账页。账簿是由若干账页组成的，账页的格式虽然因记录的经济业务的内容不同而有所不同，但不同格式的账页应具备的基本内容却是相同的。账页的基本内容主要包括：①账户的名称(总账科目、二级科目或明细科目)；②登账日期栏；③凭证种类和号数栏；④摘要栏(记录经济业务内容的简要说明)；⑤金额栏；⑥总页次和分户页次。

6.2.2 会计账簿的启用规则

建账

1. 启用账簿的一般规则

会计账簿是储存数据资料的重要会计档案，登记账簿要有专人负责。为了保证账簿记录的严肃性和合法性，明确记账的责任，保证会计资料的完整，在账簿启用时，应在"账簿启用和经管人员一览表"中详细记载单位名称、账簿编号、账簿册数、账簿页数、启用日期，并加盖单位公章，经管人员包括企业负责人、主管会计、复核和记账人员等，均应登记姓名并加盖印章。

2. 会计人员的交接规则

记账人员调离岗位等因故离职时，必须与接管人员办理正式的交接手续。在交接记录栏内详细填写交接日期、交接人员和监交人员姓名，并由交接双方签字并加盖印章。一般会计人员办理交接手续，由会计机构负责人监交，而会计机构负责人办理交接手续，由单位负责人监交，必要时主管单位可以派人会同监交。

6.2.3 会计账簿登记的一般规则

登记总账

会计人员应根据审核无误的会计凭证连续、系统、及时地登记会计账簿。对于总账要按照各会计主体所选用的具体账务处理程序来确定登记总账的依据和具体时间，而对于各种明细账，则要根据原始凭证和记账凭证逐日逐笔进行登记，也可定期登记。但债权债务类明细账和财产物资类明细账应当每天进行登记，以便随时与对方单位结算，或与财产物资的实存数进行核对，以确定结余数的正确性。现金和银行存款日记账，应当根据办理完毕的收付款凭证，随时逐笔顺序进行登记，最少每日登记一次。但不管哪类账簿的登记，都应遵循以下一般规则。

(1) 登记账簿时用蓝黑墨水笔登记，不能使用圆珠笔和铅笔。下列情况可以用红色墨水记账：按照红字冲账的记账凭证上，冲销错误记录；在不设借贷等栏的多栏式账页中，登记减少数；在三栏式账户的余额栏前，如未印明余额方向的，在余额栏内登记负数；根据国家统一的会计制度的规定可以用红字登记的其他会计记录。

(2) 登记会计账簿时，应当将会计凭证的日期、编号、业务内容摘要、金额和其他有关资料逐项记入账内。登记完毕后，记账人员要在记账凭证上签名或盖章，并注明已经登账的标记(如打√等)，表示已经登记入账，以避免重登和漏登。

(3) 各种账簿应按账户页次顺序连续登记，不得跳行、隔页。如果发生跳行、隔页现象，应在空行、空页处用红色墨水画对角线注销，注明"此行空白"或"此页空白"字样，并由记账人员签章。

（4）摘要栏文字应简明扼要，并采用标准的简化汉字，不能使用不规范的汉字；金额栏的数字应该采用阿拉伯数字，并且对齐位数，注意"0"不能省略和连写。账簿中书写的文字或数字不能顶格书写，一般只应占格距的1/2，以便留有改错的余地。

（5）对于登错的记录，不得用刮擦、挖补、涂改或用药水消除字迹等手段更正错误，也不允许重抄，应采用正确的错账更正方法进行更正。

（6）各账户在一张账页登记完毕结转下页时，应当结出本页合计数和余额，写在本页最后一行和下页第一行有关栏内，并在本页最后一行的"摘要"栏内注明"转次页"字样，在下一页第一行的"摘要"栏内注明"承前页"字样。对"转次页"的本页合计数如何计算，一般分3种情况：①需要结出本月发生额的账户，结计"转次页"的本页合计数应当为自本月初起至本页末止的发生额合计数，如库存现金日记账、银行存款日记账及采用"账结法"下的各损益类账户；②需要结计本年累计发生额的账户，结计"转次页"的本页合计数应当为自年初起至本页末止的累计数，如"本年利润"账户和采用"表结法"下的各损益类账户；③既不需要结计本月发生额也不需要结计本年累积发生额的账户，可以只将每页末的余额结转次页。如债权、债务结算类账户、"实收资本"等资本类账户和"材料"等财产物资类账户。

6.3 日 记 账

在6.2节我们学习了会计账簿设置和登记的一般规则，但是对于不同种类的账簿，特别是日记账和分类账在设置和登记的具体方面有很大不同。所以本节和6.4节将分别介绍两大类账簿的具体设置和登记方法。

在企业会计实务中，尽管记账凭证式的账务处理程序仍有较广泛的使用，但采用这种直接通过记账凭证登记分类账的企业，绝大多数是业务量较少的小企业。而规模较大的企业由于业务量很大，必须先将交易与事项先记入日记账，然后将日记账中所记录的各个借项和贷项分别转记入有关的分类账户中。这种记录形式，尤其适用于大企业，而且效率高。

日记账是一种原始分录簿。它根据原始凭证，按时间顺序，逐笔登记每一笔经济业务，所以它也被称为日记簿。在记录时，日记账要为每一笔业务指出应借和应贷的各账户的名称和金额。相当于为每一笔业务做了一笔会计分录，因此它又被称为原始分录簿。通常按其登记业务的类型不同，日记账可分为普通日记账和特种日记账两类。

6.3.1 普通日记账

普通日记账可用于记录任何类型的经济业务，具有格式统一、使用方便的特点。无论是已设置特种日记账还是未设置特种日记账的企业都可设置普通日记账。设置普通日记账的企业，一般不再使用记账凭证。普通日记账的登记方法如下。

（1）在日期栏内，记录经济业务发生的年、月、日。年月通常只在日记账每页的顶端及年月发生变动的地方填写，而日则每一笔分录必须填写。

（2）在分录号栏次内，记录所作分录的顺序号。

（3）在账户及摘要栏内，记入应借或应贷的账户名称及经济业务的简要说明。一般地，每笔分录总是先录入借方科目，然后再录入贷方科目，且二者不应对齐，借记部分应在左边先行录入，而贷记部分则在借方科目下右错一格录入。

(4) 在借、贷方金额栏内录入每一笔会计分录的借方金额和贷方金额。

(5) 在过账栏填写所过入分类账的编号、页码,以便和分类账进行核对。

以第 5 章的两笔业务为例,其登记在普通日记账中的格式见表 6-6。

表 6-6　　　　　　　　　　　　　　普通日记账

单位：元　　第×页

202×年		分录号	会计科目及摘要	金额		过账
月	日			借方	贷方	
10	15	略	银行存款 主营业务收入 应交税费 销售产品,价款存入银行	22 600	20 000 2 600	
	20		原材料 应交税费 银行存款 购入材料,款项通过银行支付	50 000 6 500	56 500	

设置普通日记账主要有三方面的优点。①与传统的记账凭证式账务处理程序相比,普通日记账形式大大减少了发生错误的可能性。这是因为如果以记账凭证直接登记分类账,就可能发生漏记或多记借方或贷方的情况。而采用日记账形式后,这种错记或漏记能减少到最低限度。②每一笔日记账分录都列示了相应经济业务的完整借贷记录,且通过摘要栏能更完整、全面地反映经济业务的性质和来龙去脉。③日记账序时记录每笔经济业务,形成了一部能够反映某一时期企业经济活动的完整档案。这种资料对于企业进行全方面地经济活动分析有重要作用。

6.3.2　特种日记账

特种日记账是专门用来登记某一类经济业务的日记账,它是普通日记账的进一步发展。在企业的经济业务中,有大量重复发生的特定类型的交易,如现金的收付、原材料的采购、产品销售等。企业应根据自身经济业务的特点来决定设置何种特种日记账。最常见的特种日记账有现金日记账、银行存款日记账、销货日记账和购货日记账。下面以现金日记账和银行存款日记账为例介绍其设置和登记的方法。

现金日记账的登记方法

1. 库存现金日记账

库存现金日记账,简称现金日记账,是用来登记与现金收付有关的所有业务的特种日记账。它是由出纳人员根据现金收付款凭证和银行存款付款凭证,按经济业务发生的先后顺序逐日逐笔地进行登记。按照我国《现金管理条例》中对企业现金收支的管理规定,现金日记账除应提供企业在每日的现金收入、现金支出及其余额的信息外,还应提供反映现金收支是否符合国家对现金收支的管理规定方面的信息。因此,在现金日记账上应设置"对应科目"栏。其格式及内容见表 6-7。

现金日记账的登记方法如下。

(1) 日期栏：登记记账凭证的日期,应与现金实际收付日期一致。

(2) 凭证栏：登记入账的收付款凭证的种类和编号,以便于查账和核对。现金收款凭证简称"现收",现金付款凭证简称"现付",银行存款付款凭证简称"银付"。

表6-7 库存现金日记账(三栏式)

单位:元

202×年		凭证		摘要	对方账户	收入	支出	结余
月	日	字	号					
10	1			月初结余				1 500
	5	现收	1	李四归还借款	其他应收款	200		1 700
	10	银付	1	从银行提取现金	银行存款	17 000		18 700
	16	现付	1	支付职工工资	应付职工薪酬		16 300	2 400
				……				
10	31	现收	16	收到销货款	主营业务收入	2 400		6 100
10	31			本月合计		64 300	59 700	6 100

(3) 摘要栏:简要说明登记入账的经济业务的内容。文字要求简练,但必须能说明问题。

(4) 对方账户栏:登记与现金发生对应关系的账户的名称,其作用是揭示企业现金收入的来源和支出的用途。

(5) 收入、支出栏:登记企业现金实际收付的金额。在每日终了后,应结出本日的余额,记入"余额"栏,并将余额与出纳员的库存现金核对,即通常所说的"日清"。如账款不符应及时查明原因,并登记备案。月终,要计算本月现金收入、支出的合计数,并结出本月月末余额,也即通常所称的"月结"。

现金日记账除了上述的三栏式外,也可采用多栏式,即在收入和支出栏内进一步设置对方科目,也即在收入栏内设应贷科目(借方为现金),在支出栏内设应借科目(贷方为现金)。如果某些企业现金的收付业务比较多,而且与"现金"账户对应的账户不多,又比较固定的情况下,可以采用多栏式现金日记账。这种方式既反映了每一笔收支业务的来龙去脉,又便于分析和汇总对应账户的发生额,同时也减少了登记总分类账的工作量。

2. 银行存款日记账

银行存款日记账,是用来登记银行存款的增加、减少和结存情况的所有业务的特种日记账。银行存款日记账由出纳人员根据银行存款付款凭证、银行存款收款凭证和现金付款凭证(记录现金存入银行的业务),按照经济业务发生的时间先后顺序,逐日逐笔进行登记。同时应定期与银行对账单对账,编制银行存款余额调节表。银行存款日记账除应提供每日银行存款的增减金额及余额的信息外,还应反映企业以银行存款收付是否符合国家《银行结算办法》的规定,因此,还应增设"结算凭证种类、编号"栏和"对方账户"栏。银行存款日记账的登记方法与现金日记账的登记方法基本相同。银行存款日记账的格式一般为三栏式,但也可采用多栏式,其根据与多栏式现金日记账相似。银行存款日记账的格式见表6-8。

表 6-8　　　　　　　　　　　银行存款日记账（三栏式）

单位：元

202×年		凭证		摘　要	结算凭证		对方账户	收入	支出	结余
月	日	字	号		种类	编号				
10	1			月初余额						120 000
	1	银收	1	收到天山公司欠款			应收账款	38 000		158 000
	5	银付	1	提取现金	现支	216	库存现金		16 000	142 000
	15	现付	2	将现金存入银行			库存现金	20 000		162 000
				……						
10	31	银收	19	收到销货款			应收账款	10 000		345 000
10	31			本月合计				320 000	95 000	345 000

设置特种日记账主要有两方面的优点。①节约人力。记录经济业务所需要的时间大大减少，既能减少从日记账过入分类账的过账工作量，又能减少登记总账的工作量。②便于分工。特种日记账使经济业务的记录与过账可以分工进行。当某一会计人员在销货日记账上记录销售业务时，另一会计人员可以在现金日记账上记录各项现金收入业务。这样既能有利于会计人员更好的分工协作，还可以提高记账效率和明确记账责任。

6.4　分　类　账

6.4.1　总分类账

总分类账的登记方法

　　总分类账是按总分类账户分类登记全部经济业务的账簿。在总分类账中，应按照总分类账会计科目的编码分别开设账户，由于总分类账一般都采用订本式账簿，因此应事先为每一个账户预留若干账页。总分类账不仅能够全面、总括地反映经济业务的情况，并为会计报表的编制提供资料，同时也对其所属的各明细分类账起控制作用，因此任何单位都必须设置相应的总分类账。
　　总分类账的格式因采用的会计账务处理程序不同而各异。但是最常用的格式为三栏式总账，即分为借方金额、贷方金额、余额三栏。总分类账可以按记账凭证逐笔登记，也可以将记账凭证汇总进行登记，还可以根据普通日记账在月末汇总登记。具体的登记方法取决于企业所采用的会计账务处理程序，这一内容将在第 8 章详细介绍。三栏式总分类账的具体格式见表 6-9。
　　此外，也有企业采用多栏式总分类账，把序时账簿和总分类账簿结合在一起，变成了一种联合账簿，通常称为日记总账，它具有序时账簿和总分类账簿的双重作用。采用这种总分类账簿，可以减少记账的工作量，提高工作效率，并能较全面地反映资金运动的情况，便于分析企业的经济活动状况。它主要适用于经济业务较少的经济单位。多栏式总分类账具体格式见表 6-10。

表 6-9　　　　　　　　　　　　　　总分类账

会计科目：原材料　　　　　　　　　　　　　　　　　　　　　　　　单位：元

202×年		凭证		摘　　要	借方金额	贷方金额	借或贷	余额
月	日	种类	编号					
10	1			月初结余			借	100 000
	5			购入	30 000		借	130 000
	15			领用		6 000	借	124 000
				……				
	31			本月合计	50 000	64 000		
				月末余额			借	86 000

但是多栏式总分类账篇幅较大，不便于登记和保管，不过对于实行会计电算化的企业，采用这种日记总账却有很多优点。它能够全面地反映各项经济业务的来龙去脉，有利于对会计核算资料的分析和使用，而且其账务处理程序也较简单。

表 6-10　　　　　　　　　　　　多栏式总分类账（日记总账）

　　　　　　　　　　　　　　　　　　　　　　　　　　　　　　　　单位：元

202×年		凭证		摘　要	发生额	现金		银行存款		……	利润分配	
月	日	字	号			借	贷	借	贷		借	贷

6.4.2　明细分类账

明细分类账是按照各个明细账户分类登记经济业务的账簿。它可以反映资产、负债、所有者权益、收入、费用等价值变动情况，又可以反映资产等实物量增减情况，各单位可根据实际需要，按照二级科目或三级科目开设账户。明细分类账的格式主要是根据它所反映的经济业务的特点，以及实物管理的不同要求来设计的，明细分类账应根据原始凭证或原始凭证汇总表登记，也可以根据记账凭证登记。明细分类账可以采用三栏式、数量金额式和多栏式 3 种格式。

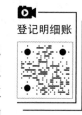

登记明细账

1. 三栏式明细账

三栏式明细账中只设有借方、贷方和余额三个金额栏。它适用于只反映价值信息的账户，如应收账款明细账、应付账款明细账、其他应收款明细账、应交税金明细账等。应收账款明细账具体格式见表 6-11。

表 6-11　　　　　　　　　　　　　　应收账款明细账
二级科目：天山公司　　　　　　　　　　　　　　　　　　　　　　　　　　单位：元

202×年		凭证		摘　要	借　方	贷　方	借或贷	余　额
月	日	字	号					
10	1			月初余额			借	36 000
	2	转	5	天山公司购买A产品	14 000		借	50 000
	8	收	6	收到天山公司前欠购货款		8 000	借	42 000
				……				

2. 数量金额式明细账

数量金额式明细账中设有入库、出库和结存3大栏次，并在每一大栏下设有数量、单价和金额3个小栏目。这种格式适用于既要进行实物数量核算，又要进行金额核算的各种财产物资类账户。如原材料、产成品、自制半成品等账户的明细分类核算。数量金额式明细账实质上是在三栏式明细账的基础上发展起来的，是三栏式明细账的进一步扩展。原材料明细账具体格式见表6-12。

3. 多栏式明细账

多栏式明细账是根据经济业务的特点和经营管理的需要，在某一总分类账项下，对属于同一级科目或二级科目的明细科目分设若干栏目，用以在同一张账页上集中反映各有关明细科目或项目的核算资料。它主要适用于费用、成本、收入和成果等账户的明细核算。按照明细分类账登记的经济业务的特点不同，多栏式明细账又可分为借方多栏式、贷方多栏式和借贷方多栏式三种格式。借方多栏式、贷方多栏式明细账格式见表6-13、表6-14。

表 6-12　　　　　　　　　　　　　　原材料明细账
一级科目：原材料
二级科目：甲材料
材料规格　　　　　　　　计量单位：元/千克　　　　　　最高储备　　　　　　最低储备

202×年		凭证		摘　要	入　库			出　库			结　存		
月	日	字	号		数量	单价	金额	数量	单价	金额	数量	单价	金额
10	1			月初余额							9	50	450
	5	收	1	验收入库	60	50	3 000				69	50	3 450
	9	领	6	车间领用				40	50	2 000	29	50	1 450

表 6-13　　　　　　　　　　生产成本明细账(借方多栏式)

二级科目：甲产品　　　　　　　　　　单位：元　　　　　　　　　总第　页　　分第　页

202×年		凭证		摘要	借方				贷方	余额
月	日	字	号		直接材料	直接工资	制造费用	合计		
10	1			月初余额	1 200	1 000	300	2 500		2 500
	31	转	12	登记材料费	9 800			9 800		12 300
	31	转	13	登记人工费		12 800		12 800		25 100
	31	转	14	分配制造费用			2 800	2 800		27 900
	31			转出完工产品生产成本	-11 000	-13 800	-3 100	-27 900	-27 900	0

表 6-14　　　　　　　　　　营业外收入明细账(贷方多栏式)

单位：元

202×年		凭证		摘要	借方	贷方	余额	贷方金额分析			
月	日	字	号					银行存款	固定资产清理	……	合计

6.5　对账、结账与错账更正法

期末对账

6.5.1　对账

对账就是核对账目。通常是在一定会计期间(月度、季度、年度)期末时，对各种账簿记录所进行的核对。通过对账，可以及时发现和纠正记账及计算的差错，做到账证相符、账账相符、账实相符，保证各种账簿记录的完整和正确，以便如实反映各单位经济活动的情况，并为编制会计报表提供真实可靠的核算资料。

1. 账证核对

账证核对是指各种账簿的记录与记账凭证及其所附的原始凭证相核对。这种核对通常是在日常核算中进行的，以使错账能及时得到更正。月终时，如果出现账证不符，则应将账簿记录与记账凭证重新复核，以确保账证相符。

2. 账账核对

账账核对是指对各种账簿之间的有关数字进行核对，主要包括以下几个方面。

（1）总账中各账户期末借方余额合计数与各账户期末贷方余额合计数相核对。

（2）总账与所属明细账之间的核对。在确保总账中各账户借方余额合计数与各账户贷方余额合计数核对相符的基础上，对总账中各账户与其所属的各明细账进行核对。包括将总账账户的本期借方或贷方发生额合计数进行核对，以及将总账账户的期末余额与其所属的各明细账户的期末余额合计数进行核对。

（3）总账与日记账之间的核对。即将总账中现金和银行存款账户的记录分别与现金日记账和银行存款日记账进行核对。其核对内容也包括余额核对和发生额核对。

（4）会计部门各种财产物资明细账与财产物资保管或使用部门的有关财产物资明细账进行的核对。这项核对是在保证会计部门明细账记录正确的基础上进行的，通常是将两者的余额进行核对。

账账之间的核对，最终的要求是做到账账相符，以便为账物、账款之间的核对提供依据。

3. 账实核对

账实核对包括账物、账款的核对，即将各种财产物资的账面余额与实有数额进行核对。

（1）现金日记账的余额与现金实际库存数相核对，并保证日清月结。

（2）银行存款日记账的余额与银行送来的对账单相核对，每月最少一次，并保证相符。

（3）各种应收、应付款明细账余额与有关债权、债务单位的账目相核对，并保证相符。

（4）各种材料、物资、产品明细账的余额与其实物数额相核对，并保证相符。

6.5.2 结账

1. 结账的意义

结账，是指在把一定时期（月份、季度、年度）内所发生的全部经济业务登记入账的基础上，在期末按照规定的方法对该期内的账簿记录进行小结，结算出本期发生额合计数和余额，并将其余额结转下期或者转入新账以及划出结账标志的程序和方法。

为了正确反映一定时期内在账簿记录中已经记录的经济业务，总结有关经济业务活动和财务状况，各单位必须在会计期间结束时进行结账。通过结账，能够全面、系统地反映企业一定时期内所发生的全部经济业务所引起的企业资产、负债、所有者权益等方面的增减变动情况及其结果；通过结账，还可以合理地确定企业在各会计期间的净收益，便于企业合理地进行利润计算和利润分配；通过结账，有利于企业定期编制会计报表，结账工作的质量直接影响着会计报表的质量。

2. 结账的程序

简单地说，结账工作主要由两部分构成：一是结出总分类账和明细分类账的本期发生额和期末余额（包括本期累计发生额），并将余额在本期和下期之间进行结转；二是损益类账户，即收入、成本费用类账户的结转，并计算出本期利润（利润的确定一般在年结时进行）。通常结账的程序可按以下步骤进行。

（1）检查结账日截止以前所发生的全部经济业务是否都已经登记入账。检查账簿记录的完整性和正确性，每一项经济业务不能漏记、重记，也不能有错误的记账分录。

（2）结账前的账项调整。为了正确计算企业在各会计期间的利润，应按照权责发生制原则和收入与费用配比原则确定应属于各会计期间的收入和费用。由于会计期间假设的存在，使企业经常发生一些收款期与受益期不一致的收入项目，以及一些支付期与负担期不一致的费用项目。因此，必然要求会计人员在各会计期间终了进行结账之前，按照权责发生制原则和配比原则进行账项调整，编制有关账项调整的会计分录。

（3）编制结账分录。在有关经济业务都已经登记入账的基础上，要将各种收入、成本和费用等账户的余额进行结转，编制各种转账分录，结转到利润账户，再编制利润分配的分录。

（4）计算发生额和余额。计算出各账户的发生额和余额并进行结转，最终计算出资产、负债和所有者权益类账户的本期发生额和余额。

3. 结账的方法

结账工作通常是为了总结一定时期企业经济活动的变化情况和结果。根据核算的需要，结账一般分为月结、季结和年结三种。

（1）月结。月度结账时，应该结出本月借、贷双方的月内发生额和期末余额，在摘要栏注明"本期发生额及期末余额"，同时，在"本期发生额及期末余额"行的上、下端各划一条红线，表示账簿记录已经结束。

（2）季结。季度结账应在本季度最后一个月结账数字的红线下边一行，把本季度3个月的借、贷双方月结数汇总，并在摘要栏内注明"本季发生额合计及季末余额"，同样在数字下端划一条红线。

（3）年结。年度结账时，应将四个季度的借、贷双方季结加以汇总，在摘要栏内注明"本年发生额及年末余额"，并在数字下端划双红线，表示本年度账簿记录已经结束。现以"现金"账户为例加以说明，具体见表6-15。

表6-15　　　　　　　　　　　　　　总分类账

一级科目：库存现金　　　　　　　　　　　　　　　　　　　　　　　　单位：元

202×年		凭证号数	摘要	借方	贷方	借或贷	余额
月	日						
1	1		上年结转			借	150
1	5				60	借	90
1	10			50		借	140
1	21				40	借	100
1	31		1月份合计	50	100	借	100
2	6			100		借	200
2	11				80	借	120

续表

202×年		凭证号数	摘要	借方	贷方	借或贷	余额
月	日						
2	25				40	借	80
2	28		2月份合计	100	120	借	80
3	7			20		借	100
3	15			150		借	250
3	24				50	借	200
3	31		3月份合计	170	50	借	200
3	31		第一季度合计	320	270	借	200
			202×年度发生额总计	11 200	11 100	借	250
			上年余额	150			
			转下年结		250		
			合计	11 350	11 350		

注：年度结账后，总账和日记账应当更换新账，各账户的年末余额，应转入下年度的新账簿。明细账一般也应更换，但有些明细账，如固定资产明细账（卡）等可以连续使用，不必每年更换。

6.5.3 错账更正法

在账簿记录过程中，由于种种原因，不可避免地会发生各种各样的记账错误。当发现错账时，应根据差错的具体原因，选择相应的方法进行更正。更正错账的方法主要有以下三种。

1. 划线更正法

划线更正法适用于结账之前发现的账簿记录错误，而记账凭证没有错误的情况。即纯属登账时文字或数字上的错误，可采用划线更正法。

划线更正法是用一条红线划去错误数字或文字，并使原来的字迹仍然清晰可见，然后在红线上方空白处，用蓝黑墨水笔做出正确的记录，并由记账人员在更正处盖章，以示对该更正事项负责。

【例6-1】 会计人员李明登记会计账簿时，将金额"53 200"写成"52 300"。更正时应该按以下方法处理，如图6.1所示。

图6.1 错账更正处理方法

2. 红字更正法

红字更正法适用于对以下两种错误的更正。

(1) 记账后发现记账凭证中应记科目、借贷方向有错误，致使账簿记录错误。

更正时用红字填制一张内容与错误的记账凭证完全相同的记账凭证，在摘要栏中注明"更正第×张凭证的错误"，并据以用红字金额登记入账，冲销原有错误记录，然后，再用蓝字填制一张正确的记账凭证，并据以登记入账。

【例 6-2】 企业购入原材料(已入库)10 000 元，货款尚未支付。(不考虑增值税)

企业会计人员编制了如下会计分录，并已登记入账。

借：原材料　　　　　　　　　　　　　　　　　　　　　10 000
　　贷：应收账款　　　　　　　　　　　　　　　　　　　　10 000

当发现上述错账时，应按下列方法进行更正。

① 用红字填制一张与原错误凭证完全一致的记账凭证，并用红字登记入账。

借：原材料　　　　　　　　　　　　　　　　　　　　　10 000
　　贷：应收账款　　　　　　　　　　　　　　　　　　　　10 000

② 然后，用蓝字编制一张正确的记账凭证，并登记入账。

借：原材料　　　　　　　　　　　　　　　　　　　　　10 000
　　贷：应付账款　　　　　　　　　　　　　　　　　　　　10 000

将上述更正错误的记录记入有关账户后，则有关账户的原错误记录得到更正，具体情况如图 6.2 所示。

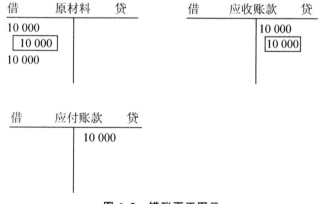

图 6.2　错账更正图示

(2) 记账后发现记账凭证中应记科目、借贷方向无误，但所记金额大于应记金额，致使账簿记录错误。

如填制的记账凭证中会计科目名称和借贷方向正确，只是金额多计，在记账后发现，可用红字冲转多记部分。

【例 6-3】 月末企业计提生产用固定资产折旧 10 000 元。

企业会计人员编制了如下会计分录，并已登记入账。

借：制造费用　　　　　　　　　　　　　　　　　　　　100 000
　　贷：累计折旧　　　　　　　　　　　　　　　　　　　　100 000

发现错误更正时，用红字填制一张科目与方向和原错误凭证相同，但金额为应记金额与所记金额之差的记账凭证，并用红字登记入账。

借：制造费用　　　　　　　　　　　　　　　　　　　　　　　　90 000
　　贷：累计折旧　　　　　　　　　　　　　　　　　　　　　　　90 000

将上述更正错误的记录记入有关账户后，则有关账户的原错误记录得到更正，具体情况如图6.3所示。

图 6.3　错账更正图示

3. 补充登记法

补充登记法，也称蓝字补记法。应用此种方法是在科目对应关系正确时，将少记的金额用蓝字填制一张记账凭证，在摘要栏中注明"补记×字第×号凭证少记数"，并据以登记入账，以补充原来少记的金额。这种方法适用于记账后发现记账凭证所填的金额小于正确金额的情况。对于这种情况可以采用红字更正法，也可以采用补充登记法。

【例6-4】　企业销售商品一批，货款20 000元，货款尚未收到。（不考虑增值税）
企业会计人员编制了如下会计分录，并已登记入账。

借：应收账款　　　　　　　　　　　　　　　　　　　　　　　　2 000
　　贷：主营业务收入　　　　　　　　　　　　　　　　　　　　2 000

为了更正账户少计的18 000元，应用蓝字填制一张如下记账凭证，并登记入账。

借：应收账款　　　　　　　　　　　　　　　　　　　　　　　　18 000
　　贷：主营业务收入　　　　　　　　　　　　　　　　　　　　18 000

将上述更正错误的记录记入有关账户后，使有关账户中错误的记录得到更正，具体情况如图6.4所示。

图 6.4　错账更正图示

6.6　会计账簿的更换与保管

6.6.1　账簿的更换

账簿的更换，是指在会计年度终了年度结账完毕以后，以新账代替旧账。在每一会计年度结束，新的会计年度开始时，应按照会计制度的规定，更换一次总账、日记账和大部分明细账。一少部分明细账还可以继续使用，年初可以不必更换账簿，如固定资产明细账（卡）等。

更换账簿时，应将上年度各账户的余额直接记入新年度相应的账簿中，并在旧账簿中各账户年终余额的摘要栏内加盖"结转下年"戳记。同时，在新账簿中相关账户的第一行摘要栏内加盖"上年结转"戳记，并在余额栏内记入上年余额。

6.6.2 账簿的保管

会计账簿是各单位重要的会计档案资料，在经营管理中具有重要作用。因此，各企事业单位都必须按照国家有关规定，健全账簿管理制度，妥善保管本单位的各类账簿。

账簿的保管，应该明确责任，保证账簿的安全和会计资料的完整，防止交接手续不清和可能发生的舞弊行为。在账簿交接保管时，应将该账簿的页数、记账人员的姓名、启用日期、交接日期等列表附在账簿的扉页上，并由有关人员签字盖章。账簿要定期（一般为年终）收集，审查核对，整理立卷，装订成册，专人保管，严防丢失和损坏。

账簿应按照规定的期限保管。各账簿的保管期限分别为：日记账一般为30年；固定资产卡片在固定资产报废清理后应继续保存5年；其他总分类账、明细分类账和辅助账簿应保存30年。保管期满后，要按照会计档案管理办法的规定，由财会部门和档案部门共同鉴定，报经批准后进行处理。各类会计档案的保管原则上应当按照表6-16中的保管期限进行保管，表中的会计保管期限为最低保管期限。各单位会计档案的具体名称如有与表中所列档案名称不相符的，可以比照类似档案的保管期限办理。

表6-16　　　　　　　　　单位和其他组织会计档案保管期限

序号	档案名称	保管期限	备注
一	会计凭证类		
1	原始凭证	30年	
2	记账凭证	30年	
二	会计账簿类		
3	总账	30年	包括日记总账
4	明细账	30年	
5	日记账	30年	
6	固定资产卡片		固定资产报废清理后保管5年
7	其他辅助性账簿	30年	
三	财务报告类		包括各级主管部门汇总财务报告
8	月、季度、半年度财务报告	10年	包括文字分析
9	年度财务报告（决算）	永久	包括文字分析
四	其他类		
10	银行余额调节表	10年	
11	银行对账单	10年	

续表

序号	档案名称	保管期限	备注
12	纳税申报表	10 年	
13	会计档案移交清册	30 年	
14	会计档案保管清册	永久	
15	会计档案销毁清册	永久	
16	会计档案鉴定意见书	永久	

合并、撤销单位的会计账簿，要根据不同情况，分别移交给并入单位、上级主管部门或主管部门规定的其他单位保管，并由交接双方在移交清册上签名盖章。

账簿日常应由各自分管的记账人员专门保管，未经领导和会计负责人或有关人员批准，不许非经管人员翻阅、查看、摘抄和复制。会计账簿除非特殊需要或司法介入要求，一般不允许携带外出。

新会计年度对更换下来的旧账簿应进行整理、分类，对有些缺少手续的账簿，应补办必要的手续，然后装订成册，并编制目录，办理移交手续，按期归档保管。

以上是对手工记账方式下的会计账簿更换与保管的内容，而对于采用会计电算化的单位，也应当保存打印出的纸质会计账簿；如果企业具备采用磁盘、光盘、微缩胶片等磁性介质保存会计账簿条件的，应按国务院主管部门统一规定保存，并报财政部、国家档案局备案。

新闻速递

本 章 小 结

本章主要介绍了会计账簿的概念，日记账与分类账的设置和登记、对账、结账和错账更正及账簿的更换与保管。

会计账簿是指由一定格式账页组成的，以经过审核的会计凭证为依据，全面、系统、连续地记录各项经济业务的簿籍。账簿能够提供系统、完整的会计信息，也能够为会计报表的编制提供数据资料，同时也是企业业绩考核的重要依据。

日记账和分类账应按照账簿的一般规则进行设置和登记。日记账按其登记业务的类型不同，可分为普通日记账和特种日记账。设置普通日记账的企业一般不再使用记账凭证。特种日记账主要有现金日记账和银行存款日记账两种。

分类账包括总分类账和明细分类账两种。总分类账与明细分类账的登记要符合平行登记的原则。

对账、结账是会计期末的一项重要工作。对账即核对账目，主要包括账证核对、账账核对及账实核对。而结账是会计期末对账簿记录的总结工作，必须按照规定的程序进行。

会计账簿是重要的经济档案和历史资料，应按照有关规定妥善地保管。

课后测试

一、单项选择题

1. 会计账簿可按不同的标准进行分类，下列属于按用途划分的账簿类别是（　　）。
   A. 数量金额式明细账　　　　　　B. 活页账
   C. 订本账　　　　　　　　　　　D. 序时账

2. 固定资产明细账一般采用（　　）账簿。
   A. 活页式　　　　　　　　　　　B. 订本式
   C. 多栏式　　　　　　　　　　　D. 卡片式

3. 下列各项中，不可以用红色墨水记账的是（　　）。
   A. 冲账的记账凭证，冲销错误记录
   B. 在不设借贷等栏的多栏式账页中，登记减少数
   C. 在三栏式账户的余额栏前，印明余额方向的，在余额栏内登记负数余额
   D. 在三栏式账户的余额栏前，未印明余额方向的，在余额栏内登记负数余额

4. 下列各项中，关于会计账簿记账规则说法不正确的是（　　）。
   A. 账页登记满时，应办理转页手续
   B. 使用活页式账簿时，应先将其装订成册，以防止散失
   C. 在不设借贷等栏的多栏式账页中，登记减少数时，可以使用红色墨水记账
   D. 记账时应使用蓝黑墨水的钢笔，不得使用圆珠笔（银行复写账簿除外）或铅笔

5. 下列各项中，不能作为登记明细账依据的是（　　）。
   A. 原始凭证　　　　　　　　　　B. 原始凭证汇总表
   C. 记账凭证　　　　　　　　　　D. 科目汇总表

6. 按经济业务发生时间的先后顺序逐日逐笔登记的账簿是（　　）。
   A. 活页式账簿　　　　　　　　　B. 分类账簿
   C. 备查账簿　　　　　　　　　　D. 序时账簿

7. 银行存款日记账与银行对账单之间的核对属于（　　）。
   A. 账证核对　　　　　　　　　　B. 账账核对
   C. 账实核对　　　　　　　　　　D. 余额核对

8. 下列错误应当采用划线更正法予以更正的是（　　）。
   A. 在结账前发现账簿中的摘要栏文字写错，记账凭证没有错误
   B. 某企业从银行提取现金5 000元，在填制记账凭证时，误将其金额写成1 000元，并已登记入账
   C. 某企业购买办公用品365元，在填制记账凭证时，误将其金额写成了356元，并已登记入账
   D. 某企业生产车间领用甲材料，在填制记账凭证时，误借记"管理费用"科目，并已登记入账

9. 下列各项中，不符合账簿登记要求的是（　　）。
   A. 根据红字冲账的记账凭证，用红字冲销错误记录

B. 登记账簿一律使用蓝黑墨水或碳素墨水书写
C. 日记账必须逐日结出余额
D. 发生账簿记录错误不得刮、擦、补、挖

10. 下列各项中，不能作为登记银行存款日记账凭证的是（   ）。
A. 库存现金付款凭证　　　　　　　B. 库存现金收款凭证
C. 银行存款收款凭证　　　　　　　D. 银行存款付款凭证

11. 总分类账簿应采用（   ）外表形式。
A. 活页式　　　　　　　　　　　　B. 卡片式
C. 订本式　　　　　　　　　　　　D. 备查式

12. 租入固定资产备查登记簿按用途分类属于（   ）。
A. 分类账簿　　　　　　　　　　　B. 通用日记账
C. 备查账簿　　　　　　　　　　　D. 专用日记账

13. 会计人员在结账前发现，在根据记账凭证登记入账时，误将600元记成6 000元，而记账凭证无误，应采用（   ）。
A. 补充登记法　　　　　　　　　　B. 划线更正法
C. 红字更正法　　　　　　　　　　D. 蓝字登记法

14. 活页账簿与卡片账簿可适用于（   ）。
A. 现金日记账　　　　　　　　　　B. 联合账簿
C. 通用日记账　　　　　　　　　　D. 明细分类账

15. 下列会计账簿中，采用三栏式明细账格式的是（   ）。
A. 生产成本　　　　　　　　　　　B. 销售费用
C. 原材料　　　　　　　　　　　　D. 应付账款

16. 新的会计年度开始，启用新账时，可以继续使用，不必更换新账的是（   ）。
A. 总分类账　　　　　　　　　　　B. 银行存款日记账
C. 固定资产卡片　　　　　　　　　D. 管理费用明细账

17. 银行存款日记账应由（   ）填制。
A. 会计主管　　　　　　　　　　　B. 总账会计
C. 出纳员　　　　　　　　　　　　D. 审计人员

18. 银行存款日记账按用途分类属于（   ）。
A. 备查账　　　　　　　　　　　　B. 分类账
C. 序时账　　　　　　　　　　　　D. 辅助账

19. 记账凭证和账簿记录同时出错，不可以采用的更正方法是（   ）。
A. 补充登记法　　　　　　　　　　B. 划线更正法
C. 红字冲销法　　　　　　　　　　D. 红字更正法

20. 填制凭证和记账时实记数大于应记数，此时应采用的更正方法是（   ）。
A. 补充登记法　　　　　　　　　　B. 划线更正法
C. 蓝字注销法　　　　　　　　　　D. 红字更正法

21. 年度结账应在全年发生额和余额下划（   ）。
A. 单线　　　　　　　　　　　　　B. 双红线

C. 单红线 D. 单黑线

22. 库存现金和银行存款日记账簿的法定保管年限是（　　）。
A. 5年 B. 10年
C. 30年 D. 15年

23. 账簿提供的数据信息是（　　）的依据。
A. 成本计算 B. 会计报表
C. 填制凭证 D. 会计分析

二、多项选择题

1. 下列账簿中，可以由出纳人员登记和保管的账簿有（　　）。
A. 现金日记账 B. 银行存款日记账
C. 现金总账 D. 银行存款总账

2. 下列各项中，可以作为现金日记账记账依据的有（　　）。
A. 现金收款凭证 B. 现金付款凭证
C. 银行收款凭证 D. 银行付款凭证

3. 下列各项中，关于对账工作的说法正确的有（　　）。
A. 对账就是核对账目，即对账簿、账户记录的正确与否所进行的核对工作
B. 对账工作是为了保证账证相符、账账相符和账实相符的一项检查性工作，目的在于使期末用于编制会计报表的数据真实可靠
C. 对账工作应该每年至少进行一次
D. 对账工作一般在月初进行

4. 企业在进行对账时，账账核对应包括（　　）。
A. 总账各账户之间的余额核对 B. 总账与明细账之间的核对
C. 总账与备查账之间的核对 D. 总账与日记账的核对

5. 下列各项中，关于结账方法表述正确的有（　　）。
A. 现金、银行存款日记账，每月要结出本月发生额和余额，在摘要栏内注明"本月合计"字样，并在下面通栏划单红线
B. 需要结计本年累计发生额的明细账每月结账时，应在"本月合计"行下结出自年初起至本月末的累计发生额
C. 总账账户平时只需结出月末余额，年终结账时，将所有总账账户结出全年发生额和年末余额，在摘要栏内注明"本年合计"字样，并在合计数下通栏划双红线
D. 年度终了时，对有余额的账户，要将其余额结转下年，并在摘要栏注明"结转下年"字样

6. 下列各项中，关于结账方法表述正确的有（　　）。
A. 总账账户平时只需结出月末余额，在年终结账时，在"本年合计"栏下通栏划双红线
B. 需要结计本年累计发生额的明细账户，12月末的"本年累计"就是全年累计发生额，全年累计发生额下通栏划双红线
C. 对不需按月结计本期发生额的账户，每次记账后随时结出余额，每月最后一笔余额即为月末余额

D. 现金、银行存款日记账，收入、费用明细账，结出本月发生额和余额，在摘要栏注明"本月合计"字样，并在下面通栏划双红线

7. 下列各项中，需要划双红线结账的有（　　）。
   A. 在"本月合计"的下面
   B. 在"本年累计"的下面
   C. 在12月末的"本年累计"的下面
   D. 在"本年合计"的下面

8. 企业启用的下列账簿中，应当采用订本式账簿的有（　　）。
   A. 现金日记账
   B. 银行存款日记账
   C. 总分类账
   D. 应交增值税明细账

9. 下列各项中，关于总分类账与明细分类账关系的说法正确的有（　　）。
   A. 总账提供的经济指标，是明细分类账资料的综合，对所属明细账起着统驭作用
   B. 明细分类账户对总分类账户具有补充说明作用
   C. 总分类账户与其所属明细分类账户在总金额上应当相等
   D. 登记总分类账与登记所属明细账的原始凭证是相同的

10. 下列各项中，属于账实核对的有（　　）。
    A. 库存现金日记账账面余额与库存现金实际库存数逐日核对是否相符
    B. 各项财产物资明细账账面余额与财产物资的实有数额定期核对是否相符
    C. 会计部门财产物资明细账的期末余额应当与财产物资保管和使用部门的有关物资明细账核对相符
    D. 银行存款日记账账面余额与银行对账单的余额定期核对是否相符

11. 下列各项中，关于划线更正法表述正确的有（　　）。
    A. 更正时，可在错误的文字或数字上划条红线
    B. 在红线的上方填写正确的文字或数字，并由记账及会计机构负责人在更正处盖章
    C. 对于错误的数字，可只更正其中的错误数字
    D. 对于文字错误，可只划去错误的部分

12. 记账后，发现记账凭证中的金额有错误，导致账簿记录错误，不能采用的错账更正方法有（　　）。
    A. 划线更正法
    B. 红字更正法
    C. 补充登记法
    D. 重新抄写法

13. 下列各项中，属于记账凭证编制依据的有（　　）。
    A. 原始凭证
    B. 汇总原始凭证
    C. 账簿记录
    D. 科目汇总表

14. 下列各项核对中，属于账实核对的有（　　）。
    A. 会计部门各财产明细账余额与保管财产部门有关明细账账面余额进行核对
    B. 现金日记账余额与现金实际库存数核对
    C. 各项债权明细账余额与对方单位账面记录核对
    D. 银行存款日记账余额与银行对账单余额进行核对

15. 收回某单位前欠货款8 500元存入银行，记账凭证误将贷"应收账款"8 500元填为贷"应付账款"8 500元，并已入账。该项错误正确的更正程序有（　　）。
    A. 用红字借记"银行存款"8 500元，贷记"应付账款"8 500元

B. 用蓝字借记"银行存款"8 500元，贷记"应收账款"8 500元
C. 用红字借记"应付账款"8 500元，贷记"银行存款"8 500元
D. 直接在账簿上划线更正

16. 任何会计主体都必须设置的账簿有（　　）。
A. 日记账　　　　　　　　　　B. 备查账簿
C. 总分类账　　　　　　　　　D. 明细分类账

17. 明细分类账可以根据（　　）登记。
A. 原始凭证　　　　　　　　　B. 汇总原始凭证
C. 累计凭证　　　　　　　　　D. 经济合同

18. 对账的具体内容包括（　　）。
A. 账证核对　　　　　　　　　B. 账账核对
C. 账表核对　　　　　　　　　D. 账实核对

19. 账簿组成的基本内容是（　　）。
A. 单位名称　　　　　　　　　B. 账簿封面
C. 账簿扉页　　　　　　　　　D. 账页

20. 年度结束后，对于账簿的保管应做到（　　）。
A. 装订成册　　　　　　　　　B. 整理立卷
C. 归档保管　　　　　　　　　D. 审查核对

21. 错账更正方法有（　　）。
A. 补充登记法　　　　　　　　B. 划线更正法
C. 凭证划线法　　　　　　　　D. 红字更正法

22. 红色墨水笔可以用于（　　）。
A. 冲销账簿多记数　　　　　　B. 结账划线
C. 补记少记数　　　　　　　　D. 专门填写摘要栏

23. 记账时如果发现隔页、跳行时，不得随意涂改，应该（　　）。
A. 在空行（页）中继续记账　　B. 记账人员签章
C. 注明此行（页）空白　　　　D. 空页、空行用对角线注销

24. 期末结账前账项调整所依据的会计原则是（　　）。
A. 收付实现制　　　　　　　　B. 配比原则
C. 实地盘存制　　　　　　　　D. 权责发生制

25. 以下项目属于按账簿用途分类的项目是（　　）。
A. 订本式账簿　　　　　　　　B. 活页式账簿
C. 序时账簿　　　　　　　　　D. 分类账簿

26. 以下账簿中，第二年必须更换旧账簿建新账簿的是（　　）。
A. 应收账款明细账　　　　　　B. 固定资产卡片
C. 总账　　　　　　　　　　　D. 库存现金日记账

三、判断题

1. 各单位都应当设置现金日记账和银行存款日记账。日记账必须使用订本账。日记账可以逐笔登记，也可以定期汇总登记。　　　　　　　　　　　　　　（　　）

2. 需要结计本年累计发生额的某些明细账户，全年累计发生额下通栏划单红线。（ ）
3. 期末对账时，也包括账证核对，即会计账簿记录与原始凭证、记账凭证的时间、凭证字号、内容、金额是否一致，记账方向是否相符。（ ）
4. 单位为了将本期与下期的会计记录分开，结账时一般划结账线，月结划单红线，年结划双红线。只在账页中的金额部分划线。（ ）
5. 账簿记录发生错误，不准涂改、挖补、刮擦或者用药水消除字迹。（ ）
6. 账簿中书写的文字和数字上面要留有适当空间，不要写满格，一般应占格距的三分之一。（ ）
7. 现金日记账和银行存款日记账不论在何种会计核算形式下，都是根据与收、付款有关的记账凭证逐日逐笔顺序登记的。（ ）
8. 由于编制的记账凭证会计科目错误，导致账簿记录错误，更正时，可以将错误的会计科目划红线注销，然后，在划线上方填写正确的会计科目。（ ）
9. 在新年度启用新账簿时，为了保证年度之间账簿记录的相互衔接，应把上年度的年末余额记入新账簿的第一行，不需编制转账凭证，只需在摘要栏中注明"上年结转"或"年初余额"字样即可。（ ）
10. 常见的日记账包括现金日记账、银行存款日记账。（ ）
11. 登记银行存款日记账，每日终了，应分别计算银行存款收入和支出的合计数，结算出余额，做到日清。（ ）
12. 所谓对账就是核对账目，仅包括会计凭证与会计账簿的核对和实物资产与会计账簿的核对。（ ）
13. 对于不需按月结计本期发生额的账户，每次记账后，都要随时结出余额，每月最后一笔余额记录下通栏划单红线。（ ）
14. 在记账凭证无误的情况下，企业实际记录账簿的金额大于应记入账簿的金额，可以采用划线更正法直接更正。（ ）
15. 银行存款日记账应定期与银行对账单核对，至少每半月核对一次，并编制"银行存款余额调节表"。（ ）
16. 总分类账只采用货币计量单位进行登记，一般采用"三栏式"，其基本结构为"收入""支出""结余"三栏。（ ）
17. 总分类账的登记，可以根据记账凭证逐笔登记，也可以通过一定的汇总方式，定期或分次汇总登记。（ ）
18. 生产成本、库存商品明细账适用于三栏式明细账登记。（ ）
19. 制造费用、管理费用、销售费用、本年利润等明细账适用于多栏式明细账页登记。（ ）
20. 凡需要结出余额的账户，结出余额后，应当在"借或贷"栏内写明"借"或"贷"字样，以表示余额的方向。（ ）
21. 现金日记账和银行存款日记账必须逐日结出余额。（ ）
22. "原材料"明细账，既要反映材料收入、发出、结存的金额，又要反映材料的数量与单价，所以应采用"多栏式"明细账的格式。（ ）
23. 结账，就是在把一定时期内所发生的经济业务全部登记入账的基础上，将各种账

簿的记录结算清楚，为编制会计报表提供资料。　　　　　　　　　　　（　　）

24. 为了实行钱账分管原则，通常由出纳人员填制收款凭证和付款凭证，由会计人员登记现金日记账和银行存款日记账。　　　　　　　　　　　　　　　　　　　（　　）

25. 多栏式总分类账簿是将序时账簿和分类账簿相结合的联合账簿。　　（　　）

26. 总分类账及其明细分类账必须在同一会计期间内登记。　　　　　　（　　）

27. 总分类账簿的期末借方发生额合计必须等于贷方发生额合计。　　　（　　）

四、实务题

1. 习题一

新华公司采用实际成本法核算，202×年8月初"库存现金"账户借方余额300元，8月份发生现金收、付业务如下。

(1) 8月2日，以现金购入企业办公文印用纸款250元。

(2) 8月2日，出纳员从银行提取现金800元备用。

(3) 8月2日，以现金300元支付企业办公用品费。

(4) 8月10日，以现金支付购入材料运杂费60元。

(5) 8月15日，从银行提取现金28 000元，备发职工工资。

(6) 8月19日，现金支付零星材料采购款150元。

(7) 8月30日，以现金支付李新报差旅费80元。

要求：编制会计分录，并根据收付款凭证登记三栏式库存现金日记账，结出收付款发生额及余额。

库存现金日记账账簿

2. 习题二

新华公司202×年5月银行存款日记账月初借方余额为160 000元。5月份发生经济业务如下。

(1) 5月1日，开出转账支票一张，归还前欠A工厂材料款25 000元。

(2) 5月4日，开出转账支票一张，购买企业办公用品200元。

(3) 5月6日，收到C工厂归还所欠货款转账支票一张34 000元。

(4) 5月9日，收到D工厂归还所欠货款58 500元，已由开户银行划转。

(5) 5月12日，E公司委托银行向本公司收取劳务费1 500元，已划款支付(在制造费用列支)。

(6) 5月13日，预收H公司货款，收到转账支票一张，计14 000元。

(7) 5月15日，提取现金20 000元备发工资。

(8) 5月25日，开出转账支票一张，向F公司预付采购钢材款13 000元。

(9) 5月31日，委托银行将6 000元汇给G厂，偿还所欠修理费。

(10) 5月31日，以银行存款支付职工培训费4 000元(在管理费用账户列支)。

银行存款日记账账簿

要求：根据以上经济业务编制会计分录并登记银行存款日记账，结出月末余额。

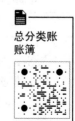

总分类账账簿

3. 习题三

资料一：建华公司202×年8月共发生下列货币资金收付业务。

(1) 8月2日，接银行收款通知，收到新华公司投入资金120 000元，已存入企业银行存款账户。

(2) 8月4日，开出转账支票5 000元，支付前欠前进公司货款。

(3) 8月5日，从银行提现金500元备用。

(4) 8月8日，接银行通知，阳光公司归还前欠货款10 000元，已存入企业银行存款账户。

(5) 8月10日，销售产品取得收入80 000元，已存入企业银行存款账户（不考虑增值税，下同）。

(6) 8月12日，接银行付款通知，支付企业行政部门本月水费5 000元、电费1 500元。

(7) 8月11日，以银行存款6 000元支付广告费。

(8) 8月14日，以现金470元支付税金滞纳罚款。

(9) 8月20日，向银行申请取得长期借款50 000元，已存入企业银行存款账户。

(10) 8月22日，行政管理部门购买办公用品200元，以现金支付。

(11) 8月25日，将现金5 000元存入银行。

(12) 8月26日，向外地销售产品，以现金支付所代垫的运杂费500元。

建华公司202×年8月31日发生如下经济业务。

(13) 向黄海公司购入原材料40 000元，运杂费5 000元，货款和运杂费尚未支付。

(14) 销售给江南公司产品35 000元，款未收到。

(15) 生产产品领用材料7 000元。

(16) 分配本月职工工资22 000，其中生产工人工资20 000元，企业管理人员工资2 000元。

(17) 提取本月折旧费5 000元，其中车间折旧费3 000元，企业折旧费2 000元。

资料二：建华公司202×年8月1日有关账户期初余额见表6-17。

表6-17　　　　　　　　建华公司202×年8月1日账户余额

单位：元

账户名称	借方余额	账户名称	贷方余额
银行存款	250 000	应付账款	5 000
库存现金	1 000	长期借款	200 000
应收账款	10 000	累计折旧	66 000
原材料	150 000	实收资本	440 000
固定资产	300 000		
合　计	711 000	合　计	711 000

要求：（1）根据资料开设总分类账户。

（2）根据记账凭证登记总分类账户，并结出期末余额。

4. 习题四

某企业202×年6月底结账时发现下列几笔错账。

(1) 6月10日，生产A产品领用材料一批，计15 000元。编制的记账凭证为：

借：生产成本　　　　　　　　　　　　　　　　　　　　　　　　　1 500
　　贷：原材料　　　　　　　　　　　　　　　　　　　　　　　　　　1 500

(2) 6月31日，分配结转本月发生的制造费用6 800元。编制的记账凭证为：

借：生产成本　　　　　　　　　　　　　　　　　　　　　　　　　8 600
　　贷：制造费用　　　　　　　　　　　　　　　　　　　　　　　　　8 600

(3) 6月31日，确认应由本月负担的银行借款利息500元。编制的记账凭证为：

借：管理费用　　　　　　　　　　　　　　　　　　　　　　　　　　500
　　贷：应付利息　　　　　　　　　　　　　　　　　　　　　　　　　500

(4) 8月31日，结转本月完工产品生产成本65 000元。编制的记账凭证为：

借：库存商品　　　　　　　　　　　　　　　　　　　　　　　　　65 000
　　贷：生产成本　　　　　　　　　　　　　　　　　　　　　　　　65 000

但在登记总账时，误记为56 000元。

要求，根据上述资料，区别错账性质，采用适当的方法予以更正。

5. 习题五

目的：练习错账的更正方法

资料：某企业将账簿与记账凭证进行核对，发现下列经济业务的凭证内容或账簿记录有错误。

(1) 开出转账支票一张200元，支付管理部门零星开支。原凭证为：

借：管理费用　　　　　　　　　　　　　　　　　　　　　　　　　　200
　　贷：库存现金　　　　　　　　　　　　　　　　　　　　　　　　　200

(2) 签发转账支票4 000元，预付后三季度的报刊订阅费。原记账凭证为：

借：预付账款　　　　　　　　　　　　　　　　　　　　　　　　　　400
　　贷：银行存款　　　　　　　　　　　　　　　　　　　　　　　　　400

(3) 签发转账支票6 000元，支付当月办公用房租金。原记账凭证为：

借：管理费用　　　　　　　　　　　　　　　　　　　　　　　　　9 000
　　贷：银行存款　　　　　　　　　　　　　　　　　　　　　　　　9 000

(4) 用库存现金支付车间零星办公费78元。原记账凭证为：

借：制造费用　　　　　　　　　　　　　　　　　　　　　　　　　　78
　　贷：库存现金　　　　　　　　　　　　　　　　　　　　　　　　　78

记账时库存现金付出栏记录为87元。

要求：判断上列各经济业务的账务处理是否有误，如有错误采用适当方法加以更正。

6. 习题六

目的：练习库存现金日记账的登记。

资料：某工厂202×年7月1日库存现金日记账的期初余额为960元，该厂7月份发生下列有关经济业务。

(1) 7月1日，车间技术员李英借支差旅费300元，以现金支付。

(2) 7月1日，厂长江海预借差旅费600元，以现金支付。

(3) 7月2日，开出现金支票，从银行提取现金650元备用。

(4) 7月2日，以现金购买财务科办公用品100元。

(5) 7月3日，以现金支付工厂行政管理部门设备修理费170元。

(6) 7月10日，以现金支付法律咨询费160元。

(7) 7月11日，开出现金支票，从银行提取现金29 000元，备发工资。

(8) 7月12日，以现金29 000元发放工资。

(9) 7月18日，以现金60元购买车间办公用品。

(10) 7月19日，职工江英以现金交来工具赔偿费120元。

(11) 7月23日，用现金支付采购材料运杂费80元。

(12) 7月27日，外单位职工以现金支付借打长途电话费6元。

(13) 7月30日，车间技术员李英报销差旅费260元，其余40元以现金退付。

(14) 7月30日，厂长江海报销差旅费660元，多余部分以现金补付。

要求：设置三栏式库存现金日记账，将7月1日期初余额记入现金日记账。根据以上业务登记现金日记账，并结出余额。

【第6章】
课后测试答案解析

第 7 章

财产清查

本章引言

从会计循环程序来看，企业将所有经济业务处理完毕并登记到相关账户中后，到会计期末便可准备编制财务报表。但为了保证财务会计报告信息的完整、准确、可靠，除在日常的会计循环过程中严格执行各相关程序外，还需要定期进行财产清查，做到账实相符。财产清查是会计核算的基本方法之一，本章将详细阐述企业财产清查的概念，财产清查的内容和方法及财产清查的结果处理。

导入案例

某公司财务部设财务经理、会计及出纳三个岗位，按照内部牵制制度的要求对出纳的工作进行了如下安排。出纳负责保管现金、登记现金及银行存款日记账，每月月初到开户银行取回银行对账单。财务经理将银行对账单与银行存款日记账核对后编制银行存款余额调节表。202×年8月后，财务经理因工作繁忙便没有核对8～11月份的银行对账单，也未编制银行存款余额调节表。营业部出纳朱某见财务经理8月份未核对银行对账单，便从9月份开始挪用营业部资金。12月初，财务经理要其将银行对账单拿来核对，以便编制银行存款余额调节表。朱某见事情败露，便于当晚潜逃。第二天，财务经理发现银行对账单与银行存款日记账不符，便向总公司汇报。经查，发现朱某从9月份挪用第一笔资金开始，3个月累计挪用人民币90万元，港币10万元。之后由于朱某所挪用的钱已经基本上挥霍一空，虽然他受到了法律的严厉制裁，但造成的损失已经无法挽回。

请问，企业单位应如何做好会计基础工作？

学习目标

- 了解财产清查的意义和种类
- 掌握财产清查的方法
- 掌握银行存款余额调节表的编制
- 掌握财产清查结果的账务处理方法

关键术语

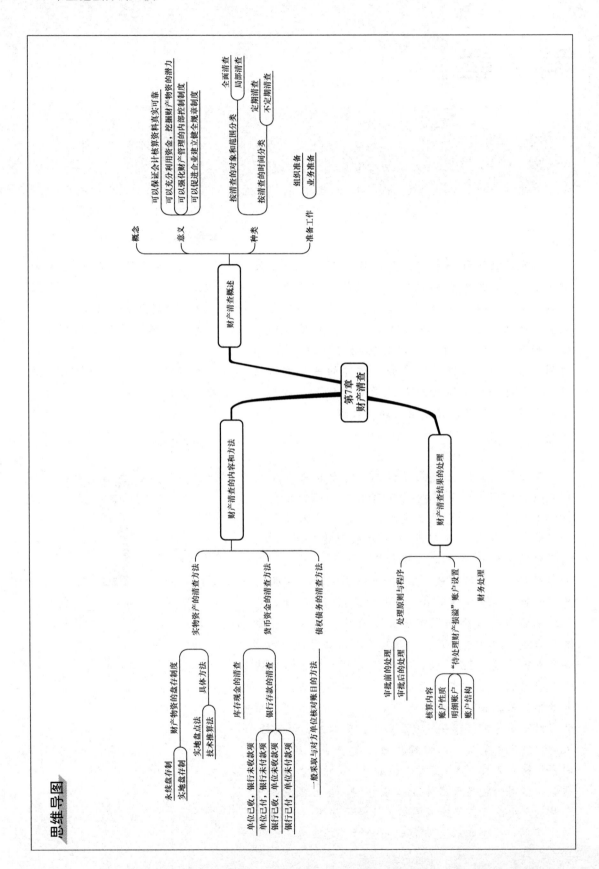

7.1 财产清查概述

7.1.1 财产清查的概念

财产清查,是指通过对货币资金、实物资产和往来款项的盘点、核对或查询,确定其实存数,并查明账存数与实存数是否相符的一种专门方法。

会计核算的任务之一是核算和监督企业财产物资的保管和使用情况,保证企业财产物资安全完整,提高各项财产物资的使用效率。企业单位各种财产物资的增减变动和结存情况,通过会计核算的一系列专门方法,已经在账簿体系中得到了正确的反映,但账簿记录的正确性并不足以说明各种财产物资实际结存情况的正确。在具体会计工作中,即使是在账证相符、账账相符的情况下,财产物资的账存数与实存数仍然可能不一致。根据资产管理制度以及为编制会计报表提供准确可靠的核算资料的要求,必须使账簿中反映的有关财产物资和债权债务的结存数额与其实际数额保持一致,做到账实相符。因此,必须运用财产清查这一会计核算的专门方法。

7.1.2 财产清查的意义

财产清查对于保证会计核算资料的真实和可靠,保护财产的安全与完整,充分挖掘企业物资潜力,促进企业遵守财经纪律等方面有着重要意义。

1. 可以保证会计核算资料真实可靠

通过财产清查,可以查明财产物资有无短缺或盈余以及发生盈亏的原因,确定财产资的实有数,并通过账项的调整达到账实相符,保证会计核算资料的真实性,为正确编制会计报表奠定基础。

2. 可以充分利用资金,挖掘财产物资的潜力

通过财产清查,可以查明货币资金、实物资产的利用情况,发现其有无浪费、闲置、积压或储备不足及不配套等现象,以便采取措施,对储备不足的设法补足,对呆滞积压和不配套的及时处理,充分挖掘财产物资潜力,提高财产物资的利用率。

3. 可以强化财产管理的内部控制制度

通过财产清查,可以发现财产管理工作中存在的各种问题,诸如收发手续不健全、保管措施不得力、控制手续不严密等,以便采取对策加以改进,健全内部控制制度,保证资产的安全与完整。

4. 可以促进企业建立健全规章制度

通过财产清查,企业可以对资金结算、账务处理、财产验收保管以及债权、债务、资本金管理等方面存在的问题,有针对性地进行调查研究,找出原因,采取措施,健全各项规章制度,并促使企业认真贯彻执行,严格遵守财经纪律。

7.1.3 财产清查的种类

财产清查的种类

1. 按清查的对象和范围分类

（1）全面清查。

全面清查是指对一个单位的全部财产物资，包括实物资产、货币资金以及债权债务等进行的全面彻底的盘点与核对。原则上讲，全面清查的范围应包括资产、负债和所有者权益的所有有关项目。以制造企业为例，全面清查的内容应包括以下各项。

① 现金、银行存款、其他货币资金和银行借款。

② 各种机器设备、房屋、建筑物等固定资产。

③ 各种原材料、半成品、产成品等流动资产。

④ 各项在途材料、在途商品及在途物资。

⑤ 各种应收、应付、预付、预收款等往来款项。

⑥ 接受或委托其他单位加工保管的材料和物资。

⑦ 各种实收资本、资本公积、盈余公积等有关所有者权益的项目。

全面清查内容多、清查范围大、投入人力多、耗费时间长，不可能经常进行，一般只在下述情况下实施全面清查。

① 年终编制决算会计报表前。

② 企业撤销、合并或改变隶属关系时。

③ 企业更换主要负责人时。

④ 企业改制等需要进行资产评估时。

（2）局部清查。

局部清查是指根据需要对部分实物资产或债权、债务进行的盘点与核对。其特点是清查范围小、专业性强、人力与时间的耗费较少。其清查对象主要是流动性较强、易发生损耗及比较贵重的财产，主要包括以下几项。

① 对于库存现金，应由出纳员在每日业务终了时清点，做到日清月结。

② 对于银行存款和银行借款，应由出纳员每月同银行核对一次。

③ 对于原材料、在产品和库存商品，除年度清查外，每月应有计划地重点抽查，对于贵重的财产物资，应在每月清查盘点一次。

④ 对于债权、债务，应在年度内至少核对一至两次。

2. 按清查的时间分类

（1）定期清查。

定期清查就是根据事先计划安排的时间，对一个单位的全部或部分财产物资进行的清查，常在月末、季末和年末结账时进行。定期清查可以是全面清查，如年终决算前的清查，也可以是局部清查，如月末结账前对库存现金、银行存款以及一些贵重物资的清查。

（2）不定期清查。

不定期清查是指事前未规定清查时间，而根据某种特殊需要进行的临时清查。不定期清查主要在以下几种情况下进行。

① 更换财产物资经管人员（出纳员、仓库保管员）时。
② 财产物资遭受自然或其他损失时。
③ 单位合并、迁移、改制和改变隶属关系时。
④ 财政、审计、税务等部门进行会计检查时。
⑤ 按规定开展临时性清查核资工作时。

上述定期清查、不定期清查可以是全面清查，也可以是局部清查，应根据实际需要来确定。

7.1.4 财产清查前的准备工作

财产清查特别是全面性的财产清查，是一项涉及面广、工作量大、复杂细致的工作，为保证清查的质量，充分发挥财产清查的作用，必须做好清查前的准备工作。

1. 组织准备

为做好清查工作，应当成立专门的财产清查小组，由财会部门、资产管理和使用部门的业务领导、专业人员及有关职工代表组成三结合清查小组，负责组织领导和实施该项工作。清查小组应根据清查任务、对象和范围以及时间的要求，制订具体的清查计划，安排合理的工作进度，配备足够的清查人员。清查过程中，清查小组要做好清查质量的监督工作；清查完毕后，清查小组应将清查结果及处理意见上报有关部门审批处理。

2. 业务准备

财产清查前，资产管理部门、使用部门和财会部门应分别做好以下业务准备工作。

（1）财会部门和资产管理部门、使用部门应将清查日前所有的资产账簿登记齐全，并结算出账面余额，做到账账相符，以便确定账实之间的差异。

（2）组织清查人员学习有关政策规定，掌握有关法律、法规和相关业务知识，以提高财产清查工作的质量。

（3）确定清查对象、范围，明确清查任务。

（4）制定清查方案，具体安排清查内容、时间、步骤、方法，以及必要的清查前准备工作。

（5）清查本着先清查数量，核对有关账簿记录，后认定质量的原则进行。

（6）填制盘存清单，做好盘点记录，列明所查财产的实存数和款项及债权债务的实有数额。

（7）根据盘存清单填制实物、往来账项清查结果报告表。

7.2 财产清查的内容和方法

财产清查是一项涉及面广、工作量大的工作，为了保证财产清查工作的质量，提高工作效率，达到财产清查的目的，确定各项财产清查的内容和方法是很有必要的。

7.2.1 实物资产的清查方法

1. 财产物资的盘存制度

会计核算中，在计算各种财产物资期末结存数额时，有两种方法，由此而形成两种盘存制度，即永续盘存制和实地盘存制。

(1) 永续盘存制。

永续盘存制亦称"账面盘存制"，是指对于各种财产物资的增减变化，平时就要根据会计凭证在账簿上予以连续登记，并随时结算出账面结存数的一种方法。采用这种盘存制度，可以及时反映和掌握各种资产的收、发和结存的数量和金额，随时了解资产变动情况，有利于加强对资产的控制和管理，但登记账簿的工作量较大。可用公式表示如下。

$$账面期末余额＝账面期初余额＋本期增加额－本期减少额$$

采用永续盘存制计算的财产的账面期末结存数与实存数并不一定相符，因此，仍需定期对各种资产进行实地盘点，确定账实是否相符以及不符的原因。

(2) 实地盘存制。

实地盘存制亦称"以存计销制"或"盘存计销制"，是指对于各种财产物资的增减变化，平时在账簿上只登记其增加数，而不登记其减少数，期末通过实地盘点确定财产物资的结存数后，倒算出本期减少数并登记入账的一种方法。可用公式表示如下。

$$本期资产减少额＝期初账面结存额＋本期增加额－期末资产结存额$$

采用实地盘存制度，核算工作较简便，但手续不够严密，容易造成工作上的弊端，诸如浪费、被盗、被挪用以及自然损耗等而引起的资产短缺，往往都视同正常的减少入账，从而影响资产减少数额计算的正确性，难以通过会计记录对资产实施日常控制。

在会计核算时，大部分财产物资均应采用永续盘存制。

2. 实物资产清查的具体方法

实物资产的清查主要是对有形财产物资的清查，包括固定资产、原材料、在产品、库存商品、低值易耗品等，清查的具体方法有实地盘点法和技术推算法两种。

(1) 实地盘点法。

实地盘点法是指通过点数、过磅、量尺等方式，确定财产物资的实有数量。该方法适用范围较广且易于操作，大部分实物资产均可采用。

(2) 技术推算法。

技术推算法是指通过技术推算（如量方、计尺等）测定财产物资实有数量的方法。该方法适用于大堆存放、物体笨重、价值低廉、不便逐一盘点的实物资产。从本质上讲，它是实地盘点法的一种补充方法。

对实物资产进行盘点时，实物保管人员必须在场，并与清查人员一起参与盘点，以明确经济责任。盘点时，有关人员要认真核实，及时记录，对清查中发现的异常情况如腐烂、破损、过期失效等，致使不能使用或销售的实物资产，应详细注明并提出处理意见。盘点结果应由有关人员如实填制"盘存单"，并由盘点人和实物保管人共同签字或盖章。盘存单是用来记录实物盘点结果，反映实物资产实存数额的原始凭证。其格式见表 7-1。

为了查明各种实物资产的实存数与账存数是否一致，应根据"盘存单"和会计账簿记录，编制"实存账存对比表"，以便确定各种账实不符资产的具体盈亏数额。"实存账存对比表"是用来反映实物资产实存数与账存数之间的差异并作为调整账簿记录的原始凭证。其格式见表 7-2。

表 7-1　　　　　　　　　　　　　　盘　存　单

单位名称：红星纺织厂　　　　　　　　　　　　　　　　　　　盘点时间：202×年12月31日

财产类别：存货　　　　　　　　存放地点：2号仓库　　　　　　　　　　编号：1002

编号	名称	规格或型号	计量单位	账面结存数量	实际盘点			备注
					数量	单价/元	金额/元	
6-01	棉纱	601	千克	129	132	5	660	
6-05	汽油	605	千克	300	295	12	3 540	

盘点人：李明　　　　　　　　　　　　　　　　　　　实物保管人（签章）：张强

表 7-2　　　　　　　　　　　实存账存对比表（盘点盈亏报告单）

单位名称：红星纺织厂　　　　　　202×年12月31日　　　　　　　　　编号：0116

编号	类别及名称	计量单位	单价/元	实存		账存		差异				备注
								盘盈		盘亏		
				数量	金额/元	数量	金额/元	数量	金额/元	数量	金额/元	
6-01	棉纱	千克	5	132	660	129	645	3	15			
6-05	汽油	千克	12	295	3 540	300	3 600			5	60	

报告人（签章）：李明

"实存账存对比表"又称"盘点盈亏报告单"，清查人员应以该表为基础核准各种资产的盈亏情况，分析查明账实不符的性质和原因，划清经济责任，按规定程序报请有关部门领导予以审批处理，并针对清查中发现的资产管理方面存在的问题，提出改进措施，促进各项资产管理制度的健全和完善。

在清查实物资产时，对于委托外单位加工、保管的材料、商品以及在途的材料、商品等，可采用询证方法与有关单位核对查实。

7.2.2　货币资金的清查方法

1. 库存现金的清查

对库存现金的清查主要采用实地盘点的方法，除出纳人员于每日结账后对其经管的现金进行清点外，清查小组还应对库存现金进行定期和不定期的清查。盘点时，要求出纳人员必须在场，以明确责任。既要清点现金实存数并与现金日记账余额相核对，查明盈亏，又要严格检查库存现金限额的遵守情况以及有无以白条抵充现金的现象。盘点完毕后，应根据盘点结果和现金日记账的结存余额编制"库存现金盘点报告表"，将现金盘点后的盈亏情况及其原因如实填入。该表兼有"盘存单"和"实存账存对比表"的双重作用，是对库存现金进行差异分析和用以调整账项的原始凭证。其格式见表 7-3。

表 7-3　　　　　　　　　　　　　库存现金盘点报告表
单位名称：红星纺织厂　　　　　　202×年12月31日　　　　　　　　　　　　单位：元

币种	实存金额	账存金额	对比结果		备注
			盘盈	盘亏	
人民币	1 260	1 690		430	
美元	1 400	1 460		60	
合计					

盘点人：　　　　　　　　　　　　　　　　　　　　　　　　　　　　　　　出纳员：

银行存款电子对账系统

2. 银行存款的清查

对银行存款的清查主要采用账项核对的方法，即根据银行存款日记账与开户银行转来的"银行对账单"进行核对。一般情况下，开户银行会定期将存款单位一定时期内在该银行的存款的增减变化和结存情况，以"对账单"的形式转给存款单位，供其核对。存款单位接到"银行对账单"后，应与银行存款日记账逐笔核对其发生额和余额，如果双方账目的结存余额不相一致，除某方（尤其是存款单位）银行存款日记账登记发生差错外，大多情况是由"未达账项"所造成的。

所谓未达账项，主要是指存款单位与开户银行之间因结算凭证传递时间的差别，发生的一方已经记账，而另一方尚未接到有关凭证没有记账的款项。未达账项一般有以下4种情况。

(1) 单位已收，银行未收款项。本单位送存银行的款项，已经作为本单位存款增加记入银行存款日记账收入栏，但银行尚未入账。

(2) 单位已付，银行未付款项。本单位开出支票或其他支付凭证后，已经作为本单位存款减少记入银行存款日记账支出栏，但持票人尚未到银行办理转账，故银行未作为存款单位存款的减少入账。

(3) 银行已收，单位未收款项。银行代存款单位收进的款项已作为存款单位存款增加记账，而存款单位因未接到收款通知单尚未入账。

(4) 银行已付，单位未付款项。银行代存款单位支付的款项已作为存款单位的存款减少记账，而存款单位因未接到付款通知单尚未入账。

上述(1)、(4)这两种情况下，会使存款单位的银行存款日记账余额大于开户银行的对账单余额，而在(2)、(3)这两种情况下，则会使存款单位的银行存款日记账余额小于开户银行的对账单余额。

对未达账项所造成的银行存款日记账与对账单余额不一致的情况，一般在清查银行存款时，是通过编制"银行存款余额调节表"的方法加以揭示和进行调整，并以此来确定单位与开户银行的账目是否正确。

银行存款余额调节表的一般编制方法是：以单位、银行双方（即银行存款日记账和银行对账单）调整前的账面余额为基础，各自补记对方已入账而本方尚未入账的未达账项，计算出双方各自调整后的余额。若双方调整后的余额相等，一般表明双方记账正确，反之则说明某一方或双方记账有误。此种情况下，则应由某一方或双方进行查找并按照规定的错账更正方法予以更正。

现举例说明未达账项的调整方法。

银行存款清查步骤

【例 7-1】 红星纺织厂 202×年 12 月 31 日银行存款日记账余额为 56 000 元，开户银行转来的银行对账单余额为 74 000 元，经逐笔核对，发现有以下未达账项。

(1) 公司收销货款 2 000 元，已记银行存款增加，银行尚未记增加。
(2) 公司付购料款 18 000 元，已记银行存款减少，银行尚未记减少。
(3) 接到甲工厂汇来购货款 10 000 元，银行已登记增加，公司尚未记增加。
(4) 银行代公司支付购料款 8 000 元，银行已登记减少，公司尚未记减少。

根据上述未达账项，编制银行存款余额调节表，见表 7-4。

表 7-4

银行存款余额调节表

202×年 12 月 31 日　　　　　　　　　　　　　　　　　　　　　　单位：元

项　目	金额	项　目	金额
银行存款日记账余额	56 000	银行对账单余额	74 000
加：银行已收企业未收的款项	10 000	加：企业已收银行未收的款项	2 000
减：银行已付企业未付的款项	8 000	减：企业已付银行未付的款项	18 000
调整后余额	58 000	调整后余额	58 000

由表 7-4 可知，此种调节方法的计算公式为：

单位银行存款日记账余额＋银行已收单位未收款项－银行已付单位未付款项＝银行对账单余额＋单位已收银行未收款项－单位已付银行未付款项

除上述调整方法外，还可以单位的银行存款日记账余额为标准，对银行对账单进行独立调整，使其在调整了所有应调整的账项后，与银行存款日记账余额取得一致。其计算公式为：

银行对账单余额＋单位已收银行未收款项＋银行已付单位未付款项－单位已付银行未付款项－银行已收单位未收款项＝单位银行存款日记账余额

承例 7-1 资料，单位银行存款日记账余额计算如下。

$$74\,000 + 2\,000 + 8\,000 - 18\,000 - 10\,000 = 56\,000(元)$$

值得注意的是，银行存款余额调节表是用来试算和调节单位与银行之间账款是否相等的，并不能根据此表编制凭证和调节账簿记录。对于其中所涉及的全部未达账项，都必须在收到有关结算凭证后方可登记入账。

7.2.3 债权债务的清查方法

债权债务清查是指对应收、应付款项等往来账项的清查。债权债务的清查一般也是采取与对方单位核对账目的方法，主要分为以下三个步骤。

(1) 将本单位的债权债务款项核对清楚，确认总分类账与明细分类账的余额相等。
(2) 向对方单位填发对账单。对账单的格式一般为一式两联，其中一联作为回单，对方单位如核对相符,应在回单联上盖章退回。如发现数字不符,应在回单上注明,作为进一步核对的依据,其格式见表7-5。

(3)收到回单后,应填制"往来款项清查表",并及时催收应该收回的款项,积极处理呆账、坏账。其格式见表7-6。

表7-5

函 证 信

××公司:

  本公司与贵公司的业务往来款项有下列各项目,为了核对账目,特函请查证是否相符,请在回执联中注明后盖章寄回。

  此致

敬礼!

往来结算款项对账单

单位: 　　　　　　　　　地址: 　　　　　　　　　编号:

会计科目名称	截止日期	经济事项	账面余额

××公司(盖章)
年 月 日

表7-6

往来款项清查表

总分类账户名称: 　　　　　　　　　年 月 日

明细分类账户		清查结果		核对不符原因分析			备注
名称	账面余额	核对相符金额	核对不符金额	未达账项金额	有争议款项金额	其他	

7.3 财产清查结果的处理

7.3.1 财产清查结果的处理原则与程序

  企业对财产清查的结果处理,应当符合国家有关准则、制度的规定。财产清查中发现的盘盈、盘亏及毁损的财产等问题,首先要核准金额,其次要按规定程序报经上级部门批准,然后才能进行账务处理。其账务处理的程序如下。

1. 审批前的处理

  根据实存账存对比表、现金盘点报告表等反映的各项财产物资的盘盈、盘亏及毁损数额，编制记账凭证，及时调整有关账簿记录，使通过调整后的账面结存数与财产物资的实存数趋于一致，并将盈亏数额记入"待处理财产损溢"账户。同时，将盈亏情况、查明的原因及处理建议向单位领导或有关部门办理报批手续。

2. 审批后的处理

接到单位领导及有关部门的批复意见后，根据财产物资盈亏、盘点的性质及原因，分别向责任人索赔，转入管理费用、营业外支出、营业外收入等的记账凭证，并记入有关账簿，同时核销"待处理财产损溢"账户的记录。

7.3.2 "待处理财产损溢"账户设置

由于财产清查结果的账务处理需分成两步，报批前已经调整了账簿记录，报批后才能针对盈亏原因做出相应的处理，因此，必须有一个过渡性的账户解决报批前后的相关记录。"待处理财产损溢"账户就是为满足这一会计核算要求而设置的。

核算内容：企业在财产清查过程中发生的各种财产物资的盘盈、盘亏或毁损的价值。单位的固定资产盘盈不通过该账户进行核算，而应作为前期差错记入"以前年度损益调整"账户。

账户性质：属资产类账户。

明细账户：可按盘盈、盘亏的资产种类和项目等进行设置。

账户结构：借方登记发生的待处理财产盘亏及毁损数和结转已批准处理的财产盘盈数，贷方登记发生的待处理财产盘盈数和结转已批准处理的财产盘亏和毁损数。该账户借方余额表示尚待批准处理的财产物资的净损失，贷方余额表示尚待批准处理的财产物资的净盈余。

根据资产的定义，按现行企业会计准则的规定，对待处理财产损溢应及时报批处理，并在期末结账前处理完毕。如果其在期末结账前尚未经批准，应在对外提供财务报告时先行处理。所以，该账户在期末没有余额。

7.3.3 财产清查结果的账务处理

1. 实物资产清查结果的账务处理

【例 7-2】 某公司在财产清查中，盘盈设备一台，同类设备市场价格为 20 000 元，估计八成新。

盘盈的固定资产，应按重置成本确定其入账价值，作为前期差错处理，在按管理权限经批准处理前，应先通过"以前年度损益调整"账户核算，应编制如下会计分录。

借：固定资产　　　　　　　　　　　　　　　　　　　　　　16 000
　　贷：以前年度损益调整　　　　　　　　　　　　　　　　　　16 000

【例 7-3】 某公司在财产清查中，发现盘亏设备一台，其账面价值为 60 000 元，已提折旧 20 000 元。报经批准后列作营业外支出。

盘亏时编制如下会计分录。

借：待处理财产损溢　　　　　　　　　　　　　　　　　　　40 000
　　累计折旧　　　　　　　　　　　　　　　　　　　　　　　20 000

贷：固定资产　　　　　　　　　　　　　　　　　　　　　　　60 000
　经批准处理时应编制如下会计分录。
　　借：营业外支出　　　　　　　　　　　　　　　　　　　　　　40 000
　　　贷：待处理财产损溢　　　　　　　　　　　　　　　　　　　40 000

【例 7-4】 某公司在财产清查中，盘亏甲材料 2 000 元，增值税税率为 13%，共计 2 260 元。属一般经营损失，报批后按规定计入管理费用。

　盘亏时编制如下会计分录。
　　借：待处理财产损溢　　　　　　　　　　　　　　　　　　　　2 260
　　　贷：原材料　　　　　　　　　　　　　　　　　　　　　　　2 000
　　　　　应交税费——应交增值税（进项税额转出）　　　　　　　　260
　批准处理时编制如下会计分录。
　　借：管理费用　　　　　　　　　　　　　　　　　　　　　　　2 260
　　　贷：待处理财产损溢　　　　　　　　　　　　　　　　　　　2 260

【例 7-5】 某企业在财产清查中，发现库存乙材料变质，原价 5 000 元，增值税税率为 13%，残料变价收入 600 元。分析原因系保管员王某失职造成。

　在报批前，编制会计分录如下。
　　借：待处理财产损溢　　　　　　　　　　　　　　　　　　　　5 050
　　　　银行存款　　　　　　　　　　　　　　　　　　　　　　　 600
　　　贷：原材料　　　　　　　　　　　　　　　　　　　　　　　5 000
　　　　　应交税费——应交增值税（进项税额转出）　　　　　　　　650
　在报经审批后，损失由保管员王某负责赔偿，会计分录如下。
　　借：其他应收款——王某　　　　　　　　　　　　　　　　　　5 050
　　　贷：待处理财产损溢　　　　　　　　　　　　　　　　　　　5 050

【例 7-6】 某公司在财产清查中查明盘盈材料一批，按同类材料估计确定其成本为 2 000 元。该材料查明系平时收发计量误差所致，经批准作冲减"管理费用"处理。

　在报经审批前，根据清查结果报告表编制会计凭证，登记账簿。会计分录如下。
　　借：原材料　　　　　　　　　　　　　　　　　　　　　　　　2 000
　　　贷：待处理财产损溢　　　　　　　　　　　　　　　　　　　2 000
　报经审批后，根据批准意见冲减管理费用，会计分录如下。
　　借：待处理财产损溢　　　　　　　　　　　　　　　　　　　　2 000
　　　贷：管理费用　　　　　　　　　　　　　　　　　　　　　　2 000

2．库存现金清查结果的账务处理

【例 7-7】 某公司现金清查中，发现短缺 1 200 元，其中 500 元应由出纳员李某承担责任，另外 700 元无法查明原因。按规定调整现金账户记录，编制如下会计分录。
　　借：待处理财产损溢　　　　　　　　　　　　　　　　　　　　1 200
　　　贷：库存现金　　　　　　　　　　　　　　　　　　　　　　1 200
　报经审批后，由出纳员负责的令其赔偿，责任无法分清的列入管理费用。会计分录如下。

借：其他应收款——出纳员李某　　　　　　　　　　　　　　500
　　　管理费用　　　　　　　　　　　　　　　　　　　　　700
　　贷：待处理财产损溢　　　　　　　　　　　　　　　　　1 200

3. 债权债务清查结果的账务处理

在财产清查中，确认已经无法收回的应收款项和无法支付的应付款项，按会计制度规定，应在上报有关部门批准后予以核销。

【例7-8】 A企业所欠本公司的应收账款12 000元，经努力确认已经无法收回，按规定作坏账损失处理。

有关坏账损失的处理，通常有两种方法：一是"直接冲销法"，即确认应收款项无法收回时直接计入管理费用；二是"备抵法"，即平时按规定比率计提坏账准备金，计入管理费用，形成坏账准备（借：管理费用，贷：坏账准备），待坏账发生时，冲减坏账准备。

本例中，采用直接冲销法，应编制如下会计分录。

借：管理费用　　　　　　　　　　　　　　　　　　　　12 000
　　贷：应收账款　　　　　　　　　　　　　　　　　　　12 000

如果采用备抵法，应编制如下会计分录。

借：坏账准备　　　　　　　　　　　　　　　　　　　　12 000
　　贷：应收账款——A企业　　　　　　　　　　　　　　12 000

本 章 小 结

财产清查，是通过对各种财产物资、货币资金和往来款项的实地盘点、账项核对或查询，查明某一时期的实际结存数，并与账存数核对，确定账实是否相符的一种会计核算方法。通过财产清查，可以保证会计核算资料真实可靠；可以充分挖掘财产物资的潜力；可以强化财产管理的内部控制制度；可以促进企业建立健全规章制度。按清查的对象可分为全面清查和局部清查；按清查的时间可分为定期清查和不定期清查。

财产清查的内容和方法，按清查的具体内容不同可分为三种情况：实物资产的清查方法；货币资金的清查方法；往来款项的清查方法。

实物资产的盘存制度通常有永续盘存制和实地盘存制两种。根据实物资产的特点不同，可采用的清查方法主要有实地盘点法和技术推算盘点法。

库存现金的清查是通过实地盘点，再与现金日记账余额核对，以查明情况。

银行存款的清查，采用与开户行核对账目的方法进行，由于未达账项的存在，会使企业银行存款日记账余额与银行对账单余额不符，需要编制"银行存款余额调节表"来进一步确定双方记账是否一致。

往来款项的清查一般采用"函证核对法"进行。

财产清查的结果，要按规定的程序处理。通过设置"待处理财产损溢"账户对财产盘盈、盘亏进行会计处理。该账户借方登记发生的待处理财产盘亏及毁损数和结转已批准处理的财产盘盈数，其贷方登记发生的待处理财产盘盈数和结转已批准处理的财产盘亏和毁损数。该账户借方余额表示尚待批准处理的财产物资的净损失，贷方余额表示尚待批准处理的财产物资的净盈余。

固定资产的盘盈，不通过"待处理财产损溢"账户核算。

课 后 测 试

一、单项选择题

1. 企业实行股份制改造前，为了明确经济责任，需进行（   ）。
   A. 定期清查   B. 内部清查
   C. 全面清查   D. 外部清查

2. 财产清查是通过对货币资金、实物资产和往来款项等财产物资的盘点或核对，来查明其（   ）是否相符的一种专门方法。
   A. 账簿记录与会计凭证   B. 有关会计账簿之间
   C. 账簿记录与实存数   D. 账簿记录与会计报表

3. 下列各项中，应采用实地盘点法进行清查的是（   ）。
   A. 现金   B. 银行存款
   C. 应收账款   D. 砂石

4. 下列记录可以作为调整账面数字的原始凭证的是（   ）。
   A. 盘存单   B. 实存账存对比表
   C. 银行存款余额调节表   D. 往来款项对账单

5. 企业库存现金清查盘点时，下列人员必须在场的是（   ）。
   A. 记账人员   B. 出纳人员
   C. 单位领导   D. 会计主管

6. 在清查中填制的"库存现金盘点报告表"兼有"盘存单"和"账存实存对比表"的作用，是反映库存现金实有数和（   ）。
   A. 登记总分类账的直接依据 B. 登记财务报表的直接依据
   C. 调整账面记录的原始凭证 D. 调整账面记录的记账凭证

7. 对各项财产物资的盘点结果，企业应编制并据以调整账面记录的原始凭证是（   ）。
   A. 入库单   B. 清查结果报告表
   C. 出库单   D. 领料单

8. 对应付账款进行清查时，应采用的方法是（   ）。
   A. 与记账凭证核对   B. 发函询证法
   C. 实地盘点法   D. 技术推算法

9. 企业遭受自然灾害后，对其遭受损失的财产物资进行的清查，属于（   ）。
   A. 局部清查和定期清查   B. 全面清查和定期清查
   C. 局部清查和不定期清查 D. 全面清查和不定期清查

10. 企业年终决算前，需要（   ）。
    A. 对所有财产进行实物盘点 B. 对重要财产进行局部清查
    C. 对所有财产进行全面清查 D. 对流动性较大的财产进行重点清查

11. 银行存款的清查是将银行存款日记账记录与（　　）核对。
    A. 银行存款收款、付款凭证　　　B. 总分类账银行存款科目
    C. 银行对账单　　　　　　　　　D. 开户银行的会计记录
12. 对于长期挂账确实无法偿付的应付账款，经批准转销时应记入（　　）科目。
    A. 营业外支出　　　　　　　　　B. 营业外收入
    C. 资本公积　　　　　　　　　　D. 待处理财产损溢
13. 企业计提坏账准备时，应该记入借方的科目是（　　）。
    A. 管理费用　　　　　　　　　　B. 资产减值损失
    C. 坏账损失　　　　　　　　　　D. 坏账准备
14. 确认盘亏物资应由责任人赔偿的，应记入（　　）科目。
    A. 其他应付款　　　　　　　　　B. 其他应收款
    C. 管理费用　　　　　　　　　　D. 营业外支出
15. 查明盘亏的固定资产属于非常损失的，应记入（　　）科目。
    A. 其他应付款　　　　　　　　　B. 其他应收款
    C. 管理费用　　　　　　　　　　D. 营业外支出
16. 盘盈的固定资产经批准转销，应记入（　　）科目。
    A. 营业外收入　　　　　　　　　B. 其他应收款
    C. 管理费用　　　　　　　　　　D. 营业外支出
17. 只记录增加数，不记录减少数的财产物资盘存制度是（　　）。
    A. 实地盘存制　　　　　　　　　B. 权责发生制
    C. 收付实现制　　　　　　　　　D. 永续盘存制
18. 会计准则规定，企业发生坏账损失时，应该借记的科目是（　　）。
    A. 管理费用　　　　　　　　　　B. 营业外支出
    C. 坏账准备　　　　　　　　　　D. 坏账损失
19. 存货经盘点后发现超定额损耗，应将损耗金额先记入（　　）科目，查明原因后再处理。
    A. 待处理财产损溢　　　　　　　B. 采购成本
    C. 销售费用　　　　　　　　　　D. 管理费用

二、多项选择题

1. 财产清查按清查时间分类可以分为（　　）。
    A. 年度清查　　　　　　　　　　B. 中期清查
    C. 定期清查　　　　　　　　　　D. 不定期清查
2. 下列各项资产中，采用实地盘点法的清查对象有（　　）。
    A. 库存现金　　　　　　　　　　B. 应收账款
    C. 银行存款　　　　　　　　　　D. 库存商品
3. 发函询证法一般适用的清查项目有（　　）。
    A. 应收账款　　　　　　　　　　B. 应付账款
    C. 预付账款　　　　　　　　　　D. 预收账款
4. 下列各项中，需要进行全面清查的情况有（　　）。

A. 年终决算之前　　　　　　　　B. 企业股份制改制前
C. 进行全面资产评估时　　　　　D. 单位主要负责人调离时

5. 进行局部财产清查时，正确的做法有（　　）。
   A. 现金每月清点一次
   B. 银行存款每月至少同银行核对一次
   C. 贵重物品每月至少盘点一次
   D. 债权债务每年至少核对一至二次

6. 以下资产一般采用发函询证方法进行清查的有（　　）。
   A. 原材料　　　　　　　　　　B. 预收账款
   C. 固定资产　　　　　　　　　D. 应收账款

7. 下列各项中，关于财产清查说法正确的有（　　）。
   A. 在实物资产清查时，实物保管人员必须在场
   B. 盘点人和实物保管人员应在盘点表上签名或盖章
   C. 需要根据"实存账存对比表"做出账务处理
   D. 不需要根据"实存账存对比表"做出账务处理

8. 财产清查中遇到有账实不符时，用以调整账簿记录的原始凭证有（　　）。
   A. 实存账存对比表　　　　　　B. 现金盘点报告表
   C. 银行对账单　　　　　　　　D. 银行存款余额调节表

9. 技术推算盘点法一般适用于（　　）的清查。
   A. 大堆存放物资　　　　　　　B. 不便于逐一清点的笨重物资
   C. 库存现金　　　　　　　　　D. 往来款项

10. "待处理财产损溢"账户的借方核算（　　）。
    A. 发生的财产盘盈数　　　　　B. 发生的财产盘亏和毁损数
    C. 处理的财产盘盈数　　　　　D. 处理的财产盘亏和毁损数

11. 以下（　　），会使企业银行存款日记账的余额小于银行对账单的余额。
    A. 企业收到或已送存银行的款项，企业已入账，但银行尚未入账
    B. 企业开出各种付款凭证，已记入银行存款日记账，但银行尚未入账
    C. 银行代企业收进的款项，银行已入账，但企业尚未收到有关凭证，未登记入账
    D. 银行代企业支付的款项，银行已入账，但企业尚未收到有关凭证，未登记入账

12. 以下可以采用实地盘点法的财产物资是（　　）。
    A. 库存现金　　　　　　　　　B. 银行存款
    C. 库存商品　　　　　　　　　D. 往来款项

13. 不定期清查适用于（　　）。
    A. 变更出纳员　　　　　　　　B. 年度审计
    C. 会计报表前　　　　　　　　D. 发生自然灾害

14. 以下清查项目中，既是不定期清查，又是全面清查的是（　　）。
    A. 企业改变隶属关系　　　　　B. 会计报表前
    C. 临时清产核资　　　　　　　D. 发生自然灾害

15. 对于盘亏财产物资经批准处理核销时，有可能涉及的借记的科目是（　　）。

A. 营业外收入 B. 营业外支出
C. 其他应收款 D. 管理费用
16. 对于盘盈财产物资经批准处理核销时，有可能涉及的贷记的科目是（　　）。
A. 营业外收入 B. 待处理财产损益
C. 其他应收款 D. 管理费用
17. 以下属于未达账项的项目是（　　）。
A. 银行已付，单位未付 B. 单位已收，银行未收
C. 单位已付，银行未付 D. 银行已收，单位未收
18. 以下的项目属于财产清查中财产物资盘存制度的是（　　）。
A. 收付实现制 B. 先进先出法
C. 实地盘存制 D. 永续盘存制
19. 以下属于财产物资清查方法的是（　　）。
A. 账项核对法 B. 函证核对法
C. 永续盘存制 D. 实地盘点法

三、判断题
1. 财产清查中，对于银行存款至少每月与银行或有关单位核对一次。（　　）
2. 定期清查既可以是全面清查，也可以是局部清查。（　　）
3. 清查时应当本着先清查质量、核对有关账簿记录等，后认定数量的原则进行。（　　）
4. 为了明确经济责任，清查时，保管人员和盘点人员必须同时在场。（　　）
5. 财产清查就是对各项实物资产进行定期盘点或核对。（　　）
6. 在进行实物资产清查时，财产物资保管人员及盘点人员必须同时在场，并在"盘存单"上签名或盖章。（　　）
7. 外部清查是指由上级主管部门、审计机关、司法部门、注册会计师根据国家有关规定或情况需要对本单位所进行的财产清查。一般来讲，进行外部清查时应有本单位相关人员参加。（　　）
8. 未达账项，一般是由于企业或者银行在登记账簿时造成的漏记款项。（　　）
9. 财产物资的盘盈、盘亏报经批准处理后，一定会影响当期损益。（　　）
10. 现金出纳人员每天工作结束前都要将现金日记账结清并与现金实存数核对，这属于账证核对。（　　）
11. 对库存现金进行盘点时，出纳人员应当回避。（　　）
12. "盘存单"是记录盘点结果的书面证明，可直接据以调整账簿记录。（　　）
13. "库存现金盘点报告表"是反映库存现金实有数和调整账簿记录的原始凭证，兼有"盘存单"和"实存账存对比表"的作用。（　　）
14. 企业在日常工作中发生的待处理财产损溢，通常必须在年度报告编制前处理完毕。（　　）
15. 单位主要负责人调离工作前需要进行全面的财产清查。（　　）
16. 在企业撤销或合并时，要对企业的部分财产进行重点清查。（　　）
17. 银行存款的清查属于局部清查，出纳人员每月至少同银行核对三次。（　　）
18. 企业在202×年5月份发生一起小范围内的火灾，损坏了生产车间的部分设备，为了查明损失情况，企业进行了清查，这种清查属于不定期清查。（　　）

19. 财政、税务、银行以及审计部门对企业进行清查时，不需要本单位相关人员参加。（　）
20. 通过银行存款余额调节表可以检查账簿记录上存在的差错。（　）
21. 对于银行存款的未达账项应编制银行存款余额调节表进行调节，同时将未达账项编成记账凭证登记入账。（　）
22. 各种财产物资发生盘盈、盘亏和毁损，在报经批准以前都必须先记入"待处理财产损溢"科目。（　）
23. 局部清查一般适用于流动性较大的财产物资和货币资金的清查。（　）
24. 无论采用何种盘存制度，账面上都应该反映财产物资的收发存情况。（　）
25. 永续盘存制在账面上随时能够反映财产物资的收发存情况。（　）
26. 库存现金的盘亏可以不通过"待处理财产损溢"账户核算。（　）
27. 银行存款的清查方法不是实地盘点法。（　）
28. "待处理财产损溢"科目是损益类科目，所以期末无余额。（　）
29. 银行存款日记账与银行对账单在任何时点都应该一致。（　）
30. 库存现金清查后要编制实存账存对比表。（　）
31. 发现固定资产盘亏，在"待处理财产损溢"账户反映的是该项资产的账面原始价值。（　）
32. 清查库存现金时，出纳人员应该回避。（　）
33. 库存现金是否超过规定的限额不在清查的范围之内。（　）
34. 清查库存现金时，主要是查明现金账实是否相符，对于白条抵充现金现象可不做记录。（　）
35. 债权人豁免的债务和确实无法支付的应付账款，经批准后可以转入"营业外收入"账户。（　）

四、实务题

1. 习题一

中兴公司202×年11月有关乙材料的收入、发出和结存情况如下：月初结存2 000千克，计4 000元；本月5日购进入库3 000千克，实际成本6 000元，本月10日购进入库1 000千克，实际成本2 000元；本月3日生产领用1 500千克，计3 000元，本月15日生产领用2 000千克，计4 000元；月末实地盘点乙材料实存2 000千克，计4 000元。

要求：分别按"永续盘存制"和"实地盘存制"填列下列乙材料明细账（表7-7、表7-8）。

表7-7　　　　　　　　　　乙材料明细账（永续盘存制）

202×年		凭证号数	摘要	收入			发出			结存		
月	日			数量	单价	金额	数量	单价	金额	数量	单价	金额
			月初结存									
			本月合计									

表 7-8　　　　　　　　　　乙材料明细账（实地盘存制）

202×年		凭证号数	摘要	收入			发出			结存		
月	日			数量	单价	金额	数量	单价	金额	数量	单价	金额
			月初结存									
			本月合计									

2. 习题二

中兴公司202×年11月有关银行存款的资料见表7-9，表7-10。

表 7-9　　　　　　　　　　　银行存款日记账

单位：元

202×年		凭证号码	摘要	结算凭证		借方	贷方	余额
月	日			种类	号码			
11	20		结余					250 000
	22	银付461#	支付购货款	略	略		41 800	208 200
	24	银付462#	支付运杂费	略	略		300	207 900
	25	银收301#	收销货款	略	略	72 000		279 900
	27	银付463#	支付购货款	略	略		2 850	277 050
	28	银付464#	支付维修费	略	略		3 150	273 900
	30	银收302#	收回货款	略	略	4 380		278 280

表 7-10　　　　　　　　　　　银行对账单

单位：元

202×年		摘要	结算凭证		借方	贷方	余额
月	日		种类	号数			
11	20	结余					250 000
	24	支付运杂费	略	略	300		249 700
	25	代收销货款	略	略		72 000	321 700
	26	支付电费	略	略	4 200		317 500
	27	支付购货款	略	略	41 800		275 700
	28	存款利息	略	略		1 300	277 000
	29	代收销货款	略	略		6 400	283 400
	30	支付购货款	略	略	2 850		280 550

要求：1. 将银行存款日记账与银行对账单进行核对，确定未达账项。
　　　2. 根据有关资料，编制银行存款余额调节表。
　　　3. 计算月末企业可以动用的银行存款实有数额。

3. 习题三

中兴公司202×年11月有关业务资料如下。

（1）在清查中发现现金短缺8元。

（2）在财产清查中盘盈甲材料2 000元；盘亏乙材料30 000元，该批材料原购进时的增值税进项税额为3 900元。

（3）在财产清查中盘盈办公设备一台，同类设备目前的市场价格为80 000元，该机器按其新旧程度估计的价值损耗为50 000元；发现短少机床一台，该设备账面原值为100 000元，已提折旧70 000元。

（4）上述短款无法查明原因，经批准作管理费用处理。

（5）经查，上述甲材料盘盈因计量器具不准确造成的，乙材料盘亏系非常损失。

（6）经批准，上述盘盈的办公设备由企业留用，短少机床的损失作营业外支出处理。

要求：根据上述经济业务，编制中兴公司的会计分录。

4. 习题四

资料：某工厂年终进行财产清查，在清查中发现下列事项。

（1）盘亏水泵一台，原价5 200元，账面已提折旧2 400元。

（2）发现账外机器一台，估计重置价值为10 000元，净值为6 000元。

（3）甲材料账面余额为455千克，价值19 110元，盘存实际存量为445千克，经查明为日常收发计量差错。

（4）乙材料账面余额为156千克，价值3 900元，盘存实际存量为151千克，缺少数为保管人员失职造成的损失。

（5）丙材料盘盈30千克，每千克30元，经查明其中25千克为代其他工厂加工剩余材料，该厂未及时提回，其余属于日常收发计量差错。

（6）经检查其他应收款，尚有某运输公司欠款250元，属于委托该公司运输材料，由于装卸工疏忽造成的损失，已确定由该公司赔偿，但该公司已撤销，无法收回。

上述各项盈亏和损失，经查实并报经领导批准作如下处理。

（1）盘亏水泵系自然灾害，作非常损失处理。

（2）账外机器留作生产设备入账，作营业外收入处理。

（3）材料定额内损耗及收发差错列入管理费用核销。

（4）保管员失职造成的损失，责成过失人赔偿。

（5）无法收回的应收账款确认为坏账损失。

要求：根据上述资料，编制相关会计分录。

【第7章】
课后测试答案解析

第 8 章

账务处理程序

本章引言

企业在生产经营过程中所发生的各项经济业务,由于企业的规模、形式不同,其所采用的账务处理程序也不尽相同。本章将阐明会计账务处理程序的意义、种类,记账凭证账务处理程序、汇总记账凭证账务处理程序和科目汇总表账务处理程序的特点、步骤、适用范围及优缺点。

导入案例

周先生于 202×年 1 月 1 日用银行存款 500 000 元作为投资创办了一家公司,主要经营各种家具的批发与零售。本月,公司以每月 10 000 元的租金租用了一个店面作为经营场地;购入家具两批;零售批发家具 20 次;支付 5 名店员工资,支付装修费、水电费;购买经营设备两套。由于周先生不懂会计,他除了将所有的发票等单据都收集、保存起来外,没有做任何其他记录。

请为周先生的公司设计一套适合的会计账务处理程序。

学习目标

- 了解账务处理程序的含义
- 熟悉账务处理程序的类别
- 明确账务处理程序的基本内容
- 掌握各种账务处理程序的特点、一般步骤、适用范围及优缺点

关键术语

思维导图

第8章 财务处理程序

概述

- **意义**
  - 有利于加强企业单位的内部控制
  - 有利于保证会计信息的真实、及时、完整
  - 有利于提高会计核算工作的效率
  - 应从本单位实际情况出发
- **基本要求**
  - 应保证会计核算的质量
  - 应满足现代会计经营管理中的重要作用
- **种类**
  - 记账凭证账务处理程序
  - 汇总记账凭证账务处理程序
  - 科目汇总表账务处理程序
- **一般步骤**：会计凭证、会计账簿、会计报表三者有机结合的数据传递程序

记账凭证账务处理程序

- **特点**：在会计核算中直接根据记账凭证登记总分类账
- **步骤**
  - 根据原始凭证或原始凭证汇总表编制记账凭证
  - 根据收款凭证和付款凭证，逐笔登记现金日记账和银行存款日记账
  - 月末，将现金日记账和银行存款日记账的余额与总分类账相关账户的余额进行核对
  - 根据记账凭证、各类明细账分类账登记各种明细分类账
  - 根据总分类账和明细分类账编制会计报表
- **优缺点及适用范围**
  - 优点：能详细反映经济业务的发生情况
    - 账户对应关系清晰明了，便于查账和掌握
    - 总分类账登记方法简单，容易被理解和掌握
  - 缺点：账页耗用多，预留账面多少难以把握
  - 适用范围：规模小、业务量少、凭证不多的单位

汇总记账凭证账务处理程序

- **特点**：每隔一定期间要根据原始凭证编制汇总记账凭证
- **步骤**
  - 根据各种原始凭证、原始凭证汇总表编制记账凭证
  - 根据收款凭证、付款凭证登记现金日记账和银行存款日记账
  - 根据各种记账凭证编制汇总记账凭证登记各种明细账
  - 定期或月终根据对账的要求，将现金日记账、银行存款日记账和汇总记账凭证与总分类账进行核对
  - 月终，根据总分类账和明细分类账编制会计报表
- **优缺点及适用范围**
  - 优点：月末一次记入总分类账，在一定程度上简化了总分类账的记账工作
    - 汇总记账凭证能清晰地反映账户间的对应关系，便于分析检查经济活动的发生情况
  - 缺点：编制汇总记账凭证过程中可能发生的错误，不易发现；汇总过程中可能工作量较大
    - 难以发现汇总过程中可能发生的错误，记账凭证多，业务量大
  - 适用范围：记账凭证较多的企业

科目汇总表账务处理程序

- **特点**
  - 根据记账凭证、定期编制科目汇总表，总分类账
  - 登记依据是科目汇总表
- **步骤**
  - 根据原始凭证编制汇总表编制记账凭证
  - 根据收款凭证、付款凭证和其他记账凭证登记各种明细分类账
  - 根据原始凭证或凭证汇总表编制科目汇总表登记总分类账
  - 定期或月终根据科目汇总表登记总分类账
  - 月末，按照对账的要求，将总分类账和各种明细分类账与总分类账进行核对
  - 月终，根据总分类账和明细分类账编制会计报表
- **优缺点及适用范围**
  - 优点：按照科目汇总表登记总分类账，减少了总分类账登记的工作量，手续也比较简单，同时科目汇总表还起到试算平衡的作用
  - 缺点：不能反映各个科目的对应关系及经济业务的来龙去脉，不便于分析、检查经济活动的情况
    - 业务量大，记账凭证较多的企业
  - 适用范围：业务量大、记账凭证较多的企业

8.1 账务处理程序概述

会计账簿、记账凭证和会计报表是组织会计核算的工具。会计账簿、记账凭证和会计报表不是彼此孤立的,它们以一定的形式结合,构成一个完整的工作体系。因此,会计账务处理程序,也叫会计核算程序或会计核算形式。它是指会计凭证、账簿组织、会计报表的种类、记账程序和记账方法相互结合的步骤和方法。账簿组织是指账簿的种类、格式和各种账簿之间的相互关系。记账程序是指运用一定的记账方法,从填制、审核会计凭证,登记账簿直到编制会计报表的工作程序,也是将发生的经济业务利用会计凭证、账簿组织、会计报表进行反映的步骤与过程。如何应用会计凭证、会计账簿、会计报表等方法,与会计账务处理程序有直接关系。即使是对于同样的经济业务进行账务处理,如果采用的记账程序不同,所采用的会计凭证、会计账簿、会计报表的种类与格式也有所不同。不同格式、种类的会计凭证、会计账簿、会计报表与一定的记账程序相结合,就形成了在做法上有着一定区别的账务处理程序。

8.1.1 账务处理程序的意义

为了连续、系统、全面地反映企业、单位的经济活动,为经营管理活动提供及时、有效的会计信息,也为了合理、科学地组织会计核算工作,除了要及时、正确地填制会计凭证、登记账簿和编制会计报表以外,企业单位还必须根据自己的实际情况,确定相应的会计核算程序,使会计凭证的填制,账簿的登记,会计报表的编制能够有机地结合起来,即设计本单位的账务处理程序。

选择适当的账务处理程序,对于科学组织企业单位的会计核算工作具有如下重要意义。有利于加强企业单位的内部控制;有利于保证会计信息的真实、及时、完整;有利于提高会计核算工作的工作效率;有利于充分体现会计在经营管理中的重要作用。

8.1.2 账务处理程序设计的基本要求

在会计工作中,不同单位的业务性质、规模大小、管理要求各不相同,其对会计核算程序的要求也不完全一致,但科学、合理的账务处理程序应符合下列基本要求。

1. 应从本单位实际情况出发

企业所选择的账务处理程序要适应本单位实际情况,与本单位的经营性质、生产经营规模的大小、业务量的多少、会计事项的繁简程度、会计机构的设置和会计人员的配备、分工等情况相适应,以保证会计核算工作顺利进行。

2. 应保证会计核算质量

账务处理程序的设计必须满足会计信息使用者的要求,提供及时、准确、系统、全面的会计核算资料。方便会计信息使用者及时掌握企业的财务状况、经营成果和现金流量,并据以满足经济决策的需要。

3. 应满足提高会计核算工作效率的要求

账务处理程序设计在保证会计核算资料真实、完整、及时、准确的前提下,力求简化核算手续,节约核算中的人力、物力消耗,节省核算费用。

8.1.3 账务处理程序的种类及一般步骤

1. 账务处理程序的种类

根据上述账务处理程序设计的基本要求,结合我国会计工作实际,目前,各单位采用的账务处理程序主要有以下三类。

账簿处理程序的基本模式

(1) 记账凭证账务处理程序。
(2) 汇总记账凭证账务处理程序。
(3) 科目汇总表账务处理程序。

2. 账务处理程序的一般步骤

各种账务处理程序的一般步骤是会计凭证、会计账簿、会计报表三者有机结合的数据传递程序,即:会计凭证→会计账簿(账户、账簿)→会计报表。其一般步骤如下所述。

(1) 根据原始凭证或原始凭证汇总表填制记账凭证。
(2) 根据收款、付款凭证,序时逐笔登记库存现金日记账和银行存款日记账。
(3) 根据记账凭证及其所附原始凭证或原始凭证汇总表登记明细分类账。
(4) 根据登记总分类账的依据登记总分类账。
(5) 定期将总分类账与明细分类账、总分类账与日记账进行核对。
(6) 根据总分类账和有关明细分类账的资料编制财务报表。

8.2 记账凭证账务处理程序

8.2.1 记账凭证账务处理程序的特点

记账凭证账务处理程序是指对发生的交易或事项,都要根据原始凭证或原始凭证汇总表编制记账凭证,然后直接根据记账凭证逐笔登记总分类账的一种账务处理程序。其显著特点是:在会计核算中直接根据记账凭证逐笔登记总分类账。它是最基本的账务处理程序,其他各种账务处理程序都是在此基础上发展形成的。

8.2.2 记账凭证账务处理程序的步骤

记账凭证账务处理程序的步骤如下。

(1) 根据原始凭证或原始凭证汇总表编制记账凭证。记账凭证可以根据实际情况选用收款凭证、付款凭证和转账凭证,也可以直接选用通用记账凭证。
(2) 根据收款凭证和付款凭证逐日逐笔登记现金日记账和银行存款日记账。
(3) 根据原始凭证、原始凭证汇总表、记账凭证逐笔登记各类明细分类账。
(4) 根据记账凭证逐笔登记总分类账。
(5) 月末,将现金日记账、银行存款日记账、各类明细分类账的余额的合计数,分别与相关总分类账账户的余额进行核对。
(6) 根据总分类账和明细分类账编制会计报表。

记账凭证账务处理程序如图 8.1 所示。

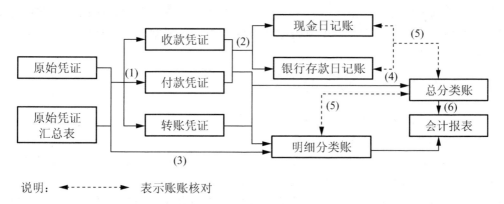

图 8.1 记账凭证账务处理程序

8.2.3 记账凭证账务处理程序的优缺点及适用范围

1. 记账凭证账务处理程序的优点

采用记账凭证账务处理程序，总分类账能详细地反映经济业务的发生情况；账户的对应关系和经济业务的来龙去脉清晰明了，便于查账和用账；总分类账登记方法简单，容易被理解和掌握。

2. 记账凭证账务处理程序的缺点

登记总分类账的工作量大。对发生的每一笔经济业务都要根据记账凭证逐笔登记总分类账，实际上与登记日记账、明分类细账的做法一样，是一种简单的重复登记，特别是当单位的业务量较大时，此种账务处理程序就会形成较大的工作量。账页耗用多，预留账页多少难以把握。

3. 记账凭证账务处理程序的适用范围

记账凭证账务处理程序通常用在规模小、业务量少、凭证不多的单位。

8.3 汇总记账凭证账务处理程序

8.3.1 汇总记账凭证账务处理程序的特点

汇总记账凭证账务处理程序，是定期将所有记账凭证汇总编制成汇总收款凭证、汇总付款凭证和汇总转账凭证，然后再根据汇总记账凭证登记总分类账并定期编制会计报表的账务处理程序。其显著特点是：每隔一定期间要根据记账凭证编制汇总记账凭证，并据以登记总分类账。

汇总记账凭证可分为汇总收款凭证、汇总付款凭证和汇总转账凭证三种，并分别根据收款、付款和转账三种记账凭证填制。使用的会计账簿与记账凭证账务处理程序基本相同。

汇总收款凭证按照"库存现金""银行存款"账户的借方设置，其编制过程通过定期将收款凭证中与借方账户对应的贷方账户进行归类汇总来完成。

汇总付款凭证按"库存现金""银行存款"账户的贷方设置，其编制过程通过定期将付款凭证中与贷方账户对应的借方账户进行归类汇总来完成。

汇总转账凭证通常按照每一贷方账户设置，通过与该贷方账户对应的借方账户进行归类汇总来完成其编制过程。由于会计实务中有"以贷为主"的习惯，所以汇总转账凭证通常不按借方来设置，而且为便于汇总转账凭证的编制，在编制转账凭证的时候不能出现多借多贷或一借多贷。

8.3.2 汇总记账凭证账务处理程序的步骤

汇总记账凭证账务处理程序的步骤如下。

（1）根据各种原始凭证编制原始凭证汇总表。

（2）根据原始凭证、原始凭证汇总表编制记账凭证。为了便于编制汇总记账凭证，要求收款凭证按一个借方科目与一个或几个贷方科目相对应填制，付款凭证按一个贷方科目与一个或几个借方科目相对应填制，转账凭证按一贷一借或一贷多借的科目相对应填制。

（3）根据收款、付款凭证登记现金日记账和银行存款日记账。现金日记账和银行存款日记账通常采用收、付、余三栏式日记账簿。

（4）根据原始凭证、原始凭证汇总表和各种记账凭证登记各种明细分类账。明细分类账的格式根据各单位的实际情况及管理上的要求可分别采用三栏式、数量金额式和多栏式。

（5）根据各种记账凭证编制汇总收款凭证、汇总付款凭证和汇总转账凭证。汇总收款凭证、汇总付款凭证和汇总转账凭证的常用格式见表8-1、表8-2、表8-3。

表8-1

汇总收款凭证

借方科目：库存现金（或银行存款）　　　　　　年　月　　　　　　　　汇收第　号

贷方科目	金额				总账页数	
	1—10号收款凭证第 号至第 号	11—20号收款凭证第 号至第 号	21—30号收款凭证第 号至第 号	合计	借方	贷方
合计						

表8-2

汇总付款凭证

贷方科目：银行存款（或库存现金）　　　　　　年　月　　　　　　　　汇付第　号

借方科目	金额				总账页数	
	1—10号付款凭证第 号至第 号	11—20号付款凭证第 号至第 号	21—30号付款凭证第 号至第 号	合计	借方	贷方
合计						

表 8-3

汇总转账凭证

贷方科目：　　　　　　　　　　　　　　年　　月　　　　　　　　　　汇转第　　号

借方科目	金额			合计	总账页数	
	1—10号转账凭证第　号至第　号	11—20号转账凭证第　号至第　号	21—30号转账凭证第　号至第　号		借方	贷方
合计						

（6）定期或月终根据汇总记账凭证登记总分类账。

（7）月终，按照对账的要求，将现金日记账、银行存款日记账和各种明细分类账与总分类账进行核对。

（8）月终，根据总分类账和明细分类账编制会计报表。

汇总记账凭证账务处理程序如图 8.2 所示。

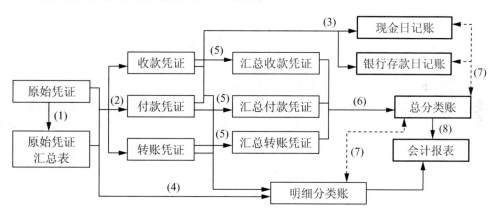

图 8.2　汇总记账凭证账务处理程序

8.3.3　汇总记账凭证账务处理程序的优缺点及适用范围

1. 汇总记账凭证账务处理程序的优点

汇总记账凭证账务处理程序可以将日常发生的大量记账凭证分散在平时整理，通过汇总归类，月末一次记入总分类账，在一定程度上简化了总分类账的记账工作；汇总记账凭证是按照科目的对应关系归类汇总编制的，能够清晰地反映账户间的对应关系，便于分析检查经济活动的发生情况。

2. 汇总记账凭证账务处理程序的缺点

汇总记账凭证账务处理程序汇总转账凭证时按每一个贷方科目归类汇总，不考虑经济业务的性质，不利于会计核算工作的分工；编制汇总记账凭证的工作量也较大；难以发现汇总过程中可能发生的错误。

3. 汇总记账凭证账务处理程序的适用范围

由于汇总记账凭证账务处理程序具有清晰地反映账户间的对应关系，简化总分类账的记账工作等优点，它一般只适用于业务量大、记账凭证较多的企业。

8.4　科目汇总表账务处理程序

8.4.1　科目汇总表账务处理程序的特点和编制方法

1. 科目汇总表账务处理程序的特点

科目汇总表账务处理程序，是根据原始凭证或原始凭证汇总表填制记账凭证，根据记账凭证定期编制科目汇总表，再根据科目汇总表登记总分类账的一种账务处理程序。其显著特点是：根据记账凭证定期编制科目汇总表，总分类账的登记依据是科目汇总表。在总分类账和记账凭证之间增加了科目汇总表这一环节。

2. 科目汇总表的编制方法

编制科目汇总表时，首先，应将汇总期内各项交易或事项所涉及的总账科目填列在科目汇总表的"会计科目"栏内；其次，根据汇总期内所有记账凭证，按会计科目分别加计其借方发生额和贷方发生额，将其汇总金额填在各相应会计科目的"借方"和"贷方"栏内。按会计科目汇总后，应分别加总全部会计科目"借方""贷方"发生额，进行试算平衡。

科目汇总表可以每月汇总一次，编制一张，也可以5天或10天汇总一次，每月编制几张。科目汇总表的格式见表8-4。

表8-4　　　　　　　　　　　　　科目汇总表

　　　　　　　　　　　　　　　年　月　日至　日　　　　　　　　　　　　　第　　号

会计科目	账页	本期发生额		记账凭证起讫号数
		借方	贷方	
合计				

科目汇总表的作用与汇总记账凭证的作用相同，都可以简化总分类账的登记工作，但它们的填制方法不同，产生的结果也不同。科目汇总表是定期汇总计算每一账户的借方发生额和贷方发生额，可以汇总在一张表内，其结果是科目汇总表和据此登记的总分类账都不能反映各账户之间的对应关系，所以也不便于了解经济业务的具体内容。汇总记账凭证是定期以每一账户的贷方或借方，分别按与其对应的借方或贷方账户汇总发生额，其结果是汇总记账凭证和据此登记的总分类账都能反映各账户之间的对应关系，所以也便于了解经济业务的具体内容。

8.4.2 科目汇总表账务处理程序的步骤

通常情况下,科目汇总表上的科目排列顺序应该与总分类账上的科目排列顺序相同。科目汇总表账务处理程序的步骤如下。

(1) 根据各种原始凭证编制原始凭证汇总表。

(2) 根据原始凭证、原始凭证汇总表编制记账凭证。为了便于编制科目汇总表,所有记账凭证中的科目对应关系,最好按一个借方科目和一个贷方科目相对应。转账凭证最好一式两份,以便分别归类汇总借方科目和贷方科目的本期发生额。

(3) 根据收款、付款凭证登记现金日记账和银行存款日记账。现金日记账和银行存款日记账通常采用收、付、余三栏式日记账簿。

(4) 根据原始凭证、原始凭证汇总表和各种记账凭证登记各种明细分类账。明细账的格式根据各单位的实际情况及管理上的要求可分别采用三栏式、数量金额式和多栏式。

(5) 根据各种记账凭证汇总编制科目汇总表。编制的时间间隔可以是 10 天,也可以是 15 天或者 1 个月。

(6) 定期或月终根据科目汇总表登记总分类账。

(7) 月终,按照对账的要求,将现金日记账、银行存款日记账和各种明细分类账与总分类账进行核对。

(8) 月终,根据总分类账和明细分类账编制会计报表。

科目汇总表账务处理程序如图 8.3 所示。

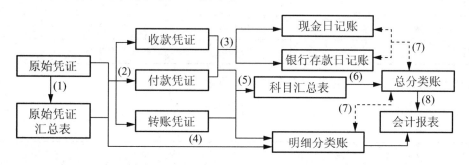

说明:◀------▶ 表示账账核对

图 8.3 科目汇总表账务处理程序

例:某企业编制的科目汇总表格式见表 8-5。

表 8-5　　　　　　　　　　　　　　　科目汇总表

单位:元

202×年 12 月 1 日至 31 日　　　　　　　　　第 1 号

会计科目	账 页	本期发生额		记账凭证起讫号数
		借 方	贷 方	
库存现金	(略)	20 000	20 120	(略)
银行存款		264 800	214 400	

续表

会计科目	账页	本期发生额		记账凭证起讫号数
		借方	贷方	
应收账款			30 800	
其他应收款		120		
材料采购		141 000	141 000	
原材料		141 000	70 500	
库存商品		112 620	75 080	
累计折旧			30 000	
应付账款		28 600		
应交税费		23 800	34 000	
应付职工薪酬		20 000	20 000	
主营业务收入		200 000	200 000	
主营业务成本		75 080	75 080	
生产成本		106 500	112 620	
制造费用		26 000	26 000	
管理费用		1 000	1 000	
本年利润		90 080	200 000	
合计		1 250 600	1 250 600	

根据上述科目汇总表登记相关总分类账，见表 8-6、表 8-7。

表 8-6　　　　　　　　　　　　　总分类账

会计科目：库存现金　　　　　　　　　　　　　　　　　　　　　　　单位：元

202×年		凭证号数	摘要	借方	贷方	借或贷	余额
月	日						
12	1		期初余额			借	1 160
	31	科汇1	汇总1—31日记账凭证	20 000	20 120	借	1 040
			本期发生额及余额	20 000	20 120	借	1 040

表 8-7　　　　　　　　　　　　　总分类账

会计科目：银行存款　　　　　　　　　　　　　　　　　　　　　　　单位：元

202×年		凭证号数	摘要	借方	贷方	借或贷	余额
月	日						
12	1		期初余额			借	142 800
	31	科汇1	汇总1—31日记账凭证	264 800	214 400	借	193 200
			本期发生额及余额	264 800	214 400	借	193 200

8.4.3 科目汇总表账务处理程序的优缺点及适用范围

1. 科目汇总表账务处理程序的优点

科目汇总表账务处理程序按照科目汇总表登记总分类账,减少了总分类账登记的工作量,手续也比较简便。同时,科目汇总表还能起到试算平衡的作用。

2. 科目汇总表账务处理程序的缺点

科目汇总表账务处理程序按照科目归类编制科目汇总表,其只能反映科目的本期借方发生额和本期贷方发生额,不能反映各个科目的对应关系及经济业务的来龙去脉,因而不便于分析、检查经济活动情况,不便于对账。

3. 科目汇总表账务处理程序的适用范围

科目汇总表账务处理程序一般适用于业务量大、记账凭证较多的企业。

8.5 账务处理程序运用举例

8.5.1 记账凭证账务处理程序运用举例

资料:某工厂202×年8月初总账分类账户余额如下。

(1) 各账户月初余额见表8-8。

表8-8　　　　　　　　　　总账分类账户余额

单位:元

账户名称	金额	账户名称	金额
库存现金	1 160	累计折旧	30 000
银行存款	142 800	短期借款	32 800
原材料	50 000	长期借款	100 000
库存商品	109 120	应付账款	56 600
生产成本	6 120	其他应付款	6 420
应收账款	30 800	应交税费	1 000
其他应收款	300		
固定资产	340 000	实收资本	413 480
利润分配	10 000	本年利润	50 000
合计	690 300	合计	690 300

(2) 8月初"原材料"明细账余额如下。

甲材料500千克　　每千克40.2元　　金额20 100元

乙材料1 000千克　每千克20.2元　　金额20 200元

丙材料 100 千克　　每千克 97 元　　金额 9 700 元

(3) 该厂 8 月份发生如下经济业务。

8 月 1 日，以现金预支职工张纤差旅费 120 元。

8 月 3 日，收回某单位前欠货款 30 800 元，存入银行。

8 月 5 日，购入甲材料 2 000 千克，每千克 40.2 元；乙材料 3 000 千克，每千克 20.2 元，供货方代垫运杂费 1 000 元，增值税 18 330 元，均以银行存款支付（运杂费以材料重量为标准分配）。

8 月 6 日，上述材料运到验收入库，并按实际采购成本入账。

8 月 8 日，生产 A 产品，领用甲材料 1 000 千克，每千克 40.2 元，乙材料 1 500 千克，每千克 20.2 元。

8 月 9 日，销售 A 产品 200 件，每件售价 1 000 元，货款 200 000 元，应交增值税 26 000 元，款已收到并存入银行。

8 月 13 日，以银行存款支付管理部门电话费 1 000 元。

8 月 15 日，开出银行支票一张，用以偿还前欠购料款 28 600 元。

8 月 16 日，从银行提取现金 20 000 元，备发工资。

8 月 17 日，以现金 20 000 元，发放本月职工工资。

8 月 31 日，结转本月应付职工工资 20 000 元，其中，A 产品生产工人工资 10 000 元，车间管理人员工资 6 000 元，厂部管理人员工资 4 000 元。

8 月 31 日，提取本月固定资产折旧 30 000 元，其中生产车间固定资产折旧 20 000 元，行政管理部门固定资产折旧 10 000 元。

8 月 31 日，结转产品负担的制造费用。

8 月 31 日，本月 A 产品全部完工，结转完工产品成本。

8 月 31 日，结转已售产品成本（单位成本 375.4 元）。

8 月 31 日，结转本月利润。

1. 根据资料按时间顺序填制记账凭证

为简化核算，根据上述资料编制简化的记账凭证，见表 8-9。

表 8-9　　　　　　　　　　记账凭证

单位：元

202×年		凭证号数	摘要	一级科目	明细科目	借方金额	贷方金额
月	日						
8	1	现付 1	职工张纤借差旅费	其他应收款	张纤	120	
				库存现金			120
8	3	银收 1	收回某单位前欠货款	银行存款		30 800	
				应收账款			30 800
	5	银付 1	购材料付款	在途材料	甲材料	80 400	
				在途材料	乙材料	60 600	
				应交税费	应交增值税	18 330	

续表

202×年		凭证号数	摘要	一级科目	明细科目	借方金额	贷方金额
月	日						
				银行存款			159 200
	6	转1	材料验收入库	原材料	甲材料	80 400	
					乙材料	60 600	
				在途材料	甲材料		80 400
					乙材料		60 600
	8	转2	生产产品领用材料	生产成本	A产品	70 500	
				原材料	甲材料		40 200
					乙材料		30 300
	9	银收2	销售产品款项存入	银行存款		226 000	
			银行	主营业务收入			200 000
				应交税费	应交增值税		26 000
	13	银付2	支付管理部门	管理费用		1 000	
			电话费	银行存款			1 000
	15	银付3	偿还前欠购料款	应付账款		28 600	
				银行存款			28 600
	16	银付4	提现	库存现金		20 000	
				银行存款			20 000
	17	现付2	发工资	应付职工薪酬		20 000	
				库存现金			20 000
8	31	转3	结转本月工资	生产成本	A产品	10 000	
				制造费用		6 000	
				管理费用		4 000	
				应付职工薪酬			20 000
	31	转4	提取本月折旧费	制造费用		20 000	
				管理费用		10 000	
				累计折旧			30 000

续表

202×年		凭证号数	摘要	一级科目	明细科目	借方金额	贷方金额
月	日						
	31	转5	结转制造费用	生产成本	A产品	26 000	
				制造费用			26 000
	31	转6	结转完工产品成本	库存商品	A产品	112 620	
				生产成本	A产品		112 620
	31	转7	结转已售产品成本	主营业务成本		75 080	
				库存商品	A产品		75 080
	31	转8	结转收入类账户	主营业务收入		200 000	
				本年利润			200 000
	31	转9	结转支出类账户	本年利润		90 080	
				主营业务成本			75 080
				管理费用			15 000

2. 根据收款凭证、付款凭证登记日记账

以银行存款日记账为例，见表8-10。

表8-10　　　　　　　　　　银行存款日记账

单位：元

202×年		凭证号数	摘要	对方账户	收入	支出	结余
月	日						
8	1		期初余额				142 800
	3	银收1	收回某单位前欠货款	应收账款	30 800		173 600
	5	银付1	购材料付款	在途材料		80 400	93 200
				在途材料		60 600	32 600
				应交税费		18 330	14 270
	9	银收2	销售产品款项	主营业务收入	200 000		214 270
				应交税费	26 000		240 270
	13	银付2	支付管理部门电话费	管理费用		1 000	239 270
	15	银付3	偿还前欠购料款	应付账款		28 600	210 670
	16	银付4	提现	库存现金		20 000	190 670
	31		本月合计		256 800	208 930	190 670

3. 登记明细分类账

以原材料明细分类账为例,见表 8-11。

表 8-11　　　　　　　　　　　　原材料明细分类账

类别:甲材料　　　　　　　　　　　　　　　　　　　　　　　　　　　　计量单位:元/千克

202×年		凭证号数	摘　要	收　入			发　出			结　存		
月	日			数量	单价	金额	数量	单价	金额	数量	单价	金额
8	1		期初余额							500		20 100
	6	转 1	材料入库	2 000	40.2	80 400				2 500	40.2	100 500
	8	转 2	生产领用				1 000	40.2	40 200	1 500	40.2	60 300
			本月合计	2 000		80 400	1 000		40 200	1 500		60 300

4. 登记总分类账

登记总分类账见表 8-12 和表 8-13。

表 8-12　　　　　　　　　　　　银行存款总账

　　　　　　　　　　　　　　　　　　　　　　　　　　　　　　　　　　　　单位:元

202×年		凭证号数	摘　要	借　方	贷　方	借或贷	余　额
月	日						
8	1		期初余额			借	142 800
	3	银收 1	收回某单位前欠货款	30 800		借	173 600
	5	银付 1	购材料付款		159 330	借	14 270
	9	银收 2	销售产品款项	226 000		借	240 270
	13	银付 2	支付管理部门电话费		1 000	借	239 270
	15	银付 3	偿还前欠购料款		28 600	借	210 670
	16	银付 4	提现		20 000	借	190 670
			本月合计	256 800	208 930	借	190 670

表 8-13　　　　　　　　　　　　生产成本总账

　　　　　　　　　　　　　　　　　　　　　　　　　　　　　　　　　　　　单位:元

202×年		凭证号数	摘　要	借　方	贷　方	借或贷	余　额
月	日						
8	1		期初余额			借	6 120
	8	转 2	生产产品领用	70 500		借	76 620
	31	转 3	结转本月工资	10 000		借	86 620
	31	转 5	结转制造费用	26 000		借	112 620

202×年		凭证号数	摘 要	借方	贷方	借或贷	余 额
月	日						
	31	转 6	结转完工产品成本		112 620	平	0
			本月合计	106 500	112 620	平	0

5. 编制试算平衡表

试算平衡表见表 8-14。

表 8-14 试算平衡表

202×年 8 月 31 日　　　　　　　　　　　　　单位：元

账户名称	期初余额		本期发生额		期末余额	
	借 方	贷 方	借 方	贷 方	借 方	贷 方
库存现金	1 160		20 000	20 120	1 040	
银行存款	142 800		256 800	208 930	190 670	
原材料	50 000		141 000	70 500	120 500	
在途材料			141 000	141 000		
库存商品	109 120		112 620	75 080	146 660	
生产成本	6 120		106 500	112 620		
应收账款	30 800			30 800		
其他应收款	300		120		420	
固定资产	340 000				340 000	
累计折旧		30 000		30 000		60 000
利润分配	10 000				10 000	
短期借款		32 800				32 800
长期借款		100 000				100 000
应付账款		56 600	28 600			28 000
其他应付款		6 420				6 420
应交税费		1 000	18 330	26 000		8 670
应付职工薪酬			20 000	20 000		
实收资本		413 480				413 480
本年利润		50 000	90 080	200 000		159 920
制造费用			26 000	26 000		
管理费用			1 000	1 000		
主营业务收入			200 000	200 000		
主营业务成本			75 080	75 080		
合计	690 300	690 300	1 237 130	1 237 130	809 290	809 290

8.5.2 汇总记账凭证账务处理程序运用举例

资料见 8.5.1 节中记账凭证账务处理程序运用举例。

由于汇总记账凭证账务处理程序与记账凭证账务处理程序的不同就在于增加了编制汇总记账凭证,因此本节只介绍汇总记账凭证的编制。

(1) 根据收款凭证编制汇总收款凭证(以库存现金科目为例),资料见表 8-9 记账凭证账务处理程序运用举例。汇总收款凭证见表 8-15。

表 8-15　　　　　　　　　　　　汇总收款凭证

借方科目:库存现金　　　　　　　202×年 8 月　　　　　　　　　　汇收第 1 号

贷方 科目	金　额				总账页数	
	1—10 号 收款凭证 第 1 号至第 1 号	11—20 号 收款凭证 第　号至第　号	21—30 号 收款凭证 第　号至第　号	合计	借方	贷方
其他应收款	120			120		
合计	120			120		

(2) 根据付款凭证编制汇总付款凭证(以银行存款科目为例),资料见表 8-10 记账凭证账务处理程序运用举例。汇总付款凭证见表 8-16。

表 8-16　　　　　　　　　　　　汇总付款凭证

贷方科目:银行存款　　　　　　　202×年 8 月　　　　　　　　　　汇付第 1 号

借方 科目	金　额				总账页数	
	1—10 号 付款凭证 第 1 号至第 1 号	11—20 号 付款凭证 第　号至第　号	21—30 号 付款凭证 第　号至第　号	合计	借方	贷方
材料采购	141 000			141 000		
应交税费	18 330			18 330		
管理费用		1 000		1 000		
应付账款		28 600		28 600		
库存现金		20 000		20 000		
合计	159 330	49 600		208 930		

(3) 根据转账凭证编制汇总转账凭证(以累计折旧科目为例),资料见表 8-9 记账凭证账务处理程序运用举例。汇总转账凭证见表 8-17。

表 8-17　　　　　　　　　　汇总转账凭证
贷方科目：累计折旧　　　　　202×年 8 月　　　　　　　汇转第 1 号

借方科目	金额				总账页数	
	1—10 号转账凭证 第　号至第　号	11—20 号转账凭证 第　号至第　号	21—30 号转账凭证 第　号至第　号	合计	借方	贷方
制造费用			20 000	20 000		
管理费用			10 000	10 000		
合计			30 000	30 000		

新闻速递

本 章 小 结

账务处理程序是指会计凭证、账簿组织、记账程序和方法有机结合的方式。根据登记总账的依据和方法的不同，账务处理程序主要有记账凭证账务处理程序、汇总记账凭证账务处理程序和科目汇总表账务处理程序。

记账凭证账务处理程序的特点是直接根据记账凭证逐笔登记总分类账。

汇总记账凭证账务处理程序的特点是先根据记账凭证定期编制汇总记账凭证，再根据汇总记账凭证登记总分类账。

科目汇总表账务处理程序的特点是先根据记账凭证定期编制科目汇总表，再根据科目汇总表登记总分类账。

不同的凭证和账簿组织，形成不同的账务处理程序，各企业单位根据自身的规模和特点选择适当的账务处理程序，有利于科学合理地组织单位的会计核算工作。

课 后 测 试

一、单项选择题

1. 在我国会计核算工作中，最基本的账务处理程序是（　　）。
   A. 记账凭证账务处理程序　　　　　　B. 汇总记账凭证账务处理程序
   C. 多栏式日记账账务处理程序　　　　D. 科目汇总表账务处理程序

2. （　　）对所发生的经济业务事项，根据原始凭证或汇总原始凭证编制记账凭证，然后直接根据记账凭证逐笔登记总分类账。
   A. 记账凭证账务处理程序　　　　　　B. 汇总记账凭证账务处理程序
   C. 科目汇总表账务处理程序　　　　　D. 日记账账务处理程序

3. 采用科目汇总表账务处理程序，（　　）是其登记总分类账的直接依据。
   A. 汇总记账凭证　　　　　　　　　　B. 科目汇总表
   C. 记账凭证　　　　　　　　　　　　D. 原始凭证

4. 科目汇总表账务处理程序与汇总记账凭证账务处理程序共同的优点是（　　）。

A. 简单明了，易于理解
B. 减少了总分类账登记的工作量
C. 可以进行试算平衡
D. 总分类账可以较详细地反映经济业务往来的发生情况

5. 下列各项中，属于记账凭证账务处理程序优点的是（   ）。
A. 总分类账反映经济业务较详细　　　　B. 减轻了登记总分类账的工作量
C. 有利于会计核算的日常分工　　　　　D. 便于核对账目和进行试算平衡

6. 汇总记账凭证账务处理程序的适用范围是（   ）。
A. 规模较小、业务较少的单位　　　　　B. 规模较大、业务较少的单位
C. 规模较大、业务较多的单位　　　　　D. 规模较小、业务较多的单位

7. 采用汇总记账凭证账务处理程序时，其登记总分类账的依据是（   ）。
A. 汇总原始凭证　　　　　　　　　　　B. 记账凭证
C. 科目汇总表　　　　　　　　　　　　D. 汇总记账凭证

8. 科目汇总表账务处理程序与其他账务处理程序相比，最突出的特点是（   ）。
A. 可以大大减少登记总分类账的工作量　B. 可以反映账户之间的对应关系
C. 可以起到试算平衡的作用　　　　　　D. 可以较详细的反映经济业务的内容

9. 各种账务处理程序的主要区别是（   ）。
A. 登记明细分类账的依据不同　　　　　B. 登记总分类账的依据和方法不同
C. 记账的程序不同　　　　　　　　　　D. 记账的方法不同

10. 在汇总记账凭证财务处理程序下，为了便于编制汇总转账凭证，要求所有转账凭证的科目关系应为（   ）。
A. 一个借方科目与几个贷方科目相对应
B. 一个借方科目与一个贷方科目相对应
C. 几个借方科目与几个贷方科目相对应
D. 一个贷方科目与一个或几个借方科目相对应

11. 不能反映账户对应关系的会计账务处理程序是（   ）。
A. 记账凭证账务处理程序　　　　　　　B. 科目汇总表账务处理程序
C. 汇总记账凭证账务处理程序　　　　　D. 日记总分类账账务处理程序

12. 在各种会计账务处理程序中，其相同的是（   ）。
A. 登记总分类账的依据　　　　　　　　B. 登记明细账的依据
C. 账务处理的程序　　　　　　　　　　D. 优缺点及适用范围

13. 不能够减少登记总分类账工作量的会计账务处理程序是（   ）。
A. 记账凭证账务处理程序　　　　　　　B. 科目汇总表账务处理程序
C. 汇总记账凭证账务处理程序　　　　　D. 多栏式日记账账务处理程序

14. 能够对经济业务的总发生额进行试算平衡的会计账务处理程序是（   ）。
A. 记账凭证账务处理程序　　　　　　　B. 科目汇总表账务处理程序
C. 汇总记账凭证账务处理程序　　　　　D. 日记总分类账账务处理程序

15. 会计账务处理程序中，总分类账预留账页最难控制的会计账务处理程序是（   ）。
A. 记账凭证账务处理程序　　　　　　　B. 科目汇总表账务处理程序

C. 汇总记账凭证账务处理程序 　　　　D. 日记总账账务处理程序

16. 会计账务处理程序中，不能反映科目对应关系、不便于对账的会计账务处理程序是（　　）。
A. 记账凭证账务处理程序　　　　　　B. 科目汇总表账务处理程序
C. 汇总记账凭证账务处理程序　　　　D. 日记总账账务处理程序

17. 汇总记账凭证的依据是（　　）。
A. 明细分类账　　　　　　　　　　　B. 记账凭证
C. 会计报表　　　　　　　　　　　　D. 原始凭证

18. 业务量少、凭证不多的企业最适合的账务处理程序是（　　）。
A. 记账凭证账务处理程序　　　　　　B. 科目汇总表账务处理程序
C. 汇总记账凭证账务处理程序　　　　D. 日记总账账务处理程序

19. 按库存现金和银行存款科目的借方设置的汇总记账凭证是（　　）。
A. 汇付凭证　　　　　　　　　　　　B. 汇转凭证
C. 汇收凭证　　　　　　　　　　　　D. 以上均可

二、多项选择题

1. 下列各账务处理程序表述正确的有（　　）。
A. 科目汇总表账务处理程序是在记账凭证账务处理程序的基础上发展而来的，记账凭证账务处理程序是最基本的一种账务处理程序
B. 记账凭证账务处理程序适用于规模较小、经济业务较多的单位
C. 科目汇总表账务处理程序适用于经济业务较多的单位
D. 汇总记账凭证账务处理程序适用于规模较大，经济业务较少的单位

2. 记账凭证账务处理程序、科目汇总表账务处理程序、汇总记账凭证账务处理程序登记总分类账的直接依据分别是（　　）。
A. 日记账　　　　　　　　　　　　　B. 记账凭证
C. 汇总记账凭证　　　　　　　　　　D. 科目汇总表

3. 科目汇总表能够（　　）。
A. 作为登记总分类账的依据　　　　　B. 起到试算平衡的作用
C. 反映各科目之间的对应关系　　　　D. 反映各科目的余额

4. 以记账凭证为依据，按有关科目的贷方设置，按借方科目归类汇总的有（　　）。
A. 汇总收款凭证　　　　　　　　　　B. 汇总付款凭证
C. 汇总转账凭证　　　　　　　　　　D. 科目汇总表

5. 记账凭证账务处理程序需要设置的凭证有（　　）。
A. 收款凭证　　　　　　　　　　　　B. 科目汇总表
C. 付款凭证　　　　　　　　　　　　D. 转账凭证

6. 各种常用会计账务处理程序的基本相同点是（　　）。
A. 填制记账凭证的依据相同　　　　　B. 登记明细分类账的依据、方法相同
C. 登记总分类账的依据、方法相同　　D. 编制会计报表的依据、方法相同

7. 各种会计账务处理程序登记各种明细分类账的依据有（　　）。
A. 原始凭证　　　　　　　　　　　　B. 原始凭证汇总表

C. 记账凭证　　　　　　　　　　　D. 汇总记账凭证
8. 选用适合企业特点的会计账务处理程序时，应考虑的因素有（　　）。
A. 企业的管理要求　　　　　　　　B. 企业业务的特点
C. 企业的规模大小　　　　　　　　D. 企业业务的繁简程度
9. 会计账务处理程序是由（　　）相互结合在一起而构成。
A. 账簿组织　　　　　　　　　　　B. 记账程序
C. 财产清查方法　　　　　　　　　D. 记账方法
10. 业务量较多的单位一般使用（　　）。
A. 记账凭证账务处理程序　　　　　B. 科目汇总表账务处理程序
C. 汇总记账凭证账务处理程序　　　D. 日记总分类账账务处理程序
11. 在各种会计账务处理程序下，编制会计报表的依据有（　　）。
A. 总分类账　　　　　　　　　　　B. 明细分类账
C. 科目汇总表　　　　　　　　　　D. 汇总记账凭证
12. 汇总记账凭证账务处理程序的优点有（　　）。
A. 简化了登记总分类账的工作　　　B. 直观并容易理解
C. 便于通过科目的对应关系，了解经济业务的往来
D. 便于日常核算的合理分工
13. 科目汇总表账务处理程序的优点有（　　）。
A. 简化了登记总账的工作量　　　　B. 具有试算平衡的作用
C. 可以减少登账错误　　　　　　　D. 可以反映账户之间的对应关系
14. 科学、适用的会计账务处理程序应该遵循的要求有（　　）。
A. 保证会计核算质量　　　　　　　B. 提高会计核算效率
C. 便于修改会计数据　　　　　　　D. 从本单位实际出发
15. 记账凭证账务处理程序的缺点有（　　）。
A. 登记总分类账工作量大　　　　　B. 对应关系不清楚
C. 总分类账账页数量过大　　　　　D. 预留账页难以控制
16. 科目汇总表账务处理程序的缺点有（　　）。
A. 对应关系不清楚　　　　　　　　B. 经济业务来龙去脉不明
C. 总账账页数量过多　　　　　　　D. 预留账页难以控制

三、判断题

1. 不同的账务处理程序，登记总分类账的依据和程序都是相同的。　　　　（　　）
2. 汇总记账凭证账务处理程序和科目汇总表账务处理程序的根本区别在于汇总记账凭证和科目汇总表的编制方法不同。　　　　　　　　　　　　　　　　　　（　　）
3. 科目汇总表账务处理程序能科学地反映账户之间的对应关系，且便于账目核对。
（　　）
4. 由于各个企业的业务性质、组织规模和管理上的要求不同，企业应根据自身的特点选择合适的账务处理程序。　　　　　　　　　　　　　　　　　　　　（　　）
5. 记账凭证账务处理程序是最基本的账务处理程序，其特点就是登记账簿的工作量较小。　　　　　　　　　　　　　　　　　　　　　　　　　　　　　　（　　）

6. 相同的会计资料即使分别采用不同的账务处理程序，编制的财务报表其结果都是一致的。（　）
7. 汇总记账凭证账务处理程序不利于会计核算的日常分工，并且当转账凭证较多时，编制汇总转账凭证的工作量较大。（　）
8. 设置账务处理程序是会计核算的基本方法之一。（　）
9. 采用汇总记账凭证账务处理程序增加了一道编制汇总记账凭证的工作程序，增加了登记总分类账的工作量。（　）
10. 科目汇总表账务处理程序只适用于经济业务不太复杂的小型企业。（　）
11. 汇总记账凭证账务处理程序是将各种原始凭证汇总后，填制记账凭证，据以登记总分类账的账务处理程序。（　）
12. 汇总记账凭证账务处理程序特别适用于转账业务少，而收、付款业务较多的单位。（　）
13. 科目汇总表可每月编制一张，按旬汇总，也可每旬汇总一次编制一张。（　）
14. 任何会计账务处理程序的第一步都是将所有的原始凭证汇总编制成汇总原始凭证。（　）
15. 汇总转账凭证是按借方科目分别设置，按其对应的贷方科目归类汇总。（　）
16. 在汇总记账凭证账务处理程序下，为了便于编制汇总转账凭证，要求所有转账凭证的科目对应关系只能是一借一贷或一借多贷。（　）
17. 汇总记账凭证账务处理程序适用于规模大、经济业务较多的单位。（　）
18. 各种会计账务处理程序的主要区别表现在登记总分类账的依据和方法的不同。（　）
19. 汇总记账凭证可以明确反映账户之间的对应关系。（　）
20. 记账凭证账务处理程序是最基本的账务处理程序，其他各种会计账务处理程序都由其演变而来。（　）
21. 不同的会计账务处理程序规定了填制凭证、登记账簿和编制会计报表的不同步骤和方法。（　）
22. 科目汇总表账务处理程序的主要优点是能够反映科目之间的对应关系。（　）
23. 科目汇总表账务处理程序的缺点是不能进行总量的试算平衡。（　）
24. 汇总记账凭证账务处理程序反映了账户之间的对应关系，适合对经济活动的分析检查。（　）

四、综合题

1. 练习科目汇总表的编制。

资料：某工业企业202×年6月1日—10日发生下列经济业务。

（1）6月1日，从银行提取现金1 000元备用。

（2）6月2日，从华丰工厂购进材料一批，已验收入库，货款5 000元，增值税进项税额650元，款项尚未支付。

（3）6月2日，销售给向阳工厂A产品一批，货款为10 000元，增值税销项税额1 300元，款项尚未收到。

（4）6月3日，厂部的王凌出差，借支差旅费500元，以现金付讫。

（5）6月4日，车间领用甲材料一批，其中用于A产品生产3 000元，用于车间一般消耗500元。

（6）6月5日，销售给华远公司A产品一批，货款为20 000元，增值税销项税额2 600元，款项尚未收到。

（7）6月5日，从江南公司购进乙材料一批，货款8 000元，增值税进项税额1 040元，款项尚未支付。

（8）6月6日，厂部李青出差，借支差旅费400元，用现金付讫。

（9）6月7日，以银行存款5 650元，偿还前欠华丰工厂的购料款。

（10）6月8日，从银行提取现金1 000元备用。

（11）6月8日，接银行通知，向阳工厂汇来前欠货款11 300元，已收妥入账。

（12）6月8日，车间领用乙材料一批，其中用于A产品5 000元，用于车间一般消耗1 000元。

（13）6月9日，以银行存款9 040元，偿还前欠江南公司购料款。

（14）6月10日，接银行通知，华远公司汇来前欠货款22 600元，已收妥入账。

要求：根据以上经济业务编制记账凭证；根据所编记账凭证编制科目汇总表（表8-18）。

表8-18　　　　　　　　　　　　　科目汇总表

202×年6月1—10日

会计科目	借方金额	贷方金额
合　计		

2. 编制汇总付款凭证和汇总转账凭证。

资料：根据习题一的资料所编的记账凭证（会计分录）。

要求：根据记账凭证（会计分录）编制银行存款科目的汇总付款凭证和原材料科目的汇总转账凭证（表8-19，表8-20）。

表8-19　　　　　　　　　　　　　汇总付款凭证

贷方科目：银行存款　　　　　　　　202×年6月

借方科目	金　额			合计	总账页数	
	1—10号付款凭证第1号至第1号	11—20号付款凭证第　号至第　号	21—30号付款凭证第　号至第　号		借方	贷方
合　计						

表 8-20 汇总转账凭证

贷方科目：原材料　　　　　　　　　　202×年6月

借方科目	金　额			合计	总账页数	
	1—10号转账凭证第　号至第　号	11—20号转账凭证第　号至第　号	21—30号转账凭证第　号至第　号		借方	贷方
合　计						

【第8章】课后测试答案解析

第 9 章

财务报告

本章引言

编制财务报告是会计核算工作的重要内容,是实现会计目标的最终载体。在日常会计核算的基础上,根据会计信息使用者的需要,定期地对日常会计核算资料进行归集、加工、整理,编制成财务报告,将企业、行政事业等单位的财务状况和经营成果概括而全面地反映出来,可以及时、准确、清晰地为会计信息使用者提供有用的会计信息资料。本章将以企业财务报告为例进行说明。

导入案例

赵先生在20×8年6月成立的HG股份有限公司中担任财务总监。在20×9年1月25日召开的董事会上,赵先生提交了资产负债表和利润表,董事会对他的工作非常不满意,主要有以下几点:(1)编制会计报表前没有编制工作底稿;(2)年底在编制会计报表前没有进行存货盘点;(3)会计报表的实际截止日是12月25日;(4)没有报表附注和财务状况说明书;(5)没有编制现金流量表;(6)利润表与资产负债表中的"未分配利润"数字与实际不相符。赵先生对此非常不服气。

请问,你认为董事会对赵先生的批评是否都对?

学习目标

- 理解编制财务报告的意义
- 了解财务报告编制的基本要求
- 熟悉财务报告的内容及分类
- 掌握资产负债表的定义、结构、内容及编制方法
- 掌握利润表的定义、结构、内容及编制方法
- 掌握现金流量表的定义、结构与内容,了解现金流量表的编制方法
- 了解所有者权益变动表、会计报表附表、附注和财务情况说明书的内容
- 掌握财务报告的报送内容、对象及时限,了解财务报告的审批程序

关键术语

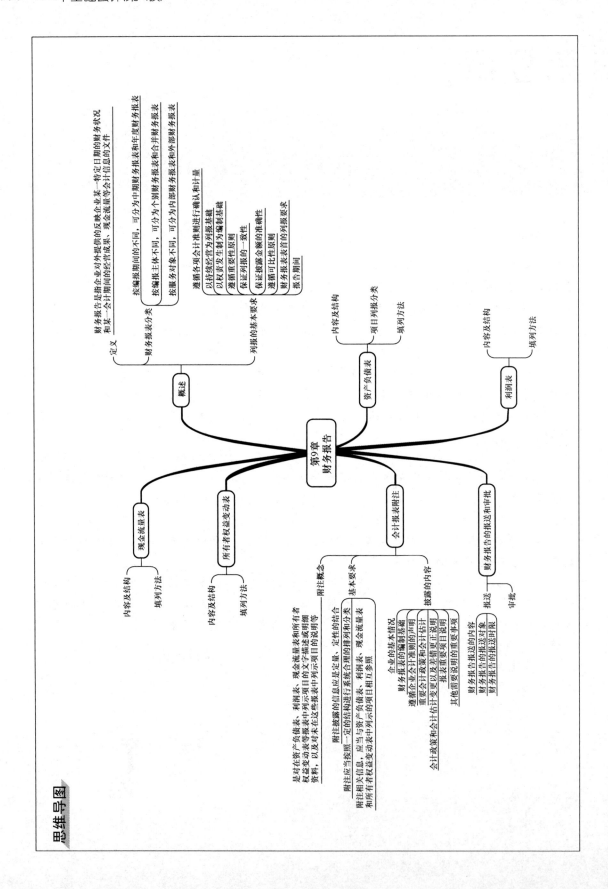

9.1 财务报告概述

9.1.1 财务报告的定义及分类

财务报告体系

财务报告,是指企业对外提供的反映企业某一特定日期的财务状况和某一会计期间的经营成果、现金流量等会计信息的文件。财务报告包括财务报表和其他应当在财务报告中披露的相关信息和资料。

财务报表是对企业财务状况、经营成果和现金流量的结构性表述。财务报表至少应当包括下列组成部分:①资产负债表;②利润表;③现金流量表;④所有者权益变动表(或股东权益变动表);⑤附注。财务报表的这些组成部分具有同等的重要程度。

财务报表可按不同的标准分类,具体如下所述。

(1) 按财务报表编制期间的不同,可分为中期财务报表和年度财务报表。中期财务报表是以短于一个完整会计年度的报告期为基础编制的财务报表,包括月报、季报和半年报等。中期财务报表至少应当包括资产负债表、利润表、现金流量表和附注,其中,中期资产负债表、利润表和现金流量表应当是完整报表,其格式和内容应当与当年财务报表的格式和内容相一致。与年度财务报表相比,中期财务报表的附注披露可适当简略。

(2) 按财务报表编报主体不同,可分为个别财务报表和合并财务报表。个别财务报表是由企业在自身会计核算基础上对账簿记示进行加工而编制的财务报表,其主要用以反映企业自身的财务状况、经营成果和现金流量情况。合并财务报表是以母公司和子公司组成的企业集团为会计主体,根据母子公司和所属子公司的财务报表,由母公司编制的综合反映企业集团财务状况、经营成果及现金流量的财务报表。

(3) 按账务报表的服务对象不同,可分为内部财务报表和外部财务报表,二者的作用是不同的。

9.1.2 财务报表列报的基本要求

1. 遵循各项会计准则进行确认和计量

企业应当根据实际发生的交易和事项,遵循《企业会计准则——基本准则》和其他各项会计准则的规定进行确认和计量,并在此基础上编制财务报表。企业应当在附注中对遵循企业会计准则编制的财务报表做出声明。只有遵循了企业会计准则的所有规定,财务报表才能声明"遵循了企业会计准则"。

企业不应以在附注中披露代替对交易和事项的确认和计量。即企业采用的不恰当的会计政策,不得通过在附注中披露等其他形式予以更正,企业应当对交易和事项进行正确的确认和计量。

如果企业按照各项会计准则规定的披露的信息,仍然不足以让报表使用者了解特定的交易或事项对企业财务状况和经营成果的影响时,企业还应当披露其他必要的信息。

2. 以持续经营为列报基础

《企业会计准则第30号——财务报表列报》第四条规定,企业应当以持续经营为基础,根据实际发生的交易和事项,按照《企业会计准则——基本准则》和其他各项会计准则的规定进行确认和计量,在此基础上编制财务报表。持续经营是会计的基本前提,是会计确认、计量及编制财务报表的基础。企业会计准则规范的是持续经营条件下,企业对所发生的交易和事项进行确认、计量及报表列报。相反,如果企业出现了非持续经营的情况,致使以持续经营为基础编制财务报表不再合理的,企业应当采用其他基础编制列表。

3. 以权责发生制为编制基础

《企业会计准则第30号——财务报表列报》第七条规定,除现金流量表按照收付实现制原则编制外,企业应当按照权责发生制原则编制财务报表。

4. 遵循重要性原则

关于项目在财务报表来中是单独列报还是汇总列报,应当依据其重要性来判断。总体原则是,某项目如果单独来看不具有重要性,则可将其与其他项目汇总列报;如果单独来看具有重要性,则应当单独列报。企业在进行重要性判断时,应当根据企业所处的具体环境,从项目的性质和金额两个方面予以判断。一方面,应当考虑该项目的性质是否属于企业日常活动、是否显著影响企业的财务状况、经营成果和现金流量等因素;另一方面,判断项目金额大小的重要性,应当通过单项金额占资产总额、负债总额、所有者权益总额、营业收入总额、营业成本总额、净利润、综合性收益总额等直接相关项目金额的比重,或者所属报表单列项目金额的比重加以确定。同时,企业对各个项目重要性的判断标准一经确定,不得随意变更。

5. 保证列报的一致性

一致性是会计信息质量的一项重要质量要求,目的是使同一企业不同期间和同一期间不同企业的财务报表相互可比。财务报表项目的列报应当在各个会计期间保持一致,不得随意变更。这一要求不仅针对财务报表中的项目名称,还针对财务报表项目的分类、排列等方面。

当会计准则的要求改变,或企业经营业务的性质发生重大变化,以及变更财务报表项目的列报能够提供更可靠、更相关的会计信息时,财务报表项目的列报是可以改变的。

6. 保证披露金额的准确性

《企业会计准则第30号——财务报表列报》第十一条规定,财务报表中的资产项目和负债项目的金额、收入项目和费用项目的金额、直接计入当期利润的利得项目和损失项目的金额不得相互抵销,但其他会计准则另有规定的除外。财务报表项目以总额列报,从而保证了所提供信息的完整性、可比性,有利于报表使用者做出合理的判断。

7. 遵循可比性原则

《企业会计准则第30号——财务报表列报》第十二条规定,当期财务报表的列报,至少应当提供所有列报项目上一个可比会计期间的比较数据,以及与理解当期财务报表相关的说明,但其他会计准则另有规定的除外。通常情况下,企业列报所有列报项目的上一个可比会计期间的比较数据,至少包括两期各报表及相关附注。当企业追溯应当用会计政策或追溯重述,或者重新对财务报表项目进行分类时,企业应当在一套完整的财务报表中列报最早的可比期间期初的财务报表,即应当至少列报三期资产负债表、两期其他各报表及附注。列报的三期资产负债表分别是指当期期末的资产负债表、上期期末的资产负债表及上期期初的资产负债表。

8. 财务报表表首的列报要求

《企业会计准则第 30 号——财务报表列报》第十三条规定，企业应当在财务报表的显著位置至少披露下列各项。

（1）编报企业的名称。
（2）资产负债表日或财务报表涵盖的会计期间。
（3）人民币金额单位。
（4）财务报表是合并财务报表的，应当予以说明。

9. 报告期间

《企业会计准则第 30 号——财务报表列报》第十四条规定，企业至少应当按年编制财务报表。年度财务报表涵盖的期间短于一年的，应当披露年度财务报表的涵盖期间、短于一年的原因以及报表数据不具可比性的事实。

9.2 资产负债表

9.2.1 资产负债表的内容及结构

1. 资产负债表的内容

编制报表的演示

资产负债表的内容

资产负债表是指反映企业某一特定日期（月末、季末、年末）财务状况的报表。例如，公历每年 12 月 31 日的资产负债表反映的就是该日期的财务状况的报表。

资产负债表主要提供有关企业财务状况方面的信息，即某一特定日期关于企业所拥有或控制的经济资源、所承担的现时义务和所有者对净资产的要求权。通过资产负债表可以提供某一特定日期的资产总额及其结构，表明企业拥有或控制的资源及其分布情况；可以提供某一特定日期的负债总额及其结构，表明企业未来需要用多少资产或劳务清偿债务以及清偿债务的时间；可以反映所有者所拥有的权益，据以判断资本保值、增值的情况以及对负债的保障程度。此外，资产负债表还可以提供进行财务分析的基本资料，即报表使用者可以利用财务报表数据计算出流动比率、速动比率等，可以表明企业的变现能力、偿债能力和资金周转能力，从而有助于报表使用者做出经济决策。

2. 资产负债表的结构

在我国，资产负债表采用账户式结构，报表分为左右两方，左方列示资产各项目，反映全部资产的分布及存在形态；右方列示负债和所有者权益项目，反映全部负债和所有者权益的内容及分布构成情况。资产负债表左右双方平衡，资产总计等于负债和所有者权益的总计，即"资产＝负债＋所有者权益"。此外，为了使用者通过比较不同时点的资产负债表数据，掌握企业财务状况的变动情况及发展趋势，企业需要提供比较资产负债表，资产负债表就各项目再分为"年初余额"和"期末余额"两栏分别填列。资产负债表的具体格式见表 9-1。

表 9-1   资产负债表

会企 01 表

编制单位：　　　　　　　　　　　　　年　月　日　　　　　　　　　　　　　单位：元

资　　产	年初余额	期末余额	负债和所有者权益（或股东权益）	年初余额	期末余额
流动资产：			流动负债：		
货币资金			短期借款		
交易性金融资产			交易性金融负债		
应收票据			应付票据		
应收账款			应付账款		
预付账款			预收账款		
应收利息			应付职工薪酬		
应收股利			应交税费		
其他应收款			应付利息		
存货			应付股利		
持有待售资产			其他应付款		
一年内到期的非流动资产			持有待售负债		
其他流动资产			一年内到期的非流动负债		
流动资产合计			其他流动负债		
非流动资产：			流动负债合计		
债权投资			非流动负债		
其他债权投资			长期借款		
长期应收款			应付债券		
长期股权投资			其中：优先股		
投资性房地产			永续债		
固定资产			长期应付款		
在建工程			专项应付款		
工程物资			预计负债		
固定资产清理			递延收益		
无形资产			递延所得税负债		
开发支出			其他非流动负债		
商誉			非流动负债合计		

续表

资　产	年初余额	期末余额	负债和所有者权益（或股东权益）	年初余额	期末余额
长期待摊费用			负债合计		
递延所得税资产			所有者权益（或股东权益）：		
其他非流动资产			实收资本（或股本）		
非流动资产合计			其他权益工具		
			其中：优先股		
			永续债		
			资本公积		
			减：库存股		
			其他综合收益		
			盈余公积		
			未分配利润		
			所有者权益（或股东权益）合计		
资产总计			负债和所有者权益（或股东权益）总计		

9.2.2　资产负债表项目列报分类

《企业会计准则第30号——财务报表列报》第十六条规定，资产和负债应当分别以流动资产和非流动资产、流动负债和非流动负债列示。

1. 资产的流动性划分

资产满足下列条件之一的，应当被归类为流动资产。

（1）预计在一个正常营业周期是变现、出售或耗用。这主要包括存货、应收账款等资产。需要指出的是，变现一般针对应收账款而言，指资产变为现金；出售一般针对产品等存货而言；耗用一般针对存货（如原材料）转变成另一种形态（如产成品）。

（2）主要为交易目的而持有。例如，一些根据《企业会计准则第22号——金融工具确认和计量》划分的交易性金融资产。但是，并非所有交易性金融资产均为流动资产，如自资产负债表日超过12个月到期且预期持有超过12个月的衍生工具，应当划分为非流动资产或非流动负债。

（3）预计在资产负债表日起一年内（含一年）变现。

（4）自资产负债表日起一年内，交换其他资产或清偿负债的能力不受限制的现金或现金等价物。

流动资产以外的资产应当归类为非流动资产，并按其性质分类列示。

2. 负债的流动性划分

负债满足下列条件之一的，应当被归类为流动负债。
（1）预计在一个正常营业周期内清偿。
（2）主要为交易目的而持有。
（3）自资产负债表日起一年内到期予以清偿。
（4）企业无权自主地将清偿推迟至资产负债表日后一年以上。

流动负债以外的负债应当归类为非流动负债，并按其性质分类列示。

企业对资产和负债进行流动性分类时，应当采用相同的正常营业周期。企业正常营业周期中的经营性负债项目即使在资产负债表日后超过一年才予以清偿，仍应当被划分为流动负债。经营性负债项目包括应付账款、应付职工薪酬等，这些项目属于企业正常营业周期中使用的营运资金的一部分。当负债在其对手方选择的情况下，可通过发行权益进行清偿的条款与负债的流动性无关。

9.2.3 资产负债表的填列方法

资产负债表的填列是以日常的会计核算记录的数据为基础进行归类、整理和汇总，加工成报表项目的过程。我国资产负债表主体部分的各个项目都列有"年初数"和"期末数"两个项目，是一种比较资产负债表。现以企业为例，说明资产负债表的填列方法。

1. 资产负债表中"年初数"的填列方法

资产负债表中的"年初数"栏内各项目的金额，应根据上年末资产负债表的"期末数"栏内各项目的金额填列；如果本年度资产负债表规定的各个项目的名称和内容同上年度不一致，应对上年年末资产负债表各项目的名称和数字按照本年度的规定进行调整，按照调整后的数字填入报表的"年初数"栏内。

2. 资产负债表中"期末数"的填列方法

资产负债表中的"期末数"应根据期末资产类、负债类、所有者权益类等账户的期末余额填列，期末是指月末、季末、半年末或年末。对于年度资产负债表，应将"期末数"改为"年末数"。资产负债表期末数据可以由以下几种方式取得。

（1）直接根据总账账户的余额填列。

资产负债表中各个项目的数据主要是根据总账账户的期末余额直接填列。这些项目有"交易性金融资产""固定资产清理""应付票据""应付职工薪酬""短期借款""应付利息""应交税费""应付股利""其他应付款""实收资本""资本公积""盈余公积"等。"应交税费"等负债类项目，如果其账户出现借方余额，应以"一"号填列；"固定资产清理"等资产类项目，如果其相应的账户出现贷方余额，也应以"一"填列。

（2）根据总账账户期末余额计算填列。

资产负债表中某些项目的"期末余额"需要根据有关总账账户的期末余额计算填列，具体包括如下几个方面的内容。

① "货币资金"项目，应根据企业"库存现金""银行存款""其他货币资金"总账账户的期末余额合计数填列。

② "存货"项目，应根据"在途材料""原材料""周转材料""生产成本""库存商品""委托加工商品"等账户的期末余额之和，减去"存货跌价准备"账户余额后的金额填列。

③ "固定资产"项目，应根据"固定资产"账户的期末余额减去"累计折旧""固定资产减值准备"账户的期末余额后的净额填列。

④ "无形资产"项目，应根据"无形资产"账户的期末余额减去"累计摊销""无形资产减值准备"账户的期末余额后的净额填列。

⑤ "在建工程""长期股权投资"项目，均应根据其总账账户的期末余额减去相应的减值准备后的净额填列。

⑥ "未分配利润"项目，应根据"本年利润"账户的期末余额计算填列，如为未弥补的亏损，则在本项目内以"一"号填列，年末结转后，"本年利润"账户已无余额；"未分配利润"项目应根据"利润分配"账户的年末余额直接填列，贷方余额以正数填列，如为借方余额，应以"一"号填列。

⑦ "长期待摊费用"项目，应根据"长期待摊费用"账户期末余额扣除其中将于一年内摊销的数额后的金额填列，将于一年内摊销的数额填列在"一年内到期的非流动资产"项目内。

⑧ "长期借款"和"应付债券"项目，应根据"长期借款"和"应付债券"账户的期末余额，扣除其中在资产负债表日起一年内到期、且企业不能自主地将清偿义务展期的部分后的金额填列。在资产负债表日一年内到期、且企业不能自主地将清偿义务展期的部分在流动负债类下的"一年内到期的非流动负债"项目内填列。

(3) 根据明细账户期末余额分析计算填列。

资产负债表中某些项目不能根据总账科目的期末余额或若干个总账科目的期末余额计算填列，而是需要根据有关科目所属的相关明细科目的期末余额计算填列，包括如下内容。

① "应收账款"项目，应根据"应收账款"账户和"预收账款"账户所属明细账户的期末借方余额的合计数，减去"坏账准备"账户中有关应收账款计提的坏账准备期末余额后的金额填列。

② "预付账款"项目，应根据"预付账款"账户和"应付账款"账户所属明细账户的期末借方余额合计数，减去"坏账准备"账户中有关预付账款计提的坏账准备期末余额后的金额填列。

③ "应收票据""应收股利""应收利息""其他应收款"项目，应根据各相应账户的期末余额，减去"坏账准备"账户中相应项目计提的坏账准备期末余额后的金额填列。

④ "应付账款"项目，应根据"应付账款"账户和"预付账款"账户所属明细账户的期末贷方余额合计数填列。

⑤ "预收账款"项目，应根据"预收账款"账户和"应收账款"账户所属明细账户的期末贷方余额合计数填列。

9.2.4 资产负债表编制举例

【例 9-1】 天地公司 202×年 12 月 31 日有关总分类科目余额见表 9-2，有关明细科目余额见表 9-3，根据科目余额表编制的资产负债表见表 9-4。

表 9-2　　　　　　　　　　　　　　　总分类账科目余额表
202×年12月31日　　　　　　　　　　　　　　　　单位：元

账户名称	借方金额	贷方金额	账户名称	借方金额	贷方金额
库存现金	65 000		短期借款		230 000
银行存款	245 000		应付票据		215 000
其他货币资金	200 000		应付账款		495 000
应收票据	30 000		预收账款		15 000
应收股利	30 000		应付职工薪酬		130 000
交易性金融资产	120 000		应付股利		115 000
应收账款	351 000		应交税费		40 000
坏账准备		1 000	其他应付款		30 000
预付账款	55 000		长期借款		395 000
其他应收款	15 000		实收资本		1 490 000
原材料	295 000		资本公积		84 000
库存商品	160 000		盈余公积		251 000
周转材料	45 000		利润分配		120 000
生产成本	180 000				
长期股权投资	285 000	15 000			
减值准备					
固定资产	1 995 000				
累计折旧		645 000			
在建工程	115 000				
无形资产	85 000				
合计	4 271 000	661 000	合计		3 610 000

表 9-3　　　　　　　　　　　　　　　有关明细科目余额表
　　　　　　　　　　　　　　　　　　　　　　　　　　　　单位：元

总分类科目	明细科目	借方金额	贷方金额
应收账款	太华公司		30 000
	金山公司	250 000	
	神兴公司	131 000	

续表

总分类科目	明细科目	借方金额	贷方金额
预付账款	卓达公司		15 000
	东海公司	30 000	
	石门公司	40 000	
应付账款	飞龙公司		310 000
	卢湾公司		185 000

表 9 - 4　　　　　　　　　　　　　　　资产负债表

编制单位：天地公司　　　　　　202×年 12 月 31 日　　　　　　　　　　　　单位：元

资　　产	年初余额	期末余额	负债和所有者权益（或股东权益）	年初余额	期末余额
流动资产：			流动负债：		
货币资金		510 000	短期借款		230 000
交易性金融资产		120 000	交易性金融负债		
应收票据		30 000	应付票据		215 000
应收账款		350 000	应付账款		495 000
预付账款		55 000	预收账款		15 000
应收利息			应付职工薪酬		130 000
应收股利		30 000	应交税费		40 000
其他应收款		15 000	应付利息		
存货		680 000	应付股利		115 000
持有待售资产			其他应付款		30 000
一年内到期的非流动资产			持有待售负债		
其他流动资产			一年内到期的非流动负债		
流动资产合计		1 790 000	其他流动负债		
非流动资产：			流动负债合计		1 270 000
债权投资			非流动负债：		
其他债权投资			长期借款		395 000
长期应收款			应付债券		
长期股权投资		270 000	其中：优先股		
投资性房地产			永续债		
固定资产		1 350 000	长期应付款		

续表

资　　产	年初余额	期末余额	负债和所有者权益（或股东权益）	年初余额	期末余额
在建工程		115 000	专项应付款		
工程物资			预计负债		
固定资产清理			递延收益		
无形资产		85 000	递延所得税负债		
开发支出			其他非流动负债		
商誉			非流动负债合计		395 000
长期待摊费用			负债合计		1 665 000
递延所得税资产			所有者权益（或股东权益）：		
其他非流动资产			实收资本（或股本）		1 490 000
非流动资产合计		1 820 000	其他权益工具		
			其中：优先股		
			永续债		
			资本公积		84 000
			减：库存股		
			其他综合收益		
			盈余公积		251 000
			未分配利润		120 000
			所有者权益（或股东权益）合计		1 945 000
资产总计		3 610 000	负债和所有者权益（或股东权益）总计		3 610 000

9.3　利　润　表

新闻速递

9.3.1　利润表的内容及结构

1. 利润表的内容

利润表是反映企业在一定会计期间的经营成果的会计报表。利润表的列报应当充分反映企业经营业绩的主要来源和构成，有助于使用者判断净利润的质量及其风险，有助于使用者预测净利润的持续性，从而做出正确的决策。通过利润表，可以反映一定会计期间的收入实现情况；可以反映一定会计期间的费用耗费情况；可以反映企业生产经营活动的成果（即净利润的实现情况），据以判断资本保值、增值情况等。将利润表中的信息与资产负债表中的信息结合，还可以提供进行财务分析的基本资料，如将销货成本与存货平均余额进行比较，计算出存货周转率；将净利润与资产总额进行比较；计算出资产收益率等级；可以表现企业资金情况以及企业的盈利能力和水平，便于报表使用者判断企业未来的发展趋势，做出经济决策。

2. 利润表的结构

利润表的结构主要有单步式和多步式两种。在我国，企业利润表采用的基本上是多步式结构，即通过对收入、费用、支出项目按性质加以归类，按利润形成的主要环节列示一些中间性利润指标，分步计算当期损益，便于使用者理解企业经营成果的不同来源。企业利润表对于费用列报通常应当按照功能进行分类，分为从事经营业务发生的成本、管理费用、销售费用和财务费用等，有助于使用者了解费用发生的活动领域；与此同时，为了有助于报表使用者预测企业未来的现金流量，对费用的列报还应当在附注中披露按照性质分类的补充资料，如耗用的原材料、职工薪酬费用、折旧费用、摊销费用等。

利润表主要反映以下几方面的内容。

(1) 营业收入，由主营业务收入和其他业务收入构成。

(2) 营业利润，由营业收入减去营业成本（主营业务成本、其他业务成本）、税金及附加、销售费用、管理费用、财务费用、资产减值损失，加上公允价值变动收益、投资收益、资产处置收益、其他收益，即为营业利润。

(3) 利润总额，营业利润加上营业外收入，减去营业外支出，即为利润总额。

(4) 净利润，利润总额减去所得税费用，即为净利润。

(5) 其他综合收益，具体分为"以后会计期间不能重分类进损益的其他综合收益项目"和"以后会计期间在满足规定条件时将重分类进损益的其他综合收益项目"。

(6) 综合收益总额，净利润加上其他综合收益扣除相关所得税影响后的数额列报。

(7) 每股收益，包括基本每股收益和稀释每股收益两项指标。

此外，为了使报表使用者通过比较不同期间利润的实现情况，判断企业经营成果的未来发展趋势，企业需要提供比较利润表，利润表还就各项目再分为"本期金额"和"上期金额"两栏分别填列。利润表具体格式见表9-5。

表9-5　　　　　　　　　　　　　　　利润表

会企02表

编制单位：　　　　　　　　　　　　　年　月　　　　　　　　　　　　　单位：元

项　　目	本 期 金 额	上 期 金 额
一、营业收入		
减：营业成本		
税金及附加		
销售费用		
管理费用		

续表

项　　目	本 期 金 额	上 期 金 额
财务费用		
其中：利息费用		
利息收入		
资产减值损失		
加：公允价值变动收益（损失以"－"号填列）		
投资收益（损失以"－"号填列）		
其中：对联营企业和合营企业的投资收益、		
资产处置收益（损失以"－"号填列）		
二、营业利润（亏损以"－"号填列）		
加：营业外收入		
减：营业外支出		
三、利润总额（亏损总额以"－"号填列）		
减：所得税费用		
四、净利润（净亏损以"－"号填列）		
（一）持续经营净利润（净亏损以"－"号填列）		
（二）终止经营净利润（净亏损以"－"号填列）		
五、其他综合收益的税后净额		
（一）以后不能重分类进损益的其他综合收益		
……		
（二）以后将重分类进损益的其他综合收益		
……		
六、综合收益总额		
七、每股收益		
（一）基本每股收益		
（二）稀释每股收益		

9.3.2　利润表的填列方法

利润表各个项目需要填列的数字分为"上期金额"和"本期金额"两栏。

1. 利润表中的"上期金额"的填列方法

"上期金额"栏各个项目，应根据上年该期利润表"本期金额"栏内所列数字填列，如果利润表项目的列报发生变更，应对上期比较数据按照当期的列报要求进行调整，并在附注中披露调整的原因和性质，以及调整的各项目金额。

2. 利润表中的"本期金额"的填列方法

利润表中"本期金额"栏反映各项目的本期实际发生数，主要应根据损益类各账户的本期实际发生额列报。其具体项目填列方法如下。

（1）"营业收入"项目，反映企业日常经营活动所确认的收入总额，应根据"主营业务收入"和"其他营业收入"账户的本期发生额计算填列。

（2）"营业成本"项目，反映企业日常经营活动发生与营业收入直接配比的实际成本总额，应根据"主营业务成本"和"其他业务成本"账户的本期发生额计算填列。

（3）"税金及附加"项目，反映企业日常经营活动应负担的消费税、城市维护建设税等税金和教育费附加，应根据"税金及附加"账户本期实际发生额分析填列。

（4）"销售费用""管理费用""财务费用"项目，反映企业发生的各项期间费用，应分别根据各"销售费用""管理费用""财务费用"账户的本期发生额分析填列。

（5）"资产减值损失"项目，反映企业发生的计提资产减值准备确认的减值损失，应根据"资产减值准备"账户的本期发生额分析填列。

（6）"公允价值变动收益"项目，反映企业发生的应计入当期损益的资产或负债公允价值变动收益，应根据"公允价值变动收益"账户本期发生额分析填列，如为净损失，则应以"—"号填列。

（7）"投资收益"项目，反映企业以各种方式对外投资所取得的收益，应根据"投资收益"账户的本期发生额分析填列，如为投资净损失，则应以"—"号填列。

（8）"营业外收入"和"营业外支出"项目，分别反映直接计入当期利润的利得或损失，应分别根据"营业外收入"和"营业外支出"账户的本期发生额分析填列。

（9）"所得税费用"项目，反映企业应当从当期利润总额中扣除的所得税费用，应根据"所得税费用"账户的本期发生额分析填列。

利润表中的三个利润项目，包括营业利润、利润总额和净利润，应根据表中项目之间的关系计算填列，如为亏损，则应以"—"号填列。

【例 9 - 2】 天地公司 202×年度各损益类科目发生额见表 9 - 6。

表 9 - 6 各损益类科目发生额

单位：元

会 计 科 目	上年利润表各项目数字	本年 1—12 月累计发生额
主营业务收入		640 000
主营业务成本		350 000
税金及附加		40 000
其他业务收入		50 000
其他业务成本		30 000
资产减值损失		20 000
管理费用		40 000
销售费用		30 000
财务费用		9 000
投资收益		28 600
营业外收入		45 000
营业外支出		30 000

根据表 9-6 所给资料编制天地公司 202×年度利润表,见表 9-7。

表 9-7　　　　　　　　　　　　　　利润表

编制单位:　　　　　　　　　　　202×年　　　　　　　　　　　单位:元

项　　目	本 期 金 额	上 期 金 额
一、营业收入	690 000	
减:营业成本	380 000	
税金及附加	40 000	
销售费用	30 000	
管理费用	40 000	
财务费用	9 000	
资产减值损失	20 000	
加:公允价值变动收益(损失以"-"号填列)	—	
投资收益(损失以"-"号填列)	28 600	
二、营业利润(亏损以"-"号填列)	199 600	
加:营业外收入	45 000	
减:营业外支出	30 000	
三、利润总额(亏损总额以"-"号填列)	214 600	
减:所得税费用	53 650	
四、净利润(净亏损以"-"号填列)	160 950	
五、每股收益	—	
(一)基本每股收益	—	
(二)稀释每股收益	—	

9.4　现金流量表

新闻速递

9.4.1　现金流量表的内容及结构

1. 现金流量表的内容

现金流量表,是指反映企业在一定会计期间现金及现金等物价流入和流出的报表。从编制原则上看,现金流量表按照收付实现制原则编制,将权责发生制下的盈利信息调整为收付实现制下的现金流量信息,便于信息使用者了解企业净利润的质量。从内容上看,现金流量表被划分为经营活动、投资活动和筹资活动三个部分,每类活动又分为各具体项目,这些项目从不同角度反映企业业务活动的现金流入和流出,弥补了资产负债表和利润表提供信息的不足。通过现金流量表，报表使用者能够了解现金流量的影响因素，评价企业的支付能力、偿债能力和周转能力，预测企业未来现金流量，为其决策提供有力依据。

2. 现金流量表的结构

在现金流量表中，现金及现金等价物被视为一个整体，企业现金形式的转换不会产生现金的流入和流出。例如，企业从银行提取现金，是企业库存现金存放形式的转换，并未流出企业，不构成现金流量。根据企业业务活动的性质和现金流量的来源，现金流量表在结构上将企业一定期间产生的现金流量分为三类：经营活动产生的现金流量、投资活动产生的现金流量和筹资活动产生的现金流量。现金流量表见表9-8。

表9-8　　　　　　　　　　　　　　现金流量表

会企03表

编制单位：　　　　　　　　　　　年　　月　　　　　　　　　　　单位：元

项目	本期金额	上期金额
一、经营活动产生的现金流量		
销售商品、提供劳务收到的现金		
收到的税费返还		
收到其他与经营活动有关的现金		
经营活动现金流入小计		
购买商品、接受劳务支付的现金		
支付给职工以及为职工支付的现金		
支付的各项税费		
支付其他与经营活动有关的现金		
经营活动现金流出小计		
经营活动产生的现金流量净额		
二、投资活动产生的现金流量		
收回投资收到的现金		
取得投资收益收到的现金		
处置固定资产、无形资产和其他长期资产收回的现金净额		
处置子公司及其他营业单位收到的净额		
收到其他与投资有关的现金		
投资活动现金流入小计		
购建固定资产、无形资产和其他长期资产支付的现金		
投资支付的现金		
取得子公司及其他营业单位的现金净额		

续表

项　　目	本期金额	上期金额
支付其他与投资活动有关的现金		
投资活动现金流出小计		
投资活动产生的现金流量净额		
三、筹资活动产生的现金流量		
吸收投资收到的现金		
取得借款收到的现金		
收到其他与筹资活动有关的现金		
筹资活动现金流入小计		
偿还债务支付的现金		
分配股利、利润或偿付利息支付的现金		
支付其他与筹资活动有关的现金		
筹资活动现金流出小计		
筹资活动产生的现金流量净额		
四、汇率变动对现金及现金等价物的影响		
五、现金及现金等价物净增加额		
加：期初现金及现金等价物余额		
六、期末现金及现金等价物余额		

9.4.2　现金流量表的填列方法

在具体编制现金流量表时，企业可以根据业务量的大小及复杂程度，采用"工作底稿法""T形账户法""分析填列法"。工作底稿法是以工作底稿为手段，以利润表和资产负债表的数据为基础，结合有关科目的记录，对现金流量表的每一项进行分析并编制调整分录，从而编制现金流量表的一种方法；T形账户法是以利润表和资产负债表为基础，结合有关科目的记录，对现金流量表的每一项进行分析并编制调整分录，通过"T形账户"编制现金流量表的一种方法；分析填列法是直接根据资产负债表、利润表和有关会计科目的明细账记录，分析计算出现金流量表中各个项目的金额，并据以编制现金流量表的一种方法。

经营活动产生的现金流量在编制现金流量表时，通常可以采用直接法和间接法两种方法进行反映。直接法是通过现金收入和现金支出的主要类别反映来自企业经营活动的现金流量。采用直接法编制现金流量表，一般以利润表中的营业收入为起点，调整与经营活动有关项目的增减变动，计算出经营活动的现金流量；间接法是以本期净利润为起点，调整不涉及现金的收入、费用、营业外收支等有关项目的增减变动，据此计算出经营活动的现金流量。在我国，现金流量表正表采用直接法编制，现金流量表补充资料采用间接法编制。

9.5 所有者权益变动表

9.5.1 所有者权益变动表的内容及结构

1. 所有者权益变动表的内容

所有者权益变动表是指反映构成所有者权益各组成部分当期增减变动情况的报表。所有者权益变动表应当全面反映一定时期所有者权益变动的情况,不仅包括所有者权益总量的增减变动,还包括所有者权益增减变动的重要结构信息,让报表使用者准确理解所有者权益增减变动的根源。

在所有者权益变动表中,综合收益和与所有者(或股东)的资本交易导致的所有者权益的变动,应当分别列示。企业至少应当单独列示反映下列信息的项目。

(1) 综合收益额。
(2) 会计政策变更和前期调整差错更正的累积影响金额。
(3) 所有者投入的资本和向所有者分配的利润。
(4) 提取的盈余公积。
(5) 所有者权益各组成部分的期初和期末余额及其调整情况。

2. 所有者权益变动表的结构

为了清楚地表明构成所有者权益的各组成部分当期的增减变动情况,所有者权益变动表应当以矩阵的形式列示。一方面,列示导致所有者权益变动的交易或事项,改变了经往仅仅按照所有者权益的各组成部分反映所有者权益的变动情况,而是从所有者权益变动的来源对一定时期所有者权益的变动情况进行全面反映。另一方面,按照所有者权益各组成部分(包括实收资本、资本公积、其他综合收益、盈余公积、未分配利润和库存等)及其总额列示交易或事项对所有者权益的影响。此外,企业还需要提供比较所有者权益变动表,所有者权益变动表还就各项目再分为"本年金额"和"上年金额"两栏分别填列。所有者权益变动表具体格式见表9-9。

表9-9   所有者权益变动表

会企:04表

编制单位: 年 月   单位:元

项目	本年金额								上年金额							
	实收资本(或股本)	其他权益工具			资本公积	减:库存股	其他综合收益	盈余公积	未分配利润	所有者权益合计	实收资本(或股本)	其他权益工具			资本公积	减:库存股	其他综合收益	盈余公积	未分配利润	所有者权益合计
		优先股	永续债	其他								优先股	永续债	其他						
一、上年年末余额																				
加:会计政策变更																				

续表

项目	本年金额									上年金额								
	实收资本（或股本）	其他权益工具			资本公积	减：库存股	其他综合收益	盈余公积	未分配利润	所有者权益合计	实收资本（或股本）	其他权益工具			资本公积	减：库存股	其他综合收益	盈余公积	未分配利润	所有者权益合计
		优先股	永续债	其他								优先股	永续债	其他						
前期差错更正																				
其他																				
二、本年年初余额																				
三、本年增减变动金额（减少以"－"号填列）																				
（一）综合收益总额																				
（二）所有者投入和减少资本																				
1. 所有者投入的普通股																				
2. 其他权益工具持有者投入资本																				
3. 股份支付计入所有者权益的金额																				
4. 其他																				
（三）利润分配																				
1. 提取盈余公积																				
2. 对所有者（或股东）的分配																				
3. 其他																				
（四）所有者权益内部结转																				
1. 资本公积转增资本（或股本）																				
2. 盈余公积转增资本（或股本）																				

续表

项目	本年金额								上年金额							
	实收资本（或股本）	其他权益工具			资本公积	减：库存股	其他综合收益	盈余公积	未分配利润	所有者权益合计	实收资本（或股本）	其他权益工具			资本公积	减：库存股	其他综合收益	盈余公积	未分配利润	所有者权益合计
		优先股	永续债	其他								优先股	永续债	其他						
3. 盈余公积弥补亏损																				
4. 设定受益计划变动额结转留存收益																				
5. 其他综合收益结转留存收益																				
6. 其他																				
四、本年年末余额																				

9.5.2 所有者权益变动表的填列方法

1. 所有者权益变动表各项目的列报说明

（1）"上年年末余额"项目，反映企业上年资产负债表中实收资本（或股本）、资本公积、盈余公积、未分配利润的年末余额。

（2）"会计政策变更"和"前期差错更正"项目，分别反映企业采用追溯调整法处理的会计政策变更的累积影响金额和采用追溯重述法处理的会计差错更正的累积影响金额。

为了体现会计政策变更和前期差错更正的影响，企业应当在上期期末所有者权益余额的基础上进行调整，得出本期期初所有者权益，根据"盈余公积""利润分配""以前年度损益调整"等科目的发生额分析填列。

（3）"本年增减变动额"项目分别反映如下内容。

①"净利润"项目，反映企业当年实现的净利润（或净亏损）金额，并对应列在"未分配利润"栏。

②"直接计入所有者权益的利得和损失"项目，反映企业应当直接计入所有者权益的利得和损失金额。其中：

"可供出售金融资产公允价值变动净额"项目，反映企业持有的可供出售金融资产当年公允价值变动的金额，并对应列在"资本公积"栏。

"权益法下被投资单位其他所有者权益变动的影响"项目，反映企业对按照权益法核算的长期股权投资，在被投资单位除当年实现的净损益以外，其他所有者权益当年变动中应享有的份额，并对应列在"资本公积"栏。

"与计入所有者权益项目相关的所得税影响"项目，反映企业根据《企业会计准则第18号——所得税》规定计入所有者权益项目的当年所得税影响金额，并对应列在"资本公积"栏。

③"净利润"和"直接计入所有者权益的利得和损失"小计项目，反映企业当年实现的净利润（或净亏损）金额和当年直接计入所有者权益的利得和损失金额的合计额。

④"所有者投入和减少资本"项目，反映企业当年所有者投入的资本和减少的资本。其中：

"所有者投入资本"项目，反映企业接受投资者投入形成的实收资本（或股本）和资本溢价或股本溢价，并对应列在"实收资本"和"资本公积"栏。

"股份支付计入所有者权益的金额"项目，反映企业处于等待期中的权益结算的股份支付当年计入资本公积的金额，并对应列在"资本公积"栏。

⑤"利润分配"下各项目，反映当年所有者（或股东）分配的利润（或股利）金额和按照规定提取的盈余公积金额，并对应列在"未分配利润"和"盈余公积"栏。其中：

"提取盈余公积"项目，反映企业按照规定提取的盈余公积。

"对所有者（或股东）的分配额"项目，反映对所有者（或股东）分配的利润（或股利）金额。

⑥"所有者权益内部结转"下各项目，反映不影响当年所有者权益总额的所有者权益各组成部分之间的当年的增减变动，包括资本公积转增资本（或股本）、盈余公积转增资本（或股本）、盈余公积弥补亏损等项的金额。为了全面反映所有者权益各组成部分的增减变动情况，所有者权益内部结转也是所有者权益变动表的重要组成部分，主要指不影响所有者权益总额的所有者权益的各组成部分的当期的增减变动。其中：

"资本公积转增资本（或股本）"项目，反映企业以资本公积转增资本（或股本）的金额。

"盈余公积转增资本（或股本）"项目，反映企业以盈余公积转增资本（或股本）的金额。

"盈余公积弥补亏损"项目，反映企业以盈余公积弥补亏损的金额。

2. 上年金额栏的列报方法

所有者权益变动表上"上年金额"栏内的各项数字，应根据上年度所有者权益变动表"本年金额"栏内所列数字填列。如果上年度所有者权益变动表规定的各个项目的名称和内容同本年度不相一致，应对上年度所有者权益变动表各项目的名称和数字按本年度的规定进行调整，填入所有者权益变动表"上年金额"栏内。

3. 本年金额栏的列报方法

所有者权益变动表"本年金额"栏内各项数字，一般应根据"实收资本（或股本）""资本公积""盈余公积""利润分配""库存股""以前年度损益调整"等科目的发生额分析填列。

企业的净利润及其分配情况作为所有者权益变动的组成部分，不需要单独设置利润分配表列示。

9.6 会计报表附注

9.6.1 会计报表附注概述

1. 附注的概念

附注是财务报表不可或缺的组成部分，是对在资产负债表、利润表、现金流量表和所有者权益变动表等列表中列示项目的文字描述或明细资料,以及对未在这些报表中列示项目的说明等。

财务报表中的数字是经过分类与汇总后的结果,是对企业发生的经济业务的高度简化和浓缩的数字,如果没有形成这些数字所使用的会计政策,理解这些数字所必需披露的信息,财务报表就不可能充分发挥效用。因此,附注与资产负债表、利润表、现金流量表和所有者权益变动表具有同等的重要性,是财务报表的重要组成部分。

2. 附注披露的基本要求

(1) 附注披露的信息应是定量、定性的结合,从而能从量和质两个角度对企业经济事项完整地进行反映,也才能满足信息使用者的决策要求。

(2) 附注应当按照一定的结构进行系统、合理的排列和分类,有顺序地披露信息。

(3) 附注相关信息应当与资产负债表、利润表、现金流量表和所有者权益变动表中列示的项目相互参照,以有助于使用者联系关联的信息,并从整体上更好地理解财务报表。

9.6.2 会计报表附注披露的内容

附注应当按照如下顺序披露有关内容。
(1) 企业的基本情况。
(2) 财务报表的编制基础。
(3) 遵循企业会计准则的声明。
(4) 重要会计政策和会计估计。
(5) 会计政策和会计估计变更以及差错更正说明。
(6) 报表重要项目说明。
(7) 其他需要说明的重要事项。

9.7 财务报告的报送和审批

9.7.1 财务报告的报送

1. 财务报告报送的内容

审核报表

为了充分发挥财务报告的作用,各个企业应当依照法律、行政法规和国家统一会计制度有关财务报告规定的期限和程序,及时对外提供财务报告。企业对外提供的年度财务报告包括基本会计报表和附注等;季度、月度中期财务报告通常仅指会计报表,国家统一的会计制度另有规定的除外。企业对外提供的财务报告应当依次编定页数,加具封面,装订成册,加盖公章。封面上应注明企业名称、企业统一代码、组织形式、地址、报表所属年度或月份、报出日期等,并由企业负责人和主管会计工作的负责人、会计机构负责人(会计主管人员)签名并盖章;设置总会计师的单位,还须由总会计师签名并盖章。有关法律、行政法规规定会计报表、会计报表附注和财务情况说明书应当由注册会计师审计的企业,在提供财务报告时,应将注册会计师及其所在的会计师事务所出具的审计报告,随同财务报告一并对外提供。

2. 财务报告的报送对象

各个报送单位应向哪些组织或个人报送财务报告，这同各单位的隶属关系、经济管理和经济监督的需要有关。一般来说，国有企业要向上级主管部门、开户银行、财政、税收和审计机关报送财务报告；同时，还应向投资者、债权人以及其他与企业有关的报告使用者提供。若是公开发行股票的股份有限公司，还应当向证券交易机构和证监会等提供。《企业财务报告条例》规定，企业应当依据章程的规定，向投资者提供财务报告。国务院派出监事会的国有重点大型企业、国有重点金融机构和省、自治区、直辖市人民政府派出监事会的国有企业，应当依法定期向监事会提供财务报告。国有企业、国有控股或者占主导地位的企业，应当至少每年一次向本企业的职工代表大会公布财务报告。有关部门或者机构依照法律、行政法规或者国务院规定，要求企业提供部分或者全部财务报告及其有关数据的，应当向企业出示依据，并不得要求企业改变财务报告有关数据的会计口径。非依照法律、行政法规或者国务院规定，任何组织或者个人不得要求企业提供部分或者全部财务报告及其有关数据。接受企业财务报告的组织或者个人，在企业财务报告未正式对外披露前，应当对其内容保密。企业依照规定向有关各方提供的财务报告，其编制基础、编制依据、编制原则和方法应当一致，不得提供编制基础、编制依据、编制原则和方法不同的财务报告。

3. 财务报告的报送时限

财务报告报送的期限，一方面应考虑需要财务报告的有关使用者对报告的需要程度，另一方面又要考虑编报单位的机构、组织形式、编报单位所在地的交通条件等因素，正确规定财务报告的报送期限。这样有利于各编报单位如期报送会计报告，便于及时汇总和利用会计报表，以发挥其应有的作用。根据《企业会计制度》的规定，月度中期财务报告应当于月度终了后 6 天内对外提供，季度中期财务报告应于季度终了后 15 天内对外提供，半年度中期财务报告应于年度中期结束后 60 天内（相当于两个连续的月份）对外提供，年度财务报告应于年度终了后 4 个月内对外提供。另外，上市公司不要求按月披露月度财务报告，季度财务报告应当在每个会计年度的第 1 个、第 3 个季度结束后的 1 个月内披露，半年财务报告应当在每个会计年度的上半年结束之日起 2 个月内披露，年度财务报告应当在每个会计年度结束之日起 4 个月内披露。

9.7.2 财务报告的审批

上级主管部门或上级公司、财政、税务、审计和金融部门，对报送的财务报告应当及时组织审核与批复。如各级主管部门对于所属单位上报的财务报告进行审核、批复；各级财政部门对于同级的各主管部门报送的汇总财务报告进行审核、批复。

各级主管部门或上级公司、财政、税务和金融部门对报送的财务报告进行审核，主要审核财务报告的编制、报送是否符合规定，内容是否符合财经法规、制度的要求。前者属于技术性审核，后者属于内容性审核。技术性审核主要审查会计报表的种类、填报的份数是否符合规定，报表的项目是否填列齐全，补充资料和必要的编制说明是否完备，报表的签章是否齐全，汇总会计报表应汇编的单位是否齐全，有无漏编、漏报，报表数字计算是否正确，报表与报表有关指标是否衔接一致等。内容性审核主要检查资金筹集、使用、缴拨是否符合资金管理制度；利润或亏损的形成和利润分配是否合法，有无违反法律、财经纪律和弄虚作假的现象，应上缴的税金和利润是否及时足额上缴，有无拖欠截留情况；财务收支计划完成情况，有无不按计划、制度办事的情况等。

在审核过程中，如果发现财务报告编制有错误或不符合制度的要求，应及时通知报送单位进行更正。如果发现有违反财经法规的情况，应查明原因，及时纠正，严肃处理。有关部门对财务报告审核后，要进行批复，提出批复意见。报送财务报告的单位接到审批意见后，要认真研究执行，对发现的错误要及时更正。

本章小结

财务报告是会计信息系统向外界输出财务信息的集中体现，是精练、浓缩、简洁、清晰地提供企业财务状况、经营成果、现金流量、所有者权益变动等重要财务信息的一套载体。财务报告是指企业对外提供的反映企业某一特定日期财务状况和某一会计期间经营成果、现金流量等的书面文件。财务报告由会计报表、会计报表附注组成。

资产负债表是反映企业在某一特定日期全部资产、负债和所有者权益及其构成情况的会计报表。它根据"资产＝负债＋所有者权益"这一基本公式，依照一定的分类标准和一定的次序，把企业在某一特定日期的资产、负债和所有者权益项目予以适当排列编制而成。

利润表是反映企业在一定会计期间的经营成果的会计报表。它根据"收入－费用＝利润"这一平衡公式，依照一定的标准和次序，把企业一定时期内的收入、费用和利润项目予以适当排列编制而成。利润表各项目的填列主要以相关损益账户的发生额为依据。

现金流量表是反映企业一定会计期间现金和现金等价物流入和流出的会计报表，即以现金为基础编制的财务状况变动表。编制现金流量表可以使企业掌握现金流量的信息，搞好资金调度，提高资金使用效率，并使企业的投资者和债权人可以了解企业如何使用现金，以及提高以后获得现金的能力，更有利于准确预测企业未来的偿债能力和支付能力。

所有者权益变动表是反映构成所有者权益的各个组成部分的当期的增减变动情况的报表。

附注是财务报表不可或缺的组成部分，是对在资产负债表、利润表、现金流量表和所有者权益变动表等列表中列示项目的文字描述或明细资料，以及对未在这些报表中列示项目的说明等。

为了充分发挥财务报告的作用，各个企业应当依照法律、行政法规和国家统一的会计制度有关财务报告规定的期限和程序，及时对外提供财务报告。

课后测试

一、单项选择题

1. 下列各项中，应根据相关总账科目的余额直接在资产负债表中填列的是（　　）。
   A. 应付账款　　　　　　　B. 固定资产
   C. 长期借款　　　　　　　D. 短期借款

2. 202×年12月31日，甲企业"预收账款"总账科目贷方余额为15万元，其明细科目余额如下："预收账款——乙企业"科目贷方余额为25万元，"预收账款——丙企业"科目借方余额为10万元。不考虑其他因素，甲企业年末资产负债表中"预收账款"项目的期末余额为（　　）万元。

A. 10 B. 15
C. 5 D. 25

3. 202×年12月初，某企业"应收账款"科目借方余额为300万元，相应的"坏账准备"科目贷方余额为20万元，本月实际发生坏账损失6万元。202×年12月31日经减值测试，该企业应补提坏账准备11万元。假定不考虑其他因素，202×年12月31日该企业资产负债表中"应收账款"项目的金额为（　　）万元。

A. 269 B. 274
C. 275 D. 280

4. 某企业采用实际成本法核算存货。年末结账后，该企业"原材料"科目借方余额为80万元，"工程物资"科目借方余额为16万元，"在途物资"科目借方余额为20万元。假定不考虑其他因素，该企业年末资产负债表中"存货"项目的期末余额为（　　）万元。

A. 100 B. 116
C. 96 D. 80

5. 202×年12月31日，某企业采用计划成本核算材料"材料采购"总账科目借方余额为20万元，"原材料"总账科目借方余额为25万元，"材料成本差异"总账科目贷方余额为3万元。假定不考虑其他因素，该企业资产负债表中"存货"项目的期末余额为（　　）万元。

A. 48 B. 45
C. 42 D. 22

6. 下列各项中，关于资产负债表中"预收账款"项目填列方法表述正确的是（　　）。

A. 根据"预收账款"科目的期末余额填列
B. 根据"预收账款"和"应收账款"科目所属各明细科目的期末贷方余额合计数填列
C. 根据"预收账款"和"预付账款"科目所属各明细科目的期末借方余额合计数填列
D. 根据"预收账款"和"应付账款"科目所属各明细科目的期末贷方余额合计数填列

7. 下列各科目的期末余额，不应在资产负债表中"存货"项目列示的是（　　）。

A. 库存商品 B. 生产成本
C. 工程物资 D. 委托加工物资

8. 某企业202×年12月31日"固定资产"科目余额为1 000万元，"累计折旧"科目余额为300万元，"固定资产减值准备"科目余额为50万元。该企业202×年12月31日资产负债表中"固定资产"项目的金额为（　　）万元。

A. 650 B. 700
C. 950 D. 1 000

9. 下列各项中，影响利润表中"营业利润"项目的是（　　）。

A. 盘亏固定资产净损失 B. 计提固定资产减值准备
C. 发生的所得税费用 D. 转让无形资产的净收益

10. 下列各项中，应列入利润表中"营业收入"项目的是（　　）。

A. 销售材料取得的收入 B. 接受捐赠收到的现金

C. 出售专利权取得的净收益　　D. 出售自用房产取得的净收益

11. 下列各项中，不应列入利润表中"营业成本"项目的是（　　）。
   A. 已销商品的实际成本　　　B. 在建工程领用产品的成本
   C. 对外提供劳务结转的成本　　D. 投资性房地产计提的折旧额

12. 下列各项中，不应列入利润表中"营业收入"项目的是（　　）。
   A. 销售商品收入　　　　　　B. 处置固定资产净收入
   C. 提供劳务收入　　　　　　D. 让渡无形资产使用权收入

13. 下列各项中，关于财务报表附注的表述不正确的是（　　）。
   A. 附注中包括财务报表重要项目的说明
   B. 对未能在财务报表中列示的项目在附注中说明
   C. 如果没有需要披露的重大事项，企业不必编制附注
   D. 附注中包括会计政策和会计估计变更以及差错更正的说明

14. 下列各项中，不属于《企业会计准则》中规定的财务报表是（　　）。
   A. 资产负债表　　　　　　　B. 现金流量表
   C. 收入支出表　　　　　　　D. 所有者权益变动表

15. 甲公司202×年3月1日，"银行存款"科目余额为100万元，"库存现金"科目余额为0.2万元，"其他货币资金"科目余额为500万元。3月12日，提取现金5万元，赊销商品117万元，收到银行承兑汇票100万元。则202×年3月31日这家公司资产负债表中"货币资金"项目填列的金额为（　　）万元。
   A. 600.2　　　　　　　　　B. 717.2
   C. 817.2　　　　　　　　　D. 722.2

16. 某企业"预收账款"科目年末贷方余额为20 000元，其中"预收账款——甲公司"明细科目贷方余额为175 000元，"预收账款——乙公司"明细科目贷方余额为2 500元；"应收账款"科目年末借方余额为15 000元，其中"应收账款——A工厂"明细科目借方余额为25 000元，"应收账款——B工厂"明细科目贷方余额为10 000元。假定不考虑其他因素，该企业年末资产负债表中"预收款项"项目的金额为（　　）元。
   A. 10 000　　　　　　　　B. 15 000
   C. 20 000　　　　　　　　D. 30 000

17. 某企业采用计划成本核算材料，202×年12月31日结账后有关科目余额为："材料采购"科目余额为14万元(借方)，"原材料"科目余额为240万元(借方)，"周转材料"科目余额为180万元(借方)，"库存商品"科目余额为160万元(借方)，"生产成本"科目余额为60万元(借方)，"材料成本差异"科目余额为12万元(贷方)，"存货跌价准备"科目余额为21万元(贷方)。假定不考虑其他因素，该企业202×年12月31日资产负债表中"存货"项目的金额为（　　）万元。
   A. 633　　　　　　　　　　B. 600
   C. 621　　　　　　　　　　D. 654

18. 某企业年末"应收账款"科目的借方余额为1 000万元，其中"应收账款"明细账有借方余额1 200万元，贷方余额200万元，年末计提坏账准备后与应收账款有关的"坏账准备"科目的贷方余额为80万元。假定不考虑其他因素，该企业年末资产负债表中"应收账款"项目的金额为（　　）万元。

A. 1 200　　　　　　　　　　B. 1 000
C. 920　　　　　　　　　　　D. 1 120

19. 甲公司202×年11月30日资产负债表中"固定资产"项目金额为2 560万元，12月1日外购固定资产500万元，甲公司预计该固定资产使用年限为10年，拟计残值为零，采用年限平均法计提折旧，12月将自有的厂房对外出租，已知厂房原值为1 000万元，截至12月31日已计提折旧800万元。除当月购入固定资产及对外出租厂房以外的其他固定资产当月计提折旧为200万元。假定不考虑相关税费，则甲公司202×年12月31日资产负债表中"固定资产"项目填列的金额为（　　　　）万元。

A. 2 860　　　　　　　　　　B. 2 660
C. 3 060　　　　　　　　　　D. 2 655

20. 某公司2018年6月30日编制资产负债表时，长期借款明细账情况如下：向A银行借款2 000万元（借款期3年，借款日2016年1月1日）；向B银行借款5 000万元（借款期5年，借款日2014年1月1日）；向C银行借款200万元（借款期2年，借款日2017年1月1日）。假定不考虑其他因素，则2018年6月30日资产负债表中"长期借款"项目应填列的金额为（　　　　）万元。

A. 200　　　　　　　　　　　B. 7 200
C. 7 000　　　　　　　　　　D. 0

21. 下列关于资产负债表的填列方法中，不正确的是（　　　　）。

A. 货币资金应当根据"库存现金""银行存款""其他货币资金"总账科目的期末余额合计数填列
B. 固定资产填列金额为固定资产的账面价值
C. 资本公积应当根据"资本公积"科目期末余额填列
D. 应付债券应当根据"应付债券"科目期末余额填列

22. 下列各项中，不应当在资产负债表"存货"项目反映的是（　　　　）。

A. 委托代销商品　　　　　　B. 发出商品
C. 生产成本　　　　　　　　D. 工程物资

23. 202×年5月31日，某企业"应付账款"总账科目贷方余额为12.55万元，其中"应付账款——甲公司"明细科目贷方余额为17.55万元，"应付账款——乙公司"明细科目借方余额为5万元，"预付账款"总账科目借方余额为15.5万元。其中"预付账款——丙公司"明细科目借方余额为20万元。"预付账款——丁公司"明细科目贷方余额为4.5万元。假定不考虑其他因素，该企业202×年5月31日资产负债表中"预付款项"项目期末余额为（　　　　）万元。

A. 20　　　　　　　　　　　　B. 25
C. 18.5　　　　　　　　　　　D. 23.5

24. 某企业202×年3月31日结账后的"无形资产"科目余额为5 200万元，"累计摊销"科目余额为1 200万元，"无形资产减值准备"科目余额为200万元。该企业202×年3月31日资产负债表中的"无形资产"项目金额为（　　　　）万元。

A. 5 200　　　　　　　　　　B. 4 000
C. 3 800　　　　　　　　　　D. 5 000

25. 甲公司202×年5月取得主营业务收入1 000元，其他业务收入100万元，发生主营业务成本 550 万元，其他业务成本 25 万元，税金及附加 200 万元，管理费用 500 万元，资产减值损失 50 万元，投资收益 500 万元，公允价值变动损失 200 万元，营业外收入 100 万元，营业外支出 50 万元，甲公司适用的企业所得税税率为 25%，假定没有纳税调整事项，则甲公司当月利润表中的"净利润"项目的金额为（　　）万元。

A. 125 B. 93.75
C. 525 D. 393.75

26. 某企业 2015 年 7 月 1 日从银行借入期限为 4 年的长期借款 1 000 万元，2018 年 12 月 31 日编制资产负债表时，此项借款应填入的报表项目是（　　）。

A. 短期借款 B. 长期借款
C. 其他长期负债 D. 一年内到期的非流动负债

27. 下列各项中，不属于所有者权益变动表中应单独列示的项目是（　　）。

A. 提取盈余公积 B. 库存股
C. 综合收益总额 D. 盈余公积补亏

28. 下列关于企业财务报告附注的表述中不正确的是（　　）。

A. 附注是对财务报表的文字描述和说明
B. 附注主要作用是对报表中未能列示项目的说明
C. 企业未能在财务报告中说明的内容必须在附注中加以披露
D. 附注是企业财务报表的组成部分

29. 资产负债表中负债项目的排列顺序是（　　）。

A. 项目偿还期的长短 B. 项目重要性
C. 项目流动性 D. 项目永久性

30. 下列资产负债表项目中，不可以直接根据总分类账户期末余额填列的项目是（　　）。

A. 资本公积 B. 短期借款
C. 长期借款 D. 应付股利

31. 下列资产负债表项目中，应根据相应总分类账账户期初和期末余额直接填列的项目是（　　）。

A. 应付票据 B. 应收票据
C. 存货 D. 预付账款

32. 最关心企业盈利能力和利润分配政策的会计报表使用者是（　　）。

A. 股东 B. 供货商
C. 潜在投资者 D. 企业职工

33. 利润分配表是（　　）的附表。

A. 资产负债表 B. 利润表
C. 现金流量表 D. 合并报表

34. 以下项目中，与编制资产负债表无关的账户是（　　）。

A. 累计折旧 B. 本年利润
C. 利润分配 D. 待处理财产损溢

35. 企业会计报表是反映企业单位财务状况和经营状况的书面报告文件，主表由（　　）组成。

A. 资产负债表、利润表、现金流量表

B. 资产负债表、利润表、现金流量表及有关附表、附注
C. 资产负债表、利润表、现金流量表、财务情况说明书
D. 资产负债表、利润表、利润分配表

36. 资产负债表是反映企业（　　）财务状况的会计报表。
   A. 某一会计期间　　　　　　B. 一年内
   C. 一定期间　　　　　　　　D. 某一特定日期

37. 资产负债表中的"应收账款"项目应根据（　　）填列。
   A. 应收账款、预收账款账户所属各明细分类账的期末借方余额合计数减去相应的坏账准备明细账户余额
   B. 应收账款、应付账款总分类账所属各明细分类账的期末借方余额合计数
   C. 应收账款总分类账户期末余额
   D. 应收账款各明细分类账户期末借方余额合计数

38. 资产负债表中的"应付账款"项目应根据（　　）填列。
   A. "应收账款"账户所属各明细分类账期末贷方余额合计数
   B. "应付账款"总分类账户期末余额
   C. "应付账款"账户所属各明细分类账户期末贷方余额合计数
   D. "预付账款""应付账款"所属各明细分类账户期末贷方余额合计数

39. 下列选项中，反映资产负债表内有关流动资产项目排列顺序的是（　　）。
   A. 货币资金、交易性金融资产、应收票据、应收账款
   B. 货币资金、交易性金融资产、应收票据、预收账款
   C. 货币资金、交易性金融资产、应收票据、坏账准备
   D. 货币资金、交易性金融资产、应收账款、坏账准备

40. 下列选项中，反映了资产负债表内有关所有者权益的排列顺序是（　　）。
   A. 实收资本、未分配利润、盈余公积、资本公积
   B. 实收资本、资本公积、盈余公积、未分配利润
   C. 实收资本、资本公积、未分配利润、盈余公积
   D. 未分配利润、资本公积、盈余公积、实收资本

41. 下列资产负债表项目中，不需要与相应的备抵科目进行调整后填列的项目是（　　）。
   A. 应收账款　　　　　　　　B. 无形资产
   C. 存货　　　　　　　　　　D. 货币资金

二、多项选择题

1. 下列项目中，属于资产负债表中"流动资产"项目的有（　　）。
   A. 应收账款　　　　　　　　B. 以摊余成本计量的金融资产
   C. 预收账款　　　　　　　　D. 存货

2. 下列项目中，属于资产负债表中"流动负债"项目的有（　　）。
   A. 应付职工薪酬　　　　　　B. 应付债券
   C. 应交税费　　　　　　　　D. 一年内到期的长期借款

3. 资产负债表下列各项目中，应根据有关科目余额减去备抵科目余额后的净额填列的有（　　）。
   A. 存货　　　　　　　　　　B. 无形资产

C. 应收账款 D. 长期股权投资

4. 下列各项中，应在资产负债表中"预付款项"项目列示的有（　　）。
   A. "应付账款"科目所属明细账科目的借方余额
   B. "应付账款"科目所属明细账科目的贷方余额
   C. "预付账款"科目所属明细账科目的借方余额
   D. "预付账款"科目所属明细账科目的贷方余额

5. 下列会计科目中，其期末余额应列入资产负债表中"存货"项目的有（　　）。
   A. 库存商品 B. 材料成本差异
   C. 生产成本 D. 委托加工物资

6. 下列各项中，应列入资产负债表中"应收账款"项目的有（　　）。
   A. 预付职工差旅费 B. 代购货单位垫付的运杂费
   C. 销售产品应收取的款项 D. 对外提供劳务应收取的款项

7. 下列各项中，应列入资产负债表中"应付利息"项目的有（　　）。
   A. 计提的短期借款利息
   B. 计提的到期一次还本付息的债券利息
   C. 计提的分期付息到期还本的债券利息
   D. 计提的分期付息到期还本的长期借款利息

8. 下列各项中，属于所有者权益变动表单独列示的项目有（　　）。
   A. 提取盈余公积 B. 综合收益总额
   C. 当年实现的净利润 D. 资本公积转增资本

9. 下列关于企业财务报表编制的基本要求表述正确的有（　　）。
   A. 企业应当以持续经营为基础，根据实际发生的交易或事项编制财务报表
   B. 企业应在权责发生制和收付实现制中选择编制报表的基础
   C. 企业应对各个会计期间财务报表项目的列报应当保持一致
   D. 财务报表需提供可比会计期间的比较数据

10. 在资产负债表中，下列各项目可以按总分类账科目余额直接填列的有（　　）。
    A. 短期借款 B. 货币资金
    C. 资本公积 D. 其他应付款

11. 下列各项中，应根据总分类账科目期末余额直接填列的资产负债表项目有（　　）。
    A. 长期应付款 B. 应付票据
    C. 短期借款 D. 长期借款

12. 下列各项中，应列入利润表"资产减值损失"项目的有（　　）。
    A. 原材料盘亏损失 B. 固定资产减值损失
    C. 应收账款减值损失 D. 无形资产处置净损失

13. 下列各项中，属于企业非流动资产项目的有（　　）。
    A. 以公允价值计量且其变动计入当期损益的金融资产
    B. 以摊余成本计量的金融资产
    C. 债权投资
    D. 长期股权投资

14. 下列各项中，在填列资产负债表时应当减去其备抵科目的有（　　）。

A. 长期股权投资 B. 无形资产
C. 存货 D. 以摊余成本计量的金融资产

15. 下列各项中，在填列资产负债表时应根据总账科目余额和明细账科目余额分析填列的项目有（　　）。

A. 应付债券 B. 应付账款
C. 预付款项 D. 长期待摊费用

16. 企业在编制资产负债表时，"未分配利润"项目应当根据（　　）科目计算填列。

A. 本年利润 B. 利润分配
C. 盈余公积 D. 资本公积

17. 下列交易或事项会影响企业综合收益总额的有（　　）。

A. 销售商品收入
B. 处置固定资产净收益
C. 以公允价值计量且其变动计入其他综合收益的金融资产期末公允价值上升
D. 税收罚款

18. 资产负债表中"存货"项目的金额，应根据（　　）科目的余额分析填列。

A. 委托代销商品 B. 材料成本差异
C. 发出商品 D. 生产成本

19. 下列属于企业所有者权益变动表中应单独列示的项目有（　　）。

A. 资本公积转增资本 B. 盈余公积补亏
C. 股本 D. 会计政策变更

20. 下列属于企业财务报告附注中应披露的内容有（　　）。

A. 企业基本情况 B. 财务报表的编制基础
C. 会计估计变更的说明 D. 遵循企业会计准则的声明

21. 下列对于附注中"其他综合收益"项目应当披露的内容有（　　）。

A. 其他综合收益各项目及其所得税影响
B. 所得税费用(收益)与会计利润关系的说明
C. 其他综合收益各项目原计入其他综合收益，当期转出计入当期损益的金额
D. 其他综合收益各项目的期初和期末余额及其调节情况

22. 会计报表按报表的编制基础分类可分为（　　）。

A. 静态报表 B. 动态报表
C. 个别报表 D. 合并报表

23. 资产负债表中的"预收账款"项目，应根据（　　）所属明细科目期末贷方余额的合计数填列。

A. 应收账款 B. 预付账款
C. 预收账款 D. 其他货币资金

24. 下列项目属于计算营业利润应包括的项目有（　　）。

A. 营业收入 B. 营业成本
C. 销售费用 D. 营业外收支净额

25. 会计报表信息的使用者包括（　　）。

A. 企业投资者 B. 企业债权人

C. 政府及其相关机构　　　　D. 潜在投资者

26. 下列关于利润分配表说法正确的是（　　）。
A. 它是反映企业经营成果的报表
B. 其数据主要从"利润分配"科目有关明细科目得出
C. 它可以反映企业一定期间的利润分配情况和亏损弥补情况
D. 它是利润表的附表

27. 编制会计报表的要求是（　　）。
A. 内容完整　　　　　　　　B. 编报及时
C. 数字真实　　　　　　　　D. 指标可比

28. 企业利润表的格式有（　　）。
A. 账户式　　　　　　　　　B. 报告式
C. 单步式　　　　　　　　　D. 多步式

29. 以下（　　）属于现金流量表的现金范畴。
A. 企业的库存现金
B. 不能随时支取的定期存款
C. 可随时支取的银行存款
D. 可在证券市场上流通的、从购买日起三个月内到期的短期债券投资

30. 下列会计报表中，属于动态的会计报表是（　　）。
A. 利润表　　　　　　　　　B. 资产负债表
C. 利润分配表　　　　　　　D. 现金流量表

31. 资产负债表可提供的信息有（　　）。
A. 流动资产的构成及金额　　B. 长期负债的构成及金额
C. 流动负债的构成及金额　　D. 所有者权益的构成及金额

32. 下列项目中，列在资产负债表右边的有（　　）。
A. 固定资产　　　　　　　　B. 累计折旧
C. 应付债券　　　　　　　　D. 长期借款

三、判断题

1. "长期借款"项目，根据"长期借款"总账科目余额直接填列。（　　）
2. 资产负债表中的"应收账款"项目应根据"应收账款"和"预收账款"所属明细账的借方余额合计数和"坏账准备"总账的贷方余额计算填列。（　　）
3. 资产负债表日，应根据"库存现金""银行存款""其他货币资金"三个总账科目的期末余额合计数。填列资产负债表中的"货币资金"项目。（　　）
4. 购买商品支付货款取得的现金折扣应列入利润表中的"财务费用"项目。（　　）
5. 所有者权益变动表是反映构成所有者权益各组成部分当期增减变动情况的报表。（　　）
6. 所有者权益变动表"未分配利润"栏目的本年年末余额应当与本年资产负债表中的"未分配利润"项目的年末余额相等。（　　）
7. 财务报表附注是对资产负债表、利润表、现金流量表和所有者权益变动表等报表中列示项目的文字描述或明细资料，以及对未能在这些报表中列示项目的说明等。（　　）
8. 资产负债表是反映企业在一定会计期间的经营成果的报表。（　　）

9. 我国资产负债表采用账户式结构，按其资产与负债的流动性大小排列，流动性大的在前面，流动性小的在后面。（　　）
10. 资产负债表中"预付账款"项目应当根据预付账款的总账余额，减去对应的坏账准备科目期末余额后的净额填列。（　　）
11. 资产负债表中"固定资产清理"项目应根据固定资产清理科目的贷方余额填列，如果是借方余额以负号表示。（　　）
12. 企业交纳的印花税不通过应交税费科目核算，所以资产负债表中"应交税费"项目不包括印花税。（　　）
13. 利润表是反映企业一定会计期间经营成果的报表，有助于保证财务报表使用者分析企业的获利能力及盈利增长趋势，但无法以此做出经济决策。（　　）
14. 利润表中"其他综合收益的税后净额"项目，反映企业根据企业会计准则的规定未在损益中确认的各项利得和损失扣除所得税影响后的净额。（　　）
15. "开发支出"项目应当根据"研发支出"科目中所属的"资本化支出"明细科目期末余额填列。（　　）
16. 附注是对企业财务报表的文字表述，在报表中无法体现的内容均需要通过附注加以阐述。（　　）
17. "长期股权投资"项目应根据"长期股权投资"科目的期末余额，减去"长期股权投资减值准备"科目的期末余额后的净额填列。（　　）
18. 所有者权益变动表应当全面反映一定会计期间所有者权益变动的情况，不仅包括所有者权益总量的增减变动，还包括所有者权益增减变动的重要结构性信息，特别是要反映直接计入所有者权益的利得和损失。（　　）
19. "长期借款"项目，反映企业向银行或其他金融机构借入的期限在一年以上（不含一年）的各项借款。（　　）
20. "固定资产"项目应根据"固定资产"科目的期末余额，减去"累计折旧"和"固定资产减值准备"科目期末余额后的净额填列。（　　）
21. "营业收入"项目应根据"主营业务收入""其他业务收入""营业外收入"科目的发生额分析填列。（　　）
22. 所有者权益变动表能够反映所有者权益各组成部分当期的增减变动情况，有助于报表使用者理解所有者权益增减变动的原因。（　　）
23. 编制会计报表的主要目的就是为会计报表信息的使用者决策提供有用信息。（　　）
24. 资产负债表是反映单位在一定时期财务状况的报表。（　　）
25. 资产负债表中的"交易性金融资产"项目，应按该科目的总分类账余额直接填列。（　　）
26. "利润分配"总账的年末余额一定与资产负债表中未分配利润项目的数额一致。（　　）
27. 利润表中的"营业利润"项目，反映的是企业主营业务和其他业务收入扣除营业成本及应负担的费用、税金后的利润，如为亏损应以"一"号表示。（　　）
28. 现金等价物应包括在现金流量表的现金范围内。（　　）
29. 企业发行股票属于现金流量表所指的筹资活动。（　　）
30. 账簿记录是编制报表的主要依据。（　　）

31. 各种记账凭证和账簿记录是编制报表的直接依据。（ ）
32. 主营业务利润就是营业利润。（ ）
33. 现金流量表和资产负债表的会计基础是权责发生制。（ ）
34. 利润总额不包括营业外收支净额。（ ）
35. 利润总额即为税前利润。（ ）

四、综合应用题

1. 甲企业202×年12月31日有关账户的余额如下。

应收账款——A　24 000元（贷方）
　　　　——B　22 000元（借方）
应付账款——C　35 000元（贷方）
　　　　——D　17 000元（借方）
预收账款——E　16 000元（借方）
　　　　——F　25 000元（贷方）
预付账款——G　42 000元（贷方）
　　　　——H　31 000元（借方）
坏账准备——应收账款 1 000元（贷方）

假设该企业期末坏账准备账户贷方余额1 000元均为应收账款提取。要求：计算填列资产负债表中以下项目。

(1)"应收账款"项目　(2)"应付账款"项目
(3)"预收账款"项目　(4)"预付账款"项目

2. 某企业202×年1月1日至12月31日损益类科目累计发生额如下。

主营业务收入 3 750万元（贷方）　主营业务成本 1 375万元（借方）
税金及附加 425万元（借方）　　　销售费用 500万元（借方）
管理费用 250万元（借方）　　　　财务费用 250万元（借方）
投资收益 500万元（贷方）　　　　营业外收入 250万元（贷方）
营业外支出 200万元（借方）　　　其他业务收入 750万元（贷方）
其他业务成本 450万元（借方）　　所得税费用 450万元（借方）
资产减值损失 150万元（借方）　　公允价值变动收益 150万元（贷方）

要求：计算该企业202×年的营业利润、利润总额和净利润，编制年度利润表。

3. 海昌公司202×年8月31日有关科目余额见表9-10。

表9-10　　　　　信恒公司202×年8月31日科目余额

单位：元

会计科目	借方余额	会计科目	贷方余额
库存现金	1 400	累计折旧	1 650 000
银行存款	266 600	短期借款	42 400
交易性金融资产	32 000	应付账款	37 262
应收账款	144 000	应付票据	1 800
其他应收款	1 700	应交税费	4 000
原材料	255 000	应付利息	7 200

续表

会 计 科 目	借 方 余 额	会 计 科 目	贷 方 余 额
生产成本	85 000	应付职工薪酬	14 200
库存商品	123 000	长期借款	164 000
长期股权投资	132 400	实收资本	4 040 000
固定资产	4 960 000	盈余公积	61 149
无形资产	45 000	本年利润	185 300
利润分配	161 211		
合 计	6 207 311	合 计	6 207 311

应收账款明细账余额为：

应收账款——光明厂借方余额 204 000 元；应收账款——恒信厂贷方余额 60 000 元；

应付账款明细账余额为：

应付账款——八一公司贷方余额 56 200 元；应付账款——五一公司借方余额 18 938 元。

要求：根据上述资料，编制海昌公司 202×年 8 月 31 日的资产负债表。

【第9章】课后测试答案解析

第10章

会计工作的组织与管理

📝 本章引言

组织和管理好会计工作,对于建立和完善会计工作秩序,提高会计工作质量,充分发挥会计的职能和作用,实现会计目标具有十分重要的意义。会计工作的组织主要包括会计法规体系设置、内部会计控制规范、会计职业道德规范和会计档案的管理等。

导入案例

20×5年7月14日证监会决定对A公司立案调查,至20×6年5月31日调查结束,查明的违法事实共有三项。一是报送证监会的IPO申请文件相关财务数据存在虚假记载,未达到发行上市目的。针对公司应收账款余额过大问题,从20×1年年初到20×3年6月两年半时间内,合计虚构收回应收账款38 058万元,少计提坏账准备1 698万元,虚增经营活动净现金流24 084万元。二是上市后披露的定期报告中存在虚假记载。20×3年年报和20×4年年报,合计虚构收回应收账款27 202万元,虚构收回其他应收款13 218万元,少计提坏账准备1 603万元,虚增货币资金20 632万元。三是《20×4年年度报告》中存在重大遗漏。公司实际控制人乙以员工名义从公司借款供其个人使用,占用A公司6 388万元未予披露。

据此,证监会已认定A公司违反《中华人民共和国证券法》(以下简称《证券法》)第十三条关于公开发行新股应当符合"最近三年财务会计文件无虚假记载,无其他重大违法行为"之条件,构成《证券法》第一百八十九条所述"发行人不符合发行条件,以欺骗手段骗取发行核准"的行为,即A公司财务造假已然坐实,证监会已认定其属欺诈上市。

学习目标

- 了解正确组织会计工作的重要性和应遵循的原则
- 熟悉会计法规体系
- 明确会计机构的设置方法
- 掌握会计人员的职责权限
- 掌握会计档案的管理内容

关键术语

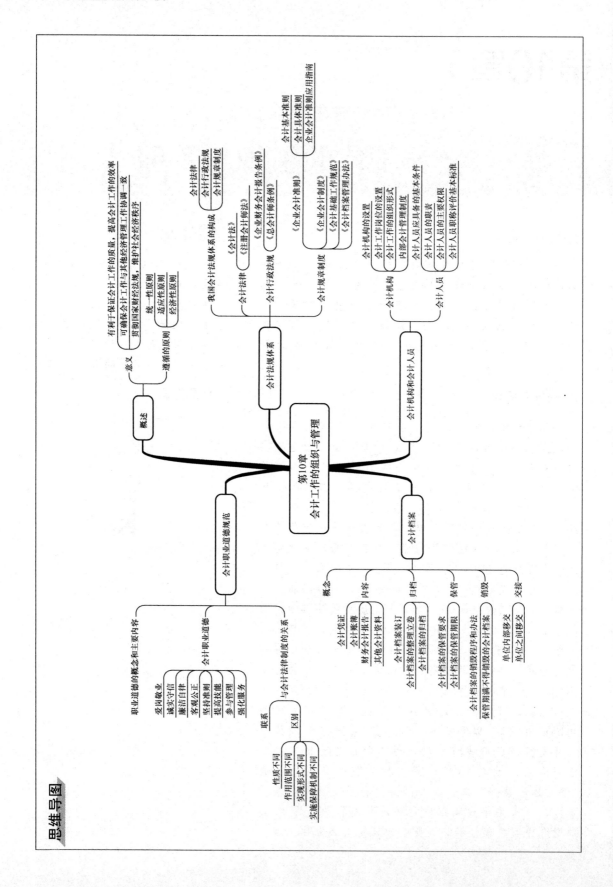

10.1　会计工作概述

10.1.1　组织会计工作的意义

会计工作的组织，就是根据《中华人民共和国会计法》(以下简称《会计法》)和其他有关法律法规的规定，结合本单位的实际情况，科学、合理地安排各项会计工作。这就会涉及如何建立专门的会计办事机构，如何配备专职的会计工作人员，以及如何规范单位内部的各项具体会计行为等。在计算机和网络技术广为运用的今天，会计工作的组织还应包括如何利用电子计算机来处理会计信息。因此，组织会计工作的内容主要包括设置会计机构、配备会计人员、制定内部会计管理规范和实施会计电算化。

会计是一个综合性的经济信息系统。系统中的各个组成部分相互协调、有条不紊地运行，是有效发挥会计在经济管理中的作用及顺利完成会计基本任务的前提。科学、合理地组织会计工作具有重要的意义。

1. 有利于保证会计工作的质量，提高会计工作的效率

会计的基本职能是对企业和行政事业单位中周而复始的资金运动进行核算和监督。这是一项复杂、细致而又严密的工作。从收集各种经济活动的原始数据开始，连续、系统地进行分析、记录、分类和汇总，直至最终提供合格的会计信息，整个过程中各个步骤之间、各项手续之间都是环环相扣、密切联系的。任何一个环节出现差错或者延误，都将对最终的会计信息质量和会计工作效率造成重大影响。如果没有专门的会计机构、专职的会计人员和完善的内部会计管理规范，就无法保证这一系列程序的顺利完成。

2. 可确保会计工作与其他经济管理工作协调一致

会计工作在企业和行政事业单位（以下简称企事业单位）的整个经济管理活动中处于重要地位。企事业单位的各项经济活动都要通过会计来核算和监督，所以会计部门与生产、销售、计划管理等业务部门之间都有着密切的联系，可以随时掌握单位的各种经济动态。科学、合理地组织会计工作，可以发挥其特有的协调作用，促进各个部门互相配合、互相促进、齐抓共管，共同提高单位的经济管理水平。

3. 贯彻国家财经法规，维护社会经济秩序

会计工作是一项政策性非常强的工作，各企事业单位的会计机构和会计人员必须严格遵循《会计法》和其他财经法规的要求，对本单位的各项经济活动实施监督。因此，科学、合理地组织会计工作，可以在组织、人员和制度上保证国家有关方针、政策、法令、法规的贯彻执行，协助有关部门共同打击经济领域的违法犯罪行为，保护单位的财产物资安全，保护投资者的利益不受侵害，维护社会经济秩序的健康运行。

10.1.2　组织会计工作应遵循的原则

科学地组织会计工作，必须遵循以下原则。

1. 统一性原则

组织会计工作必须在国家统一领导下，依据《会计法》、会计准则的要求进行。只有

这样，才能保证国家有关方针、政策、法令、法规的贯彻执行，才能满足国家宏观调控对会计信息的需求。

2. 适应性原则

组织会计工作必须适应本单位经济活动的特点。国家对组织会计工作的统一要求，仅限于一般的原则性规定，各企事业单位对会计机构的设置，会计人员的配备和统一会计制度的执行，都要结合本单位的业务范围、经营规模等实际情况和经营管理中的具体要求，做出切合实际的安排，并制定具体的实施办法或补充规定。

3. 经济性原则

组织会计工作必须在满足会计信息需求和保证会计工作质量的前提下，讲求效率，节约时间，讲求效益，节约开支。对会计机构的设置和人员的配备，应力求精简。对会计处理程序和有关手续的规定，应符合实际需要，避免烦琐。会计部门收集的经济资料应与其他部门实现信息共享，避免重复劳动。因此，在会计工作中大力推广计算机技术和网络通信技术具有十分重要的意义。

10.2 会计法规体系

10.2.1 我国会计法规体系的构成

所谓会计法规体系，是指会计机构和会计人员从事会计核算、会计管理工作应当遵循的行为标准，包括各种与会计相关的法律、法规、准则、制度和职业道德等。我国现行的会计法规体系由会计法律、会计行政法规和会计规章制度三个层次构成。

1. 会计法律

会计法律是由国家政权以法律的形式调整会计关系的行为规范。我国会计法律是由全国人民代表大会及其常务委员会制定的，如《会计法》《中华人民共和国注册会计师法》（以下简称《注册会计师法》）等。会计法律，是会计核算工作最高层次的法律规范，是制定其他各层次会计法规的依据，是会计工作的基本法。

2. 会计行政法规

会计行政法规是以国务院令颁布的各种会计规范，主要是用来规范会计某一方面的工作和调整我国经济生活中某些方面的会计关系。会计行政法规的制定必须以《会计法》为指导，并对《会计法》某些条款进行具体说明和详细补充。在我国的法律规范体系中，属于会计行政法规的有《总会计师条例》《企业财务会计报告条例》等。

3. 会计规章制度

会计规章制度是国务院下属各主管部门或省、自治区和直辖市人民政府制定的会计方面的规范，对会计的具体工作与会计核算提供直接的规范。制定会计部门规章必须依据会计法律和会计行政法规的规定。属于会计规章制度的有《企业会计准则》《企业会计制度》《会计职业道德规范》《会计基础工作规范》《内部会计控制规范》等。

我国会计法规的构成体系见表10-1。

表 10-1　　　　　　　　　我国会计法规的构成体系

类　别	内　容	颁布者
会计法律	《会计法》《公司法》《证券法》《合同法》《注册会计师法》等	全国人民代表大会及其常务委员会
会计行政法规	《总会计师条例》 《企业财务会计报告条例》	国务院
会计规章制度	《企业会计准则》 《企业会计制度》 《会计从业资格管理办法》 《公计档案管理办法》等	国务院下属各主管部门或省、自治区和直辖市人民政府

10.2.2　会计法律

我国最主要的会计法律有《会计法》和《注册会计师法》。

1.《会计法》

《会计法》是我国一切会计工作均要遵守的最重要的根本大法，在会计法律规范体系的构成中居最高层次，对其他会计法律、会计行政法规及会计规章制度等会计法律起着统驭的作用。因此，《会计法》也被称为是一切会计法规制度的"母法"。

《会计法》于 1985 年 1 月 21 日第六届全国人民代表大会常务委员会第九次会议通过并颁布，于 1985 年 1 月 21 日施行。第八届全国人民代表大会常务委员会第五次会议根据我国经济体制由计划经济转变为市场经济的需要，对《会计法》进行了修订，并于 1993 年 12 月 29 日公布并施行。第九届全国人民代表大会常务委员会第十二次会议根据我国市场经济发展的新情况、新形势，再次对《会计法》进行了修订，于 1999 年 10 月 31 日公布，自 2000 年 7 月 1 日起施行。

再次修订的《会计法》共 7 章 52 条，即：总则；会计核算；公司、企业会计核算的特别规定；会计监督；会计机构和会计人员；法律责任；附则。

2.《注册会计师法》

《注册会计师法》是有关注册会计师工作的一部单行法，于 1993 年 10 月 31 日经第八届全国人民代表大会常务委员会第四次会议通过，于 1994 年 1 月 1 日施行。《注册会计师法》由"总则""考试和注册""业务范围和规则""会计师事务所""注册会计师协会""法律责任""附则"7 章构成，共计 46 条。

10.2.3　会计行政法规

会计行政法规是中华人民共和国国务院制定颁布的会计行为规范，如《企业财务会计报告条例》《总会计师条例》。会计行政法规在性质上同会计法律保持一致，在内容上多属于对社会法律的阐述或具体化，因而会计行政法规具有较强的操作性。会计行政法规在会计法律规范体系中占有重要的地位，它介于会计法律和会计规章制度之间，起到了承上启下的作用。

1. 《企业财务会计报告条例》

《企业财务会计报告条例》由国务院于 2000 年 6 月 21 日发布。自 2001 年 1 月 1 日起施行。《企业财务会计报告条例》由"总则""财务报告的构成""财务报告的编制""财务报告的对外提供""法律责任""附则"6 章构成，共计 46 条。

2. 《总会计师条例》

《总会计师条例》由国务院于 1990 年 12 月 31 日发布、自发布之日起施行。《总会计师条例》由"总则""总会计师职责""总会计师的权限""任免与奖惩""附则"5 章构成，共计 23 条。

《总会计师条例》的制定目的是确定总会计师的职权和地位，发挥总会计师在加强经济管理，提高经济效益中的作用。《总会计师条例》规定了总会计师在单位中的地位和任务、总会计师的职责、总会计师的权限、总会计师的任免与奖惩等。

10.2.4　会计规章制度

会计规章制度对会计的具体工作与会计核算提供直接的规范，如《企业会计准则》《企业会计制度》《会计基础工作规范》《会计档案管理办法》等。

1. 《企业会计准则》

我国会计准则体系由基本准则和具体准则两个层次组成。1993 年实施的《企业会计准则》，即为基本准则。它规定了会计核算的基本前提、一般原则、会计要素及会计报表编报的一般要求。具体准则是根据基本准则的要求，就会计核算业务做出的具体规定。自 1993 年以来，财政部先后颁布了若干具体会计准则。会计准则全球趋同是资本市场国际化达到一定程度的产物。随着我国经济的发展和对外开放的深入，我国会计准则已逐渐与国际会计准则趋同。2006 年 2 月财政部召开会计准则体系发布会，正式发布新的会计准则体系，规定新准则体系执行时间为 2007 年 1 月 1 日，并要求新准则体系自 2007 年 1 月 1 日在上市公司范围内施行，鼓励其他企业执行。财政部先后于 2014 年、2016 年、2017 年、2018 年修订和增补了《企业会计准则》。

新会计准则体系由 1 项基本准则、42 项具体准则和准则应用指南所构成，其基本结构如图 10.1 所示。

(1) 会计基本准则。

基本准则在会计准则体系中具有重要的地位，主要表现为两个方面。

① 统驭具体准则的制定。随着我国经济迅速发展，会计实务问题层出不穷，会计准则需要规范的内容日益增多，体系日趋庞杂。在这样的背景下，为了确保各项准则的制定建立在统一的理念基础之上，基本准则就需要在其中发挥核心作用。我国基本准则规范了会计确认、计量和报告等一般要求，是准则的准则，它对各具体准则的制定起着统驭作用，可以确保各具体准则的内在一致性。我国《会计准则——基本准则》第三条明确规定："企业会计准则包括基本准则和具体准则，具体准则的制定应当遵循本准则（即基本准则）。"在企业会计准则体系的建设中，各项具体准则也都严格按照基本准则的要求加以制

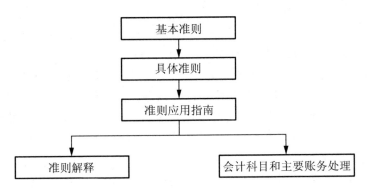

图 10.1 我国企业会计准则体系构成

定和完善,并且在各具体准则的第一条中作了明确规定。

② 为会计实务中出现的、具体准则尚未规范的新问题提供会计处理依据。在会计实务中,由于经济交易事项的不断发展、创新,具体准则的制定有时会出现滞后的情况,一些新的交易或者事项在具体准则中尚未规范但又急需处理,这时,企业不仅应当对这些新的交易或者事项及时进行会计处理,而且在处理时应当严格遵循基本准则的要求,尤其是基本准则关于会计要素的定义及其确认与计量等方面的规定。因此,基本准则不仅扮演着具体准则制定依据的角色,也为会计实务中出现的、具体准则尚未做出规范的新问题提供了会计处理的依据,从而确保了企业会计准则体系对所有会计实务问题的规范作用。

我国基本准则的制定吸收了当代财务会计理论研究的最新成果,反映了当前会计实务发展的内在需要,体现了国际上财务会计概念框架的发展动态,构建起了完整、统一的财务会计的基本目标、假设、会计基础和会计信息质量要求、会计要素及其确认、计量原则,以及财务报告的基本规范等。

(2) 会计具体准则。

具体准则是根据基本准则的要求,对经济业务的会计处理做出具体规定的准则。它的特点是操作性强,可以根据其直接组织该项业务的核算。从具体准则所规范的经济业务的内容来看,大体上可以分为 3 类。第一类是共性和通用的准则,即用来规范所有企业都可能发生的经济业务,如存货、固定资产、长期股权投资、无形资产、资产减值、借款费用、收入、外币折算等准则;第二类是特殊行业的准则,即对一些业务活动上有一定的特殊性的行业加以规范,如石油、天然气会计准则、银行业务会计准则、生物资产、金融工具确认和计量准则、保险公司会计准则等;第三类是报告准则,主要规范普遍适用于各类企业通用的报告类的准则,如财务报告的列报、现金流量表、合并财务报表、中期财务报告、资产负债表日后事项、分部报告、金融工具列报等准则。

(3) 企业会计准则应用指南。

2018 年最新修订的《企业会计准则》包括 1 项基本准则、42 项具体准则。《企业会计准则》是一个严格的体系,包括基本准则和具体准则、企业会计准则应用指南、企业会计准则解释等。2019 年 1 月,企业会计准则编审委员会编著的《企业会计准则及应用指南实务详解》对最新的 42 项具体准则从具体规定、解释与应用指南等方面进行了系统诠释,为会计人员进行会计确认、计量、报告提供了基本依据。

2.《企业会计制度》

《企业会计制度》由会计核算一般规定、会计科目和财务报表、附录三部分构成。会计核算一般规定部分,主要对企业会计核算的总体原则以及会计要素和重要经济业务事项的确认、计量、报告等,以条款的形式做出原则性的规定。会计科目和财务报表部分,包括会计科目的使用说明、财务报表和财务报表附注两个方面。其中会计科目使用说明规定了经济业务事项应设置的会计科目的名称及其具体的会计核算方法;财务报表和财务报表附注则规定了应对外提供的财务报表种类、格式、内容及编制方法。附录部分是主要会计事项分录举例,列举了主要会计事项的具体账务处理方法,以便于企业会计人员的实际操作。

3.《会计基础工作规范》

《会计基础工作规范》是财政部于1984年4月发布的,在《会计人员工作规则》基础上修订,并于1996年6月17日重新发布的一项重要会计规章,对会计基础工作方面的有关内容做出了较为系统的规定。《会计基础工作规范》由"总则""会计机构和会计人员""会计核算""会计监督""内部会计管理制度""附则"6章构成,共计101条。其制定目的是加强会计基础工作,建立规范的会计工作秩序,提高会计工作水平;制定依据是《会计法》;适用范围是国家机关、社会团体、企事业单位、个体工商户和其他组织。

4.《会计档案管理办法》

会计档案是记录和反映经济业务的重要史料和证据。《会计法》和《会计基础工作规范》对会计档案管理作出了原则性规定。财政部、国家档案局于1984年6月1日发布,1998年8月21日修订,2015年12月11日又联合修订的《会计档案管理办法》,自2016年1月1日起施行,同时废止1998年8月21日财政部、国家档案局发布的《会计档案管理办法》。现行《会计档案管理办法》由31条及两个附表构成,对国家机关、社会团体、企事业单位和其他经济组织建立和完善会计档案的收集、整理、保管、利用和鉴定销毁等做了具体的规定。要求采取可靠的安全防护技术和措施保证会计档案的真实、完整、可用、安全。

10.3 会计机构和会计人员

10.3.1 会计机构

所谓会计机构是指各企事业单位内部直接从事和组织领导会计工作的职能部门。

1. 会计机构的设置

各个企业和行政、事业单位原则上都要单独设置专职的会计工作机构。会计机构的设置必须符合社会经济对会计工作所提出的各项要求,并与国家的会计管理体制相适应,以最大限度地发挥会计机构和每个会计人员在经济管理过程中应有的作用。以工业企业为例,一般都在厂级设置会计科,或将财务工作与会计工作合并在一起,设置一个财会科,科内按业务分设财务组、成本组、材料组、工资组、综合组等。组织健全工作岗位,建立会计工作岗位责任制,即将每一项会计工作都定人定岗,都有专人负责。对会计工作的合理分工，必须体现内部牵制制度的要求，并建立稽核制度，以利于防止工作中的失误或发现工作中的差错。

2. 会计工作岗位的设置

各单位应当根据会计业务的需要设置会计机构；不具备单独设置会计机构条件的，应当在有关机构中配备会计人员。

事业行政单位会计机构的设置和会计人员的配备，应当符合国家统一的事业行政单位会计制度的规定。设置会计机构，应当配备会计机构负责人；在有关机构中配备专职会计人员，应当在专职会计人员中指定会计主管人员。会计机构负责人、会计主管人员的任免，应当符合《会计法》和有关法律的规定。

会计工作岗位一般可分为：会计机构负责人或者会计主管人员、出纳、财产物资核算、工资核算、成本费用核算、财务成果核算、资金核算、往来结算、总账报表、稽核、档案管理等。开展会计电算化和管理会计的单位，可以根据需要设置相应工作岗位，也可以与其他工作岗位相结合。

会计工作岗位，可以一人一岗、一人多岗或者一岗多人。但出纳人员不得兼管稽核、会计档案保管和收入、费用、债权债务账目的登记工作。会计人员的工作岗位应当有计划地进行轮换。

我国大中型企业一般设置以下核算组，每个组的职责和要求如下。

(1) 综合组，负责总账的登记，并与有关的日记账和明细账相核对；进行总账余额的试算平衡，编制资产负债表，并与其他会计报表进行核对；保管会计档案，进行企业财务情况的综合分析，编写财务情况说明书；进行财务预测，制订或参与制订财务计划，参与企业生产经营决策。

(2) 财务组，负责货币资金的出纳、保管和日记账的登记；审核货币资金的收付凭证；办理企业与供应、采购等单位之间的往来结算；监督企业贯彻执行国家现金管理制度、结算制度和信贷制度的情况；分析货币资金收支计划和银行借款计划的执行情况，制订或参与制订货币资金收支和银行借款计划。

(3) 工资核算组，负责计算职工的各种工资和奖金；办理与职工的工资结算，并进行有关的明细核算，分析工资总额计划的执行情况，控制工资总额支出；参与制订工资总额计划。在由各车间、部门的分别计算和发放工资的组织方式下，还应协助企业劳动工资部门负责指导和监督各车间、部门的工资计算和发放工作。

(4) 固定资产核算组，负责审核固定资产购建、调拨、内部转移、租赁、清理的凭证；进行固定资产的明细核算；参与固定资产清查；编制有关固定资产增减变动的报表；分析固定资产和固定金的使用效果；参与制订固定资产重置、更新和修理计划；指导监督固定资产管理部门和使用部门的固定资产核算工作。

(5) 材料核算组，负责审核材料采购的发票、账单等结算凭证，进行材料采购收、发、结存的明细核算；参与库存材料清查；分析采购资金使用情况，采购成本超支、节约情况和储备资金占用情况，参与制订材料采购资金计划和材料成本计划；指导和监督供应部门、材料仓库和使用材料的车间部门的材料核算情况。

(6) 成本组，会同有关部门建立、健全各项原始记录、消耗定额和计量检验制度；改进成本管理的基础工作；负责审核各项费用开支；参与自制半成品和产成品的清查；核算产品成本，编制成本报表；分析成本计划执行情况；控制产品成本和生产资金占用；进行成本预测，制订成本计划，配合成本分口分级管理，将成本指标分解落实到各部门、车间、班组；指导、监督和组织各部门、车间、班组的成本核算和厂内经济核算工作。

（7）销售和利润核算组，负责审核产成品收发、销售和营业收支凭证；参与产成品清查；进行产成品销售和利润的明细核算；计算应交税金，进行利润分配，编制损益表；分析成品资金占用情况，销售收入、利润及其分配计划的执行情况；参与市场预测，制订或参与制订销售和利润计划。

（8）资金组，负责资金的筹集、使用、调度。随时了解、掌握资金市场动态，为企业筹集资金以满足生产经营活动的需要，要不断降低资金成本，提高资金使用的经济效益，还应负责编制现金流量表。

3. 会计工作的组织形式

会计工作的组织形式视企业的具体情况不同，而分为集中核算和非集中核算两种。

集中核算组织形式，就是企业经济业务的明细核算、总分类核算、会计报表编制和各有关项目的考核分析等会计工作，集中由厂级会计部门进行；其他职能部门、车间、仓库的会计组织或会计人员，只负责登记原始记录和填制原始凭证，经初步整理，为厂级会计部门进一步核算提供资料。

集中核算的优点是可以减少核算环节，简化核算手续，可精简人员；有利于全面、及时地掌握单位的财务状况和经营成果。其缺点是不便于下属单位加强经营管理工作，不利于单位内部经济责任制的贯彻落实。它一般适用于小型企事业单位。

非集中核算组织形式，就是把某些业务的凭证整理、明细核算、有关会计报表，特别是适应企业内部单位日常管理需要的内部报表的编制和分析，分散到直接从事该项业务的车间、部门进行，如材料的明细核算由供应部门及其所属的仓库进行；但总分类核算、全厂性会计报表的编制和分析仍由厂级会计部门集中进行。厂级会计部门还应对企业内部各单位的会计工作进行业务上的指导和监督。

非集中核算的优点是便于内部单位利用会计资料加强经营管理，有利于经济责任的贯彻落实。其缺点是核算层次多，手续复杂，不利于精简人员。它一般适用于大中型企事业单位。

对一个企业单位而言，采用集中核算还是非集中核算并不是绝对的，可以单一的选用集中核算或非集中核算形式，也可以二者兼而有之。但是，无论采用哪一种组织形式，企业采购材料物资、销售商品、结算债权债务、现金往来等对外业务都应由厂部会计部门办理。企业单位在确定采用何种会计工作组织形式时，既要考虑能正确、及时地反映企业单位的经济活动情况，又要注意简化核算形式，提高工作效率。

4. 内部会计管理制度

内部会计管理制度的具体内容：各单位应当建立内部会计管理体系；会计人员岗位责任制度；账务处理程序制度；内部牵制制度；稽核制度；原始记录管理制度；定额管理制度；计量验收制度；财产清查制度；财务收支审批制度；财务会计分析制度；实行成本核算的单位应当建立成本核算制度。

10.3.2 会计人员

设置了会计机构，还必须配备相应的会计人员。会计人员通常是指在国家机关、社会团体、公司企业、事业单位和其他组织中从事财务会计的人员，包括会计机构负责人以及具体从事会计工作的会计师、会计员和出纳员等。合理的配备会计人员，提高会计人员的综合素质是每个单位做好会计工作的决定性因素。

1. 会计人员应具备的基本条件

会计机构负责人、会计人员应当具备下列基本条件：坚持原则，廉洁奉公；具有会计专业技术资格；主管一个单位或者单位内一个重要方面的财务会计工作的时间不少于2年；熟悉国家财经法律、法规、规章和方针、政策，掌握本行业业务管理的有关知识；有较强的组织能力；身体状况能够适应本职工作的要求。

没有设置会计机构和配备会计人员的单位，应当根据《代理记账管理暂行办法》委托会计师事务所或者持有代理记账许可证书的其他代理记账机构进行代理记账。

大中型企业、事业单位、业务主管部门应当根据法律和国家有关规定设置总会计师。总会计师由具有会计师以上专业技术资格的人员担任。总会计师行使《总会计师条例》规定的职责、权限。总会计师的任命(聘任)、免职(解聘)依照《总会计师条例》和有关法律的规定办理。各单位应当根据会计业务需要配备持有会计证的会计人员。未取得会计证的人员，不得从事会计工作。各单位应当根据会计业务的需要设置会计工作岗位。

会计人员应当具备必要的专业知识和专业技能，熟悉国家有关法律、法规、规章和国家统一的会计制度，遵守职业道德。会计人员应当按照国家有关规定参加会计业务的培训。各单位应当合理安排会计人员的培训，保证会计人员每年有一定时间用于学习和参加培训。

单位领导人的直系亲属不得担任本单位的会计机构负责人、会计主管人员。会计机构负责人、会计主管人员的直系亲属不得在本单位会计机构中担任出纳工作。

2. 会计人员的职责

根据《会计法》的规定，会计人员的主要职责包括以下几个方面。

进行会计核算；实行会计监督；拟定本单位办理会计事务的具体办法；参与制订经济计划、业务计划，编制预算和财务计划，考核分析其执行情况；办理其他会计事项。

3. 会计人员的主要权限

(1) 会计人员有权要求本单位有关部门、人员认真执行国家批准的计划、预算。即督促本单位有关部门严格遵守国家财经纪律和财务会计制度；如果本单位有关部门有违反国家法规的情况，会计人员有权拒绝付款、拒绝报销或拒绝执行，并及时向本单位领导或上级有关部门报告。

(2) 会计人员有权参与本单位编制计划、制订定额、对外签订经济合同，有权参加有关的生产、经营管理会议和业务会议。即会计人员有权以其特有的专业地位参加企业的各种管理活动，了解企业的生产经营情况，并提出自己的建议。

(3) 会计人员有权对本单位各部门进行会计监督。即会计人员有权监督、检查本单位有关部门的财务收支、资金使用和财产保管、收发、计量、检验等情况，本单位有关部门要大力协助会计人员的工作。

4. 会计人员职称评价基本标准

会计人员职称层级有初级、中级和高级。初级职称只设助理级，高级职称分设副高级和正高级，形成初级、中级、高级层次清晰、相互衔接、体系完整的会计人员职称评价体系。初级、中级、副高级和正高级职称的名称依次为助理会计师、会计师、高级会计师和正高级会计师。

会计人员各级别职称分别与事业单位专业技术岗位等级相对应。正高级对应专业技术岗位一至四级，副高级对应专业技术岗位五至七级，中级对应专业技术岗位八至十级，初级对应专业技术岗位十一至十三级。

会计人员职称评价基本标准条件：遵守《会计法》和国家统一的会计制度等法律法规；具备良好的职业道德，无严重违反财经纪律的行为；热爱会计工作，具备相应的会计专业知识和业务技能；按照要求参加继续教育；会计人员参加各层级会计人员职称评价。除必须达到上述标准条件外，还应分别具备以下条件。

（1）助理会计师。

① 基本掌握会计基础知识和业务技能。

② 能正确理解并执行财经政策、会计法律法规和规章制度。

③ 能独立处理一个方面或某个重要岗位的会计工作。

④ 具备国家教育部门认可的高中毕业（含高中、中专、职高、技校）以上学历。

（2）会计师。

① 系统掌握会计基础知识和业务技能。

② 掌握并能正确执行财经政策、会计法律法规和规章制度。

③ 具有扎实的专业判断和分析能力，能独立负责某个领域的会计工作。

④ 取得博士学位；或取得硕士学位，从事会计工作满1年；或取得第二学士学位或研究生毕业，从事会计工作满2年；或取得大学本科学历或学士学位，从事会计工作满4年；或取得大学专科学历，从事会计工作满5年。

（3）高级会计师。

① 系统掌握和应用经济与管理理论、财务会计理论与实务。

② 具有较高的政策水平和丰富的会计工作经验，能独立负责某个领域或一个单位的财务会计管理工作。

③ 工作业绩较为突出，有效提高了会计管理水平或经济效益。

④ 有较强的科研能力，公开出版或发表过会计相关专著、论文；或主持完成会计相关研究课题、调研报告、管理方法或制度创新等。

⑤ 取得博士学位，并取得会计师职称后，从事会计师工作满2年；取得硕士学位或大学本科学历，并取得会计师职称后，从事会计工作满5年。

（4）正高级会计师。

① 系统掌握和应用经济与管理理论、财务会计理论与实务，把握工作规律；或省级高端会计人才培养工程毕业学员。

② 政策水平高，工作经验丰富，能积极参与一个单位的生产经营决策。

③ 工作业绩突出，主持完成会计相关领域的重大项目，解决了重大会计相关疑难问

题或关键性业务问题，提高了单位管理效率或经济效益。

④ 科研能力强，取得重大会计相关理论研究成果，或其他创造性会计相关研究成果，推动会计行业发展。

⑤ 一般应取得大学本科及以上学历，取得高级会计师职称后，从事会计工作满 5 年。

10.4　会计职业道德规范

10.4.1　职业道德的概念和主要内容

职业道德的概念有广义和狭义之分。广义的职业道德是指从业人员在职业活动中应该遵循的行为准则，涵盖了从业人员与服务对象、职业与职工、职业与职业之间的关系。狭义的职业道德是指在一定职业活动中应遵循的、体现一定职业特征的、调整一定职业关系的职业行为准则和规范。职业道德的主要内容包括爱岗敬业、诚实守信、办事公道、服务群众、奉献社会。

10.4.2　会计职业道德

会计职业道德是指在会计职业活动中应当遵循的、体现会计职业特征的、调整会计职业关系的职业行为准则和规范。会计职业作为社会经济活动中的一种特殊职业，其职业道德与其他职业道德相比具有自身的特征：①具有一定的强制性；②较多关注公众利益，会计职业的社会公众利益性，要求会计人员客观公正，在会计职业活动中，发生道德冲突时要坚持原则，把社会公众的利益放在第一位。

会计职业道德规范是指在一定的社会经济条件下，对会计职业行为及职业活动的系统要求或明文规定，它是社会道德体系的一个重要组成部分，是职业道德在会计职业行为和会计职业活动中的具体体现。其具体内容如下。

1. 爱岗敬业

会计人员应该热爱会计工作，安心本职岗位，忠于职守，尽心尽力，尽职尽责。热爱自己的职业，是做好一切工作的出发点。会计人员只有为自己建立了这个出发点，才会勤奋、努力钻研业务，使自己的知识和技能适应具体从事的会计工作的要求。爱岗敬业，要求会计人员应有强烈的事业心、进取心和过硬的基本功。在实际工作中往往会发现，由于粗心大意和缺乏踏实的工作态度造成的失误。会计工作政策性很强，涉及面较广，有的同社会上出现的各种经济倾向和不良风气有着密切的联系，因而有些问题处理起来十分复杂。这就要求会计人员要有强烈的"追根求源"的意识，凡事要多问个为什么，要有认真负责的态度。由于会计工作的性质和任务，会计人员需要长年累月、周而复始地进行着算账、报账、报表等工作，天天与数字打交道，工作细致而烦琐，如果不耐劳尽责，缺乏职业责任感，就会觉得工作枯燥、单调，就谈不上热爱会计工作，更谈不上精通会计业务，也就搞不好会计工作。

2. 诚实守信

会计人员应该做老实人，说老实话，办老实事，执业谨慎，信誉至上，不为利益所诱感,不弄虚作假,不泄露秘密。严格实行会计监督,依法办事,是会计人员遵守职业道德的前提。会计人员应当按照会计法律、法规、规章规定的程序和要求进行会计工作,保证所提供的会计信息合法、真实、准确、及时、完整。会计信息的合法、真实、准确、及时和完整,不但要体现在会计凭证和会计账簿的记录上,还要体现在财务报告上,使单位外部的投资者、债权人、社会公众及社会监督部门能依照法定程序得到可靠的会计信息资料。要做到这一点并不容易,但会计人员的职业道德要求这样做,会计人员应该继续在这一点上树立自己的职业形象和职业人格尊严,敢于抵制歪风邪气,同一切违法乱纪的行为做斗争。会计人员应当保守本单位的商业秘密,除法律规定和单位领导人同意外,不能私自向外界提供或者泄露单位的会计信息。会计人员由于工作性质的原因,有机会了解到本单位的重要机密,如对企业来说,关键技术、工艺规程、配方、控制手段和成本资料等都是非常重要的机密,这些机密一旦泄露给明显的或潜在的竞争对手,会给本单位的经济利益造成重大的损害。会计人员应当确立泄露商业秘密是大忌的观念,对于自己知悉的内部机密,任何时候、任何情况下都要严格保守,不能随意透露,也不能为了自己的私利提供给他人。

3. 廉洁自律

会计人员应该公私分明、不贪不占、遵纪守法、清正廉洁。

4. 客观公正

会计人员应该端正态度,依法办事,实事求是,不偏不倚,保持应有的独立性。会计人员在办理会计事务中,应当实事求是、客观公正。这是一种工作态度,也是会计人员追求的一种境界。做好会计工作,无疑是需要专业知识和专门技能的,但这并不足以保证会计工作的质量,实事求是的精神和客观公正的态度,也同样重要,否则,就会把知识和技能用错了地方,甚至参与弄虚作假或者串通作弊。

5. 坚持准则

会计人员应该熟悉国家法律法规和国家统一的会计制度,始终坚持按法律法规和国家统一的会计制度的要求进行会计核算,实施会计监督。会计工作不只是单纯地记账、算账和报账,会计工作时时、事事、处处涉及执法守纪方面的问题。会计人员不仅自己应当熟悉财经法律、法规和国家统一的会计制度,还要能结合会计工作进行广泛宣传,做到在自己处理各项经济业务时知法依法、知章循章,依法把关守口。

6. 提高技能

会计人员应该增强提高专业技能的自觉性和紧迫感,勤学苦练,刻苦钻研,不断进取,提高业务水平。

7. 参与管理

会计人员在做好本职工作的同时,应该努力钻研相关业务,全面熟悉本单位的经营活动和业务流程,主动提出合理化建议,协助领导决策,积极参与管理。

8. 强化服务

会计人员应该树立服务意识,提高服务质量,努力维护和提升会计职业的良好社会形象。会计工作的特点决定了会计人员应当熟悉本单位的生产经营和业务管理情况，以便运用所掌握的会计信息和会计方法，为改善单位的内部管理及提高经济效益服务。

10.4.3　会计职业道德与会计法律制度的关系

1. 会计职业道德与会计法律制度的联系

会计职业道德是会计法律制度正常运行的社会和思想基础，会计法律制度是促进会计职业道德规范形成和遵守的制度保障。两者有着共同的目标、相同的调整对象，承担着同样的职责，在作用上相互补充；在内容上相互渗透、相互重叠；在地位上相互转化、相互吸收；在实施上相互作用、相互促进。

2. 会计职业道德与会计法律制度的区别

（1）性质不同。会计法律制度通过国家机关强制执行，具有很强的他律性；会计职业道德主要依靠会计从业人员的自觉性，具有很强的自律性。

（2）作用范围不同。会计法律制度侧重于调整会计人员的外在行为和结果的合法化；会计职业道德则不仅要求调整会计人员的外在行为，还要调整会计人员内在的精神世界。

（3）实现形式不同。会计法律制度是通过一定的程序由国家立法机关或行政管理机关制定的，其表现形式是具体的、明确的、正式形成文字的成文规定；会计职业道德出自于会计人员的职业生活和职业实践，其表现形式既有明确的成文规定，也有不成文的规范，存在于人们的意识和信念之中。

（4）实施保障机制不同。会计法律制度由国家强制力保障实施；会计职业道德既要满足国家法律的相应要求，又需要会计人员的自觉遵守。

10.5　会 计 档 案

10.5.1　会计档案的概念和内容

1. 会计档案的概念

会计档案是指单位在进行会计核算等过程中接收或形成的，记录和反映单位经济业务事项的，具有保存价值的文字、图表等各种形式的会计资料，包括通过计算机等电子设备形成、传输和存储的电子会计档案。

会计档案在会计工作和企业管理中有着重大的作用，它是会计事项的历史记录，是经济决策者进行决策的重要依据，同时也是进行会计检查的重要资料。会计档案还是国家档案的重要组成部分，是各个企事业单位的重要档案之一，各个单位必须根据财政部和国家档案局发布的《会计档案管理办法》的规定，加强对会计档案的管理。

2. 会计档案的内容

会计档案的内容是指会计档案的范围，具体包括会计凭证、会计账簿、财务会计报告和其他会计资料 4 个部分。

(1) 会计凭证，包括原始凭证、记账凭证。

(2) 会计账簿，包括总分类账、明细分类账、日记账、固定资产卡片及其他辅助性账簿。

(3) 财务会计报告，包括月度、季度、半年度、年度财务会计报告。

(4) 其他会计资料，包括银行存款余额调节表、银行对账单、纳税申报表、会计档案移交清册、会计档案保管清册、会计档案销毁清册、会计档案鉴定意见书及其他具有保存价值的会计资料。

3. 电算化形式下的会计档案

实行会计电算化的单位，可以利用计算机、网络通信等信息技术手段管理会计档案。单位内部形成的属于归档范围的电子会计资料可仅以电子形式保存，形成电子会计档案，其需要满足下列条件。

(1) 形成的电子会计资料来源真实有效，由计算机等电子设备形成和传输。

(2) 使用的会计核算系统能够准确、完整、有效地接收和读取电子会计资料，能够输出符合国家标准归档格式的会计凭证、会计账簿、财务会计报表等会计资料，设定了经办、审核、审批等必要的审签程序。

(3) 使用的电子档案管理系统能够有效地接收、管理、利用电子会计档案，符合电子档案的长期保管要求，并建立了电子会计档案与相关联的其他纸质会计档案的检索关系。

(4) 采取有效措施，防止电子会计档案被篡改。

(5) 建立电子会计档案备份制度，能够有效地防范自然灾害、意外事故和人为破坏的影响。

(6) 形成的电子会计资料不属于具有永久保存价值或者其他重要保存价值的会计档案。

10.5.2 会计档案的归档、保管及销毁

1. 会计档案的归档

(1) 会计档案的装订。

① 会计凭证的装订。会计凭证一般每月装订一次，会计凭证装订后，应在每本凭证封面上填写好凭证的种类、起讫号码、凭证张数，会计主管人员和凭证装订人员要在封面上签章；同时，应在凭证封面上编好卷号，按卷号顺序入柜，并在显露处标明凭证种类编号，以便调阅。

② 会计账簿的装订。会计账簿在年终办理了年度结账后，除跨年度继续使用的账簿外，其他账簿都应按时整理立卷。

③ 财务会计报告的装订。财务会计报告编制完成并及时报出后，留存的财务会计报告应按月装订成册，谨防丢失。财务会计报告按下列要求装订：装订前要按编制目录核对财务会计报告是否齐全，整理报表页数，上边和左边对齐压平，并防止折角；装订顺序依次为封面、编制说明、各种会计报表、会计报表附注、封底；装订后应根据其保管期限编制卷号。

④ 其他会计资料的装订。属于会计档案构成内容的其他会计核算资料，也应按照一定的规则、顺序予以装订成册。

(2) 会计档案的整理立卷。

各单位每年形成的会计档案，都要由会计机构按照归档的要求，负责整理立卷、装订成册，编制会计档案保管清册。会计档案的整理应按以下要求进行。

① 分类标准要统一。一般将财务会计资料分成一类会计账簿、二类会计凭证、三类会计报表、四类文字资料及其他会计核算资料。

② 档案形成要统一。包括案册封面、档案卡夹、存放柜和存放序列都要统一。

③ 管理要求要统一。要建立会计资料档案簿、会计资料档案目录。会计凭证装订成册，报表和文字资料应分类立卷，其他零星资料要按年度排序并装订成册。

(3) 会计档案的归档。

根据《会计档案管理办法》的规定，单位当年形成的会计档案，在会计年度终了后，可由单位会计管理机构临时保管一年。期满后应由会计机构编制移交清册，移交单位档案管理机构统一保管。因工作需要确需推迟移交的，应当经单位档案管理机构同意。单位会计管理机构临时保管会计档案最长不超过三年临时保管期间，会计档案的保管应当符合国家档案管理的有关规定，且出纳人员不得兼管会计档案。单位会计管理机构向单位档案管理机构移交会计档案的程序如下。

① 编制移交清册，填写移交清单。

② 在账簿使用日期栏内填写移交日期。

③ 交接人员按移交清册和交接清单所列项目核查无误管理后签章。

移交本单位档案管理机构保管的会计档案，原则上应当保持原卷册的封装，一般不得拆封，个别需要拆封重新整理的，档案机构应当会同会计机构和经办人员共同拆封整理，以分清责任。电子会计档案移交时应当将电子会计档案及其元数据一并移交，且文件格式应当符合国家档案管理的有关规定。特殊格式的电子会计档案应当与其读取平台一并移交。单位档案管理机构接收电子会计档案时，应当对电子会计档案的准确性、完整性、可用性、安全性进行检测，符合要求的才能接收。

2. 会计档案的保管

(1) 会计档案的保管要求。

会计档案是重要的会计史料，必须妥善保管。会计档案室应选择在干燥防水之处，并应远离易燃品存放地，配备相应的防火器材；注意防虫、防潮；应设置归档登记簿、档案目录登记簿和档案借阅登记簿；严格执行登记手续、严防毁坏损失、散失和泄密。会计电算化档案的保管还要注意采取防盗、防磁措施。

(2) 会计档案保管期限。

会计档案的保管期限是指会计档案应予以保管的时间，可分为永久和定期两类。定期保管期限一般分为 10 年和 30 年。会计档案的保管期限，从会计年度终了后的第一天算起。各类会计档案的具体保管期限按照《会计档案管理办法》的规定执行。企业和其他组织会计档案保管的具体期限见表 10-2。

表 10-2　　　　　　　　　　　　会计档案保管期限

顺序	档案名称	保管期限	备注
一	会计凭证类		
1	原始凭证	30 年	
2	记账凭证	30 年	
二	会计账簿类		
3	总分类账	30 年	包括日记总分类账
4	明细分类账	30 年	
5	日记账	30 年	现金和银行存款日记账保管 25 年
6	固定资产卡片		固定资产报废清理后保管 5 年
7	辅助账簿	30 年	
三	财务会计报告类		
8	月度、季度财务报告	10 年	包括文字分析
9	年度财务报告(决算)	永久	包括文字分析
四	其他类		
10	会计移交清册	30 年	
11	会计档案保管清册	永久	
12	会计档案销毁清册	永久	
13	会计档案鉴定意见书	永久	
14	银行存款余额调节表	10 年	
15	银行对账单	10 年	
16	纳税申报表	10 年	

3．会计档案的销毁

（1）会计档案的销毁程序和办法。

单位会计档案保管期满需要销毁的，可按以下程序和办法进行销毁。

① 单位档案管理机构编制会计档案销毁清册，列明拟销毁会计档案的名称、卷号、册数、起止年度、档案编号、应保管期限、已保管期限和销毁时间等内容。

② 单位负责人、档案管理机构负责人、会计管理机构负责人、档案管理机构经办人、会计管理机构经办人在会计档案销毁清册上签署意见。

③ 单位档案管理机构负责组织会计档案销毁工作，并与会计管理机构共同派员监销。监销人在会计档案销毁前，应当按照会计档案销毁清册所列内容进行清点核对；在会计档

案销毁后,应当在会计档案销毁清册上签名或盖章。

电子会计档案的销毁还应当符合国家有关电子档案的规定,并由单位档案管理机构、会计管理机构和信息系统管理机构共同派员监销。

(2) 保管期满不得销毁的会计档案。

保管期满但未结清的债权债务会计凭证和涉及其他未了事项的会计凭证不得销毁,纸质会计档案应当单独抽出立卷,电子会计档案单独转存,保管到未了事项完结时为止。单独抽出立卷或转存的会计档案,应当在会计档案鉴定意见书、会计档案销毁清册和会计档案保管清册中列明。

会计档案的销毁是一项严肃的工作,各单位必须严格按照《会计法》和《会计档案管理办法》的规定进行。故意销毁依法应当保存的会计凭证、会计账簿、财务会计报告的行为,以及授意、指使、强令会计机构、会计人员及其他人员故意销毁依法应当保存的会计核算资料的行为,都是违法行为,如构成犯罪的,应依法追究刑事责任;尚不构成犯罪的,也要承担行政责任,违法单位和责任人员会受到相应的行政处罚和行政处分。

4. 会计档案的交接

(1) 单位内部移交。

单位会计管理机构在办理会计档案移交时,应当编制会计档案移交清册,并按照国家档案管理的有关规定办理移交手续。纸质会计档案移交时应当保持原卷的封装。电子会计档案移交时应当将电子会计档案及其元数据一并移交,且文件格式应当符合国家档案管理的有关规定。特殊格式的电子会计档案应当与其读取平台一并移交。单位档案管理机构接收电子会计档案时,应当对电子会计档案的准确性、完整性、可用性、安全性进行检测,符合要求的才能接收。

(2) 单位之间交接。

单位之间交接会计档案时,交接双方应当办理会计档案交接手续。移交会计档案的单位,应当编制会计档案移交清册,列明应当移交的会计档案名称、卷号、册数、起止年度、档案编号、应保管期限和已保管期限等内容。交接会计档案时,交接双方应当按照会计档案移交清册所列内容逐项交接,并由交接双方的单位有关负责人负责监督。交接完毕后,交接双方经办人和监督人应当在会计档案移交清册上签名或盖章。电子会计档案应当与其元数据一并移交,特殊格式的电子会计档案应当与其读取平台一并移交。档案接收单位应当对保存电子会计档案的载体及其技术环境进行检验,确保所接收电子会计档案的准确、完整、可用和安全。

本 章 小 结

会计法规是国家规定的有关会计业务必须遵守的法律、法规。会计法规是规范会计工作的依据和标准。我国企业会计法规体系是由《会计法》为主法形成的一个比较完整的法规体系,主要包括会计法律、会计行政法规、会计规章制度等。

会计机构是从事和组织领导会计工作的职能部门。会计人员的任职资格是会计人员业务素质的基本规定。对不同层次的会计人员的任职资格要求不同。

新闻速递

会计人员应注重职业道德和行为。会计职业道德内容包括：爱岗敬业；诚实守信；廉洁自律；客观公正；坚持准则；提高技能；参与管理；强化服务。

我国会计电算化的发展，已经历了4个阶段。我国的电算化事业将不断深入发展，会计电算化的领域除日常财务会计业务外，将逐步向管理会计电算化和财务预测决策电算化方向纵深发展。

会计档案是指会计凭证、会计账簿和财务会计报告等会计核算专业材料，它是记录和反映单位经济业务的重要史料和证据。会计档案在会计工作和企业管理中有着重大的作用，它是会计事项的历史记录，是经济决策者进行决策的重要依据，同时也是进行会计检查的重要资料。会计档案还是国家档案的重要组成部分，是各个企事业单位的重要档案之一。

课后测试

一、单项选择题

1. 企业直接从事和组织领导会计工作的职能部门是（　　）。
   A. 综合组　　　　　　　　　B. 财务组
   C. 会计机构　　　　　　　　D. 资金组

2. 在财务会计机构内部按照会计工作的内容和会计人员的配备情况进行合理的分工，就是（　　）。
   A. 会计机构的设置　　　　　B. 会计工作岗位的设置
   C. 会计工作的组织方式　　　D. 内部会计管理制度

3. 做好会计工作的决定因素是（　　）。
   A. 提高会计人员的综合素质　B. 制定内部会计管理制度
   C. 设置高效的会计机构　　　D. 制定内部控制制度

4. 会计工作岗位设置中不相容的业务不得由同一会计人员执行，其依据的原则是（　　）。
   A. 权责发生制原则　　　　　B. 内部牵制原则
   C. 谨慎原则　　　　　　　　D. 重要性原则

5. 我国会计核算工作最高层次的规范是（　　）。
   A.《企业会计准则》　　　　　B.《中华人民共和国会计法》
   C.《中华人民共和国注册会计师法》　D.《会计基础工作规范》

6. 会计电算化工作的质量，很大程度上取决于（　　）。
   A. 电算化管理制度　　　　　B. 会计电算化岗位责任制
   C. 会计软件的质量　　　　　D. 硬件及数据管理制度

7. 下列不属于会计人员专业技术职称的是（　　）。
   A. 会计师　　　　　　　　　B. 总会计师
   C. 高级会计师　　　　　　　D. 助理会计师

8. 根据现行《会计档案管理办法》，会计档案销毁时必须建立（　　）。
   A. 会计档案销毁清册　　　　B. 会计档案保管清册

C. 会计档案管理清册　　　　　　D. 会计档案移交清册

9. 下列项目中，操作性强的法规是（　　）。
A. 企业财务通则　　　　　　　　B. 基本会计准则
C. 具体会计准则　　　　　　　　D. 会计法

10. 企业负责货币资金的出纳、保管、记账的岗位是（　　）。
A. 综合组　　　　　　　　　　　B. 财务组
C. 成本组　　　　　　　　　　　D. 工资组

11. 会计机构内负责资金的筹措、使用、调度的岗位是（　　）。
A. 综合组　　　　　　　　　　　B. 财务组
C. 成本组　　　　　　　　　　　D. 资金组

12. 《中华人民共和国注册会计师法》是（　　）。
A. 行政法规　　　　　　　　　　B. 会计法律
C. 规章制度　　　　　　　　　　D. 特别法规

13. 以下岗位中，出纳员不得兼管的是（　　）。
A. 登记现金日记账　　　　　　　B. 登记银行存款日记账
C. 填写支票　　　　　　　　　　D. 稽核

14. 我国于1993年实施的会计准则是（　　）。
A. 调整准则　　　　　　　　　　B. 特殊准则
C. 基本准则　　　　　　　　　　D. 具体准则

15. 以下属于初级会计职称的是（　　）。
A. 助理会计师　　　　　　　　　B. 注册会计师
C. 高级会计师　　　　　　　　　D. 会计师

二、多项选择题

1. 合理有效地组织会计工作，可以（　　）。
A. 提高会计工作的质量和效率
B. 确保其他经济管理工作协调一致
C. 贯彻财经法规，维护社会经济秩序
D. 在会计工作中，不丧失原则

2. 会计法规和制度体系的表现形式主要有（　　）。
A. 会计法律　　　　　　　　　　B. 经济合同
C. 会计行政法规　　　　　　　　D. 会计行政规章制度

3. 设置会计机构应遵循的原则有（　　）。
A. 统一领导、分级管理
B. 最大限度发挥会计机构和会计人员的作用
C. 满足社会经济对会计工作的要求
D. 与国家的会计管理体制相适应

4. 企业会计工作的组织方式有（　　）。
A. 专业核算　　　　　　　　　　B. 群众核算
C. 集中核算　　　　　　　　　　D. 非集中核算

5. 企业会计人员的主要职责有（　　）。
   A. 进行会计核算
   B. 实行会计监督
   C. 拟定本单位办理会计事务的具体办法
   D. 参与制订经济计划、业务计划
6. 会计人员应具备的工作权限是（　　）。
   A. 账目清楚、内容真实、按时报账
   B. 要求本单位有关部门和人员执行国家批准的预算、计划
   C. 参与企业制订计划、定额
   D. 监督、检查本企业财产保管、财务收支、资金使用情况
7. 下列属于会计档案的是（　　）。
   A. 会计凭证　　　　　　　　B. 会计账簿
   C. 会计报表　　　　　　　　D. 银行对账单
8. 会计工作岗位，可以（　　）。
   A. 一人一岗　　　　　　　　B. 一人多岗
   C. 一岗多人　　　　　　　　D. 出纳兼会计档案保管工作
9. 无论是采用集中核算或者非集中核算的组织形式，都应由企业的会计机构集中办理的业务有（　　）。
   A. 对外的现金往来　　　　　B. 明细核算
   C. 债务结算　　　　　　　　D. 债权结算
10. 以下属于会计职业道德规范的项目是（　　）。
    A. 诚实守信　　　　　　　　B. 廉洁自律
    C. 客观公正　　　　　　　　D. 爱岗敬业
11. 组织会计工作的内容包括（　　）。
    A. 配备会计人员　　　　　　B. 设置会计机构
    C. 制订会计内部管理规范　　D. 实施会计电算化
12. 科学组织会计工作必须遵循的原则是（　　）。
    A. 统一性　　　　　　　　　B. 经济性
    C. 适应性　　　　　　　　　D. 稳定性
13. 以下项目中属于大、中型企业核算组的是（　　）。
    A. 财务组　　　　　　　　　B. 工资核算组
    C. 综合组　　　　　　　　　D. 资金组
14. 取得会计证必须具备的条件是（　　）。
    A. 坚持四项基本原则
    B. 遵守国家财经和会计法律法规
    C. 具备一定的会计专业知识及技能
    D. 热爱会计工作、秉公办事

三、判断题

1. 银行存款余额调节表也属于会计档案。　　　　　　　　　　　　　　　　　　　　　（　　）

2. 会计档案保管期限届满后，会计人员便可销毁会计档案。 （   ）
3. 随着会计的发展，会计电算化将由核算型向管理型转换。 （   ）
4. 当结算会计因公出差不在时，为了不影响工作，由出纳员暂时代替。 （   ）
5. 会计专业的大专学历的毕业生可以自动取得助理会计师的任职资格。 （   ）
6. 《会计法》是第一层次的会计法规。 （   ）
7. 企业采用非集中核算的优点之一是便于内部单位利用会计资料。 （   ）
8. 助理会计师为会计职称系列的中级职称。 （   ）
9. 注册会计师为会计职称系列的高级职称。 （   ）
10. 《总会计师条例》是第三层次的会计法规。 （   ）
11. 未取得会计证的人员可以从事简单的会计工作。 （   ）
12. 企业的出纳员可以登记管理费用明细账。 （   ）
13. 《会计法》最后一次修订是1999年。 （   ）

参 考 文 献

财政部会计资格评价中心，2018. 初级会计实务［M］. 北京：中国财政经济出版社.
财政部会计资格评价中心，2018. 经济法基础［M］. 北京：中国财政经济出版社.
刘忠，2017. 初级会计实务（上、下册）［M］. 上海：上海财经大学出版社.
企业会计准则编审委员会，2019. 企业会计准则及应用指南——实务讲解［M］. 北京：人民邮电出版社.
企业会计准则编审委员会，2019. 企业会计准则——实务应用精解［M］. 北京：人民邮电出版社.
企业会计准则编审委员会，2019. 企业会计准则——详解与实务［M］. 北京：人民邮电出版社.
中国注册会计师协会，2018. CPA会计［M］. 北京：中国财政经济出版社.